Edith Wolf

Der wundersame Herbst

Zeitgeschichte: Wie war das bei uns?

Autobiographische Tagebücher und Briefe

Edith Wolf

Der wundersame Herbst

Zeitgeschichte: Wie war das bei uns?
Autobiographische Tagebücher und Briefe

edition fischer
im
R. G. Fischer Verlag

Die Deutsche Bibliothek – CIP-Einheitsaufnahme

Wolf, Edith:
Der wundersame Herbst : Zeitgeschichte : Wie war das
bei uns? ; Autobiographische Tagebücher und Briefe /
Edith Wolf. – Frankfurt (Main) : R. G. Fischer, 1993
(Edition Fischer)
ISBN 3-89406-761-6

Orber Straße 30, D-60386 Frankfurt/Main

Satz: W. Niederland, Frankfurt/Main
Schriftart: Helvetica 10'n
Herstellung: Heinz Spengler GmbH, Frankfurt
Printed in Germany
ISBN 3-89406-761-6

Inhalt

Vorwort

Die Menschen beginnen, aus der DDR zu fliehen. Es ist meine Heimat. Ich höre jeden Tag die Nachrichten; ich bete auch dafür, daß alles zu einem guten Ende kommt. Im November bin ich in Abbano im Hotel Universal. Eines Morgens sagt der nette Ober zu mir: »Frau Wolf, soll ich Ihnen eine Freude bereiten?« »Ja, furchtbar gern!« entgegne ich, »was haben Sie denn auf dem Herzen?« Er sagt bedächtig: »Die Mauer ist gefallen in Berlin. Deutschland wird wieder ein Deutschland!« Ich schaue ihn einen Augenblick an, dann falle ich ihm um den Hals. Tränen habe ich in den Augen, und ich muß erst mal auf mein Zimmer gehen. Vorher danke ich ihm noch ganz herzlich. Diese Nachricht! Diese Nachricht, auf die ich Jahrzehnte wartete, auf die meine Eltern warteten und die sie nun nicht mehr erleben.

Inzwischen bin ich wieder zu Hause. Ich hole Briefe und Fotos hervor. Mein grünledernes Tagebuch, das ich zum 13. Geburtstag als Geschenk erhielt. Ich lese darin, auch in dem roten Buch, das ich während der Zeit in Marktredwitz führte. Was waren es für Jahre! Es war mein Leben!

Einleitung

Brief meiner Mutter zu meinem 50. Geburtstag

»Calbe, den 21. Juni 1967

Meine liebe Edith!
Aus Anlaß Deines 50. Geburtstages will ich versuchen, die Ereignisse unseres Lebens, soweit sie mir in Erinnerung sind, aufzuschreiben.

Am 29. Oktober 1912 war unsere Hochzeit in Nienburg. Am 1. November Eröffnung unserer Firma Paul Assman jun. Bei mir war in den ersten Tagen viel Angst: Wie wird es gehen, werdet Ihr existieren können? Aber das Gebet und Vatis strahlende Zuversicht nahmen mir die Angst. – Wenn ich heute daran zurückdenke, muß ich mich wundern, wie ich es trotz meiner Jugend, auch bis dahin immer sehr behütet, alles gemeistert habe. Dann ging alles sehr schnell, im Nu beschäftigten wir allerhand Leute, verluden dann schon am Tage 4 – 5 Waggons Zwiebeln, die ja erst bei uns angefahren wurden und dann im Lager sortiert und verlesen werden mußten. Das alles hatte ich zu beaufsichtigen, mußte nebenbei auch noch kochen. Glücklicherweise bekam ich aber bald ein Mädchen.

Wenn dann Schluß war – es wurden ja damals noch 10 Stunden gearbeitet – erst mal waschen, umziehen. Nach dem Abendessen Rechnungen schreiben, mit 1 Finger tippen, da fiel mein Kopf bald auf die Schreibmaschine. Dann die Briefe kopieren, das ging mit einer Kopierpresse. Es dauerte nicht lange, bis wir einen Buchhalter bekamen, Herrn Hartung, den Du ja wohl noch kennst, er lebt heute noch. Somit fiel diese Arbeit für mich fort. Aber draußen bei den Leuten war es doch manchmal hart für mich. Da muß ich an zwei gute Frauen denken, die ja auch bis zu ihrem Ende bei uns waren: Frau Pohle und Frau Ullner, die mich wie ihre Tochter behandelten. Denn sie kannten die Sache aus dem ff. Sie brachten mir so vieles bei, und alles in taktvoller Weise.

Ja, so ging es dann eigentlich ganz rasch aufwärts. Vati hatte schon das Vorkaufsrecht auf die Bahnhofstraße 6-8, als dann der furchtbare Krieg ausbrach. Vati mußte am 3. Mobilmachungstag fort, ich war wie gelähmt. Aber Vati hatte gleich vorgesorgt. Unser Vertreter in Hamburg, Richard Berger, Export, hatte dort sein Geschäft schließen müssen. So kam er gleich am Tag nach Vatis Abreise an. Ein kleingewachsener Mensch, mit einem hübschen Gesicht und, was für mich in dieser Situation das Wertvollste an ihm war, kaufmännisch und rechnerisch ein Genie. Dazu konnte er mit Menschen umgehen, das war fabelhaft. Wir beide haben es dann in den Kriegsjahren gemeistert, meinen Vater dabei nicht zu vergessen, der jeden Morgen bei Wind und Wetter von Nienburg per Rad herüberkam und uns viele Dienste geleistet hat.

Vati wurde als Gardejäger nach Potsdam eingezogen, am anderen Tag rief er schon von Berlin-Schöneberg an. Da er einen Führerschein besaß, wurde er zum Kraftfahrtbataillon abkommandiert. Nun war meine Sorge nicht mehr so groß. Denn die Jäger kamen sonst ja gleich an die Front. Einige Wochen war er noch in Berlin zur Ausbildung. Dann wurde er der Politischen Polizei im Gr.Hauptquartier als Fahrer zugeteilt.
Bevor er rausmußte, kam von ihm noch ein Anruf: Komm noch mal nach Berlin. Trotz Schwierigkeiten schaffte ich es und kam, wenn es auch lange dauerte, spät abends in Berlin an. Hilfreiche Menschen halfen mir, in die Nähe der Kaserne zu kommen. Es war alles wie eine große Familie damals. Ich habe es noch so deutlich vor mir: Ich ging über eine Eisenbahnbrücke, da sah ich vor einer so typischen kleinen Kneipe einige Gestalten stehen. Plötz-

lich löste sich dort einer aus der Gruppe und kam auf mich zugestürzt: Vati! Ach, da war ich froh! In den Gasthäusern war alles besetzt, aber als es sich herumsprach, daß wir nun auch Unterkunft haben mußten, waren gleich viele Ehepaare bereit, uns aufzunehmen. Wir hatten es gut getroffen, bei sehr lieben Leuten. Wir haben noch lange mit ihnen Kontakt gehabt.
Bald darauf wurden Vati und sein Bataillon mit ihren Fahrzeugen verladen, die 1. Station war Koblenz, dann Charleville, wo das Hauptquartier dann länger war.

Zu Hause mußte alles weitergehen, es gab in dem Sommer eine reiche Gurkenernte. Konservenfabriken gab es noch nicht, so ging alles per Bahn fort. Ganze Güterzüge beladen mit Gurken gingen nach Berlin. Herr Berger und ich hatten auch sonst manchen Kampf zu bestehen. Denn die Konkurrenz wollte uns nicht hochkommen lassen. Gegen Vati hatten sie schon viel gekämpft, nun dachten sie, leichtes Spiel mit mir zu haben. Aber denkste – wir waren wachsam. Inzwischen konnte Vati auch öfter auf Urlaub kommen. Und fast täglich bekam ich einen Anruf von ihm aus Charleville.

Im Herbst 1916 wurde das Hauptquartier verlegt nach Kattowitz und Pless (Oberschlesien). Dort war Vati dann Aufkäufer für das Hauptquartier, fuhr jede Woche nach Brüssel per Bahn über Calbe, wir hatten damals noch ein Schnellzugpaar Berlin Frankfurt über Calbe. Da Vati Blanco-Fahrscheine hatte, konnte er einen Zug überspringen. So bekamen wir auch von den guten Sachen, die er in Brüssel einkaufte. Im November fuhr ich einmal mit nach Kattowitz, damals noch eine elegante Stadt.
Auch Silvester haben wir dort verlebt, gemeinsam mit einem Kameraden Vatis und dessen Frau in einer sehr eleganten Weinstube. Es war sehr fidel, und wir waren so glücklich, daß unser sehnlicher Wunsch in Erfüllung gehen sollte, ein Kindchen zu bekommen.

Inzwischen wurde es akut, daß Timpe sein Grundstück Bahnhofstraße 6-8 verkaufen wollte. Als Vati wieder einmal hier war, kam es auch bald zum Abschluß. Und im Frühjahr ging es dann los: erstmal eine Straße von uns vor zur Bahnhofstraße bauen, an Hansens Seite. Den Speicher hatten wir geplant, mußten aber das Kriegsende abwarten. Das Haus wurde so spät geräumt, daß nur noch kurze Zeit zum Renovieren blieb, um in Ruhe dort zu wohnen. 14 Tage vor Deiner Geburt – denn man mußte doch zuhause entbinden – zogen wir ein. In der Zeit hatte ich so ein liebes Mädchen, eine ganz hellblonde, die mich rührend betreute, bis zu Deiner Geburt. Dann ist sie einfach gegangen, in der Zeit, als ich lag. Oma war ja immer da, was sich da unten abgespielt hat, habe ich nie erfahren.
Erwähnen muß ich noch, daß Vati nun einen längeren Urlaub bekam. Auch in diesem Jahr gab es eine Rekord-Gurkenernte, niemand hatte Zeit für Dich und mich, außer Frau Paulat, der Hebamme. Sie kam morgens und abends, um Dich und mich zu betreuen. Vati kam abends zwischen 10 und 11 Uhr von der Bahn nach Hause, nachdem der letzte Waggon abgefertigt war. Natürlich wurde dann auch viel auf die Gurkenprinzessin getrunken.
Die Wochen gingen vorbei, die Taufe fand statt, als Vati noch daheim war. Du weißt ja, weibliche Paten, es war Kriegszeit. – Vati blieb nun bis Kriegsende in Berlin beim Kraftfahrt-Bataillon. Er kam fast jedes Wochenende nach Hause.

Trotz der Kriegszeiten vergrößerten sich unser Geschäft und Betrieb. Ich erinnere mich, daß ich mit meinem Vater nach Bernburg zum Pferdekauf fuhr. Denn wir hatten nun eigene Pferdeställe. Bis dahin wurde das ganze Fuhr- und Frachtwesen von meinem Onkel Louis Seifert besorgt. Unsere ersten Pferde waren ein Paar schwere Belgier, so wie sie heute noch die Brauereien haben. Doch

wir schafften es nicht mehr mit einem Paar Pferden. Dann kam erst noch ein Schwarzer dazu. So einen hatten wir ja immer bis zuletzt. Vati kaufte damals eine kleine elegante Kutsche mit hohen Rädern, in Schwarz mit Rot abgesetzt. Dazu silberbeschlagenes Pferdegeschirr. Dennoch – ich fuhr ungern mit, denn der Schwarze scheute so leicht, und wenn es vor einem Stück Papier war. Dann machte die Kutsche jedesmal einen ziemlichen Schwenker. – Bald kamen noch zwei Pferde dazu, was auch mehr Aufregungen mit sich brachte.
Ansonsten hatten wir, was Lebensmittel betraf, keine Not. Schweine, Ziegen, Schafe, viele Hühner und Enten, sogar Puten hatten wir. Was sonst an besseren Sachen fehlte, brachte Vati von Berlin mit.

Es kam Weihnachten 1917. Da wir bis dahin alle Weihnachten zusammen verlebt hatten, sollte es auch diesmal so sein. Vati bekam aber Weihnachten keinen Urlaub, erst Neujahr. Da rief er an: ich müßte kommen mit Edith, denn ich nährte doch; sollte ein Mädchen mitnehmen. Ich kaufte noch einen neuen Kinderwagen, der nicht so hoch war und auch ins Coupé hineinging und in dem Du auch schlafen konntest. Oma Assmann schaltete sich ein und schlug vor, ich sollte doch ihre Schwester Ella mitnehmen statt des Mädchens. Das tat ich auch.
Heiligabend kamen wir an, als es schon zu dämmern begann, es schneite, aber wir mußten noch ein ganzes Stück laufen mit dem Wagen bis zum Palast Hotel Potsdamer Platz. Dort hatten wir sehr schöne Zimmer mit Bad. Gespickten Hasen und eine bratfertige Gans hatten wir mitgenommen, die wurden uns im Hotel gebraten. Sonst fehlte es auch an nichts, und Du hast die Reise gut überstanden.
Am 1. Feiertag mittags, als die Sonne ein wenig schien, sind Vati und ich mit Dir im Wagen spazierengefahren, um den Pariser Platz, ich sehe es heute noch vor mir, ein glückliches junges Elternpaar mit seinem Kind. Am

Nachmittag kam Besuch, Onkel Max und Tante Minna, unser Vertreter van Eyseren und noch einige Geschäftsfreunde. Kuchen, Kaffee – alles hatten wir mitgebracht. Einen Tag vor Silvester fuhren wir dann gemeinsam nach Hause. Deine erste Reise nach Berlin mit 5 Monaten hattest Du hinter Dir. Heute ist so etwas ja kein Problem mehr.

Deinen 1. Geburtstag muß ich noch erwähnen. Am Vormittag fuhr ich mit Dir zum Fotografen, das erstemal wurde ein Schleifchen in Dein Haar gebunden. Du konntest noch nicht laufen, saßest im Wagen mitten unter den vielen Kindern im Garten, 12 – 15 waren es wohl. Wanda, ein etwa 10jähriges Mädchen, betreute Dich und spielte mit Dir. Dann wurden die Kuchenberge vertilgt. Es gab allerlei Obstkuchen. Für das Backen hatte Opa Seifert gesorgt.

1918 war das härteste Kriegsjahr in Bezug auf Hunger und Elend. Es ging dem Ende zu, schlimm, aber doch nicht so wie 1945. Vati war nicht da. Anfang Oktober kam er dann mit einem Güterzug an. Es löste sich ja alles von allein auf.
Dann kam im November die furchtbare Grippe, an der so viele Menschen starben. Auch mein treuer Paladin, Richard Berger, fiel ihr zum Opfer. Wir konnten ihn nicht einmal pflegen, da auch Vati und ich lagen. Oma Assmann pflegte uns, und Oma Seifert fuhr mit Dir nach Nienburg. Spätabends riefen sie schon an, daß Du auch Fieber hättest, und Du wurdest gleich zurückgeholt. So waren wir wenigstens alle drei zusammen.
Herrn Bergers Mutter kam, um ihren toten Sohn wieder in die Heimat zu holen. Ich habe ihn sehr und herzlich betrauert. Von ihm habe ich sehr viel gelernt, nicht zuletzt Geschäftliches.

Die erste Friedensweihnacht, für viele ein trauriges Fest.

Für uns ein großes Familienfest, denn es fehlte keiner. Werners blieben nun auch in Calbe, denn Oma wollte ihre Tochter nicht wieder fortlassen. Opa Assmann hatte das Grundstück gekauft, das ihnen heute noch gehört, natürlich der anderen Generation. Auch ich habe ja hier nun mein Asyl gefunden nach so vielen Irrfahrten der letzten Jahre.
Bald nach Weihnachten wurde der Bau des Speichers angefangen, die Zeichnungen waren fertig. Onkel Oskars erster großer Bau hier in Calbe. Vati und er waren von einer unbändigen Schaffenskraft beseelt, dennoch gab es zwischen ihnen auch Meinungsverschiedenheiten, da sie doch sehr verschiedene Charaktere waren. Natürlich hatten wir nun auch einen Personenwagen. Auch ein Lastwagen war da, und Schümann war vorläufig unser 1. Chauffeur für Last- und Personenwagen. Der alte Fritz lebt heute noch.

Ich muß aber auch erwähnen, daß für mich eine schwere Zeit der Umstellung kam. In den Jahren war ich doch sehr selbständig geworden. Nun war das mit einem Mal vorbei. Arbeiten und immer bei den Leuten sein, ja, das sollte ich, aber Vati duldete niemand neben sich, der selbständig handelte. So war es auch oft mit Angestellten. Das hat mich natürlich viele Tränen gekostet. Aber bei unserer gegenseitigen Liebe wurde auch das überbrückt. Ich hatte ja auch Dich und kostete nun die Freuden einer Mutter mehr aus. Dann kam noch ein Bau dazu. Das Wohnhaus in der Magazinstraße wurde übersetzt. Eine Wohnung für meine Eltern und eine für Schümann, der inzwischen heiratete.

Am 2. September 1919 kam ein großes Unglück über uns. Vati war unterwegs, Zwiebeln kaufen und verladen. Bankdirektor Akemann, ein Freund von uns, begleitete ihn. Zuletzt waren sie bei H. Kochs Eickendorf. Tante Hulda war verreist, es wurde wohl auch getrunken.

Nun passierte folgendes: Vati saß schon mit Handschuhen am Steuer seines kleinen offenen Sportwagens. Das Auto sprang nicht sofort an. Da ist doch der alte Amtsrat so unvernünftig und brennt ein Streichholz an, um unter dem Fahrzeug nachzusehen. Schon steht alles in Flammen. Vati hat den brennenden Treibstoff über die Hände bekommen, und durch die Handschuhe waren die Hände dann ganz furchtbar verbrannt.
Als Vati nicht nach Hause kam, hatte ich mir in der Nacht keine großen Sorgen gemacht, da ich annahm, sie schliefen bei Kochs. Am anderen Morgen war ich mit einem Mädchen gerade dabei, das Herrenzimmer saubermachen, als ich vom Fenster aus einen großen offenen Wagen langsam hereinfahren sah, aus dem verbundene Arme herausragten. Nun erst erfuhr und begriff ich, was eigentlich passiert war, denn niemand hatte gewagt, es mir telefonisch zu sagen. Die Schmerzen, die Vati hat aushalten müssen, waren grausam, denn es gab noch nicht in dem Maß schmerzstillende Mittel.
Am anderen Tag mußte er ins Krankenhaus, denn es bestand der Verdacht einer Blutvergiftung. Über seinem Bett wurde ein Gestell angebracht, an dem die Arme nach oben ausgestreckt befestigt wurden. Wir nannten es Galgen. So war Vati vollständig hilflos. Zu seiner Pflege war ich tagsüber ständig dort, bis mich eine katholische Schwester ablöste. Sie ging früh nicht eher fort, als bis ich da war. Siebzehnmal wurde Vati in Narkose verbunden, anders war es nicht auszuhalten. Dann wurden die Verbände in Armbadewannen abgebadet. Dabei half Tante Ella, die mit einer Pinzette leicht an den Verbänden zupfte. Dafür mußte sie sich so manches Schimpfwort anhören. Ich fütterte Vati mit frischem Obst, von dem er viel essen konnte. Dadurch, sagten die Ärzte, bildete sich wie Spinnennetze auf dem rohen Fleisch langsam die Haut von selbst, so daß er keine Hautübertragungen brauchte.
Als er dann wieder zu Hause sein konnte, mußte ich ja

überall mitgehen, da er keinen Knopf und auch sonst noch nichts fassen konnte. Es war für alle eine Zeit, die viel Geduld erforderte.

Ich erinnere mich noch an eine Fahrt nach Leipzig. Im Hotel sagte er, bleib mal einen Moment hier in der Halle sitzen, ich komme gleich wieder. Ich konnte den Platz vor dem Hotel übersehen. Da kommt – ich traue meinen Augen nicht – ein 6sitziger grüner N.A.G. Wagen, und Vati am Steuer, natürlich ein Verkäufer daneben, guckt mich strahlend an und freut sich, wieder im Auto zu sitzen. Der Kauf war schon perfekt gemacht worden. Und das, obwohl er vorher immer behauptete, sich nicht wieder ans Steuer zu setzen.

den 20. Juli 1967«

KINDHEIT

»26. Juli 1931

Heute bin ich 14 Jahre alt geworden. Ein herrliches Gefühl, daß ich sozusagen bald erwachsen bin – denn mit 14 Jahren und sieben Wochen ist der Backfisch ausgekrochen.
Meine Eltern haben mir einen wunderschönen Geburtstagstisch aufgebaut. Die liebste Gabe war mir aber das dicke, grüne Tagebuch, natürlich mit einem schönen Schloß, das ich nun heute abend noch einweihe. Es ist gleich Mitternacht. Mutti denkt, ich schlafe schon. Vorhin war sie noch mal an meinem Bett, und gleich danach auch Vati. Ach, ich habe wundervolle Eltern und danke oft Gott im Himmel dafür, daß gerade diese meine Eltern wurden und keine anderen.
Jetzt bin ich auch nicht mehr traurig, daß ich keine Geschwister habe, denn als ich noch kleiner war, legte ich sehr oft abends Zucker ins Wohnzimmerfenster und glaubte, es könnte helfen, daß mir der Storch noch ein Schwesterchen brächte. Darüber muß ich jetzt selbst lachen.

Ich will aber noch von meinem Geburtstag erzählen. Wie immer war der Geburtstags-Kaffeetisch im Garten unter der großen Weinlaube gedeckt, zwischen unserer bunten Holzlaube und dem Springbrunnen. Die ›kleine Oma‹ – ich nenne sie so zur Unterscheidung von der anderen Großmutter – schenkte mir zum erstenmal Bettwäsche. Sie meinte, »mein Kleinchen, langsam können wir mit der Aussteuerwäsche beginnen«, und drückte mich dabei ganz fest mit feuchten Augen an sich. Oma muß immer sehr schnell und oft weinen. Sie sagt, das seien die Nerven, aber ich finde es schrecklich, daß ihr so häufig die Tränen kommen, und muß mich darüber ärgern. Dabei habe ich hinterher immer Mitleid mit Oma.
Natürlich fehlten auch Oma Assmann und meine Tanten nicht. Von meinem hiesigen Freundinnen sind nur Inge

und Gerdi erwähnenswert. Inges Mutter war Muttis beste Freundin, Tante Helma. Sie starb vor zwei Jahren, es war entsetzlich traurig. Seitdem ist Inge sehr häufig in den Ferien bei uns. Sie liegt hier in meinem Zimmer auf der Couch und schläft wie eine Ratze. Wenn Inge noch wach wäre, könnte ich nicht schreiben, denn dann würde sie alles ganz genau wissen wollen. Inge ist drei Jahre jünger als ich, auch blond, aber mit braunen Augen. Meine Augen sind blau, dennoch werden wir manchmal für Geschwister gehalten. Seit Ostern ist Inge auch in Gnadau in dem Internat, in dem ich seit der Sexta zur Schule gehe.

Nun, jetzt bin ich aber müde, und meine Beine sind fast eingeschlafen. Ich schreibe sitzend im Bett, das neue Tagebuch auf den angezogenen Knien. Seppel muß ich auch noch leise in sein Körbchen in der Diele bringen. Er liegt nämlich zusammengerollt am Fußende meines Bettes. Der Schlawiner hat sich nicht gemuckst vorhin, als die Eltern im Zimmer waren, denn hätte Mutti ihn entdeckt, wäre er schon dann unweigerlich hinausgeflogen. Mein Seppel ist schwarz mit einem kleinen weißen Zeichen auf der Brust. Doch so süß und klug er ist, jetzt muß er ins Körbchen. Also, marsch, marsch, mein Bester, Edith muß schlafen.«

GNADAU

Die Mittagssonne schien durch die hohen Fenster des ebenerdigen Speisesaales, in dem an 9 langen Tischen ungefähr 160 – 180 Schülerinnen im Alter von 10 bis 19 Jahren saßen. Die Vorsteherin des Mädcheninternats, Schwester Thiemann, nahm den mittleren Platz an einem zehnten Tisch ein, der quer zu den 9 langen Tischen stand, so daß sie stets die ganze Schar von blonden, braunen und schwarzen Köpfen überblickte. Während des Essens durften die Schülerinnen nicht reden.

Schwester Thiemann ließ ihre Blicke in die Runde schweifen, ergriff ihre Glocke, wartete noch einige Minuten und läutete dann. Sofort ließ die in den letzten Minuten sehr lebhaft gewordene Unterhaltung nach, nur hier und da tuschelten noch zwei weiter, und die servierenden Küchenmädchen beeilten sich, mit ihren leeren Schüsseln und Tellern den Speisesaal zu verlassen.

Wie immer, begann Schwester Thiemann mit einem kurzen Räuspern: »Hmmm, hmmm, hmmm, – so, nun seid ihr endlich still! Schwester Enkes, Fräulein Reidel und Fräulein Flügel gehen mit ihren Kindern in den Park zum Spielen.« Das waren die untersten drei Klassen. »Die Obersekunda und die Primanerinnen können wie immer ihre Freizeit selbst gestalten. Morgen schreiben die Untersekunda und die Oberprima die letzte Französischarbeit vor den Ferien. Kinder – hmmm, hmmm, hmmm – ich möchte euch die Arbeit dafür noch einmal sehr ans Herz legen, leider zeigt ihr gerade in Französisch schwache Leistungen.«

Ein kleiner Protest von der Mehrzahl der Untersekunda, dann setzt Schwester Thiemann noch hinzu: »Christa und Karin müssen zum Zahnarzt, Anneliese, du mußt wieder zum Arzt, und Edith«, – gerade 16 Jahre alt und Untersekundanerin – »du kommst nach dem Dankgebet gleich einmal in mein Zimmer.« Lächelnd setzte sie hinzu: »Wir haben etwas miteinander zu besprechen.« Edith dachte: »Nanu, was soll das denn bedeuten?« und erhielt von der neben ihr sitzenden Freundin Inge einen gespannten Puff.

Während die Mädchen zu zweien gesittet die breiten Treppen des Internatsgebäudes hinaufstiegen, um in ihre Zimmer zu gelangen, blieb Edith gleich auf der ersten Etage stehen, um auf Schwester Thiemann zu warten. Die große Standuhr gegenüber tickte laut und, wie es schien, sehr gemächlich heute. Diese Uhr hatte ihr in den vergangen sechs Jahren vieles gegeben, wenn man so etwas von einer Uhr sagen kann. Ja, so war es Erschrecken, wenn es morgens zum Schulbeginn läutete und man die Treppen hinunterjagte in die Klasse, weil doch eben schnell noch die Mathematikaufgaben verglichen werden mußten, ob sie auch stimmten. An kalten Wintermorgen Sehnsucht und ein fröstelndes Gefühl, weil man dachte, Mutter und Vater werden zu Hause gerade mit dem Frühstück im warmen Speisezimmer beginnen, und ich muß schon in den Klassenraum, der morgens nicht sehr warm ist. Herzklopfen und Angst, wenn sie – zumeist mit Inge – etwas ausgefressen hatte und sie wie heute zur guten Thiemann mußte, denn von allen Lehrerinnen und Lehrern war Schwester Thiemann Edith immer die liebste. Sie hatte auch, wenn sie schalt, in den Augenwinkeln etwas, das einem sagte: »Naja, Edith, ich kann dich schon verstehen, aber im Internat gibt es halt dergleichen nicht, und du sollst hier nicht nur in der Schule lernen, sondern auch fürs Leben.«

Ach Leben – ja, Leben, was war das eigentlich für ein großes verheißungsvolles Wort. In 4 Wochen würde sie das gute, alte Gnadau für immer verlassen, und dann würde ein neues Leben beginnen. »Doch auch ungestüme, große, kindliche Freude hat mir die Uhr gegeben«, so dachte Edith, zum Beispiel, wenn für die Ferien gerüstet wurde. Man konnte den Tag kaum erwarten, geschweige denn die letzten Stunden, bevor das Auto kam und sie nach Hause holte. –

Sogar Erfolg und Stolz, wenn es zu einer Aufführung läutete, anläßlich des Geburtstages der Vorsteherin oder des

Direktors. Geläutet wurde in Gnadau sehr viel und sehr pünktlich, ob nun zur Kirche, zur Schule oder zum Essen. Wie anders sollte eine so große Schar von Mädchen auch geführt und zur Ordnung und Pünktlichkeit erzogen werden! Ja, jetzt, wo die Zeit hier bald zu Ende ging, bewegten Ediths Herz dankbare und fast wehmütige Empfindungen. Nicht immer so in den vergangenen Jahren – da hatte das Kind manch inneren Kampf auszufechten. Trotzig bestand Edith auf ihren Ideen, die sich nicht immer verwirklichen ließen. Schließlich lebte sie in einer großen Gemeinschaft, wo die Kinder lernen sollten, sich zu fügen, einzuordnen und unterzustellen. –

Da kam Schwester Thiemann die Treppe herauf und beendete so Ediths Grübeleien. Sie öffnete ihre Tür, Edith folgte ihr und schloß sie behutsam, wie sie es hier gelernt hatte. »Nimm Platz, Kind.« Sie nahm einen auf dem Tisch liegenden Brief auf, zog eine Stricknadel aus dem danebenstehenden Strickkörbchen und öffnete ein wenig umständlich den Brief. »So, Kind, der Brief ist nämlich an dich gerichtet, aber nicht von daheim, sondern von einem jungen Mann namen Franz Schulte. Wollen doch mal sehen, was er uns mitzuteilen hat.«

> »Liebe Edith! Da ich für 3 Monate in Großschluchten praktiziere und morgen frei habe, werde ich mit meinem Freund, dem Sohn eines hiesigen Gutsbesitzers, Dich besuchen kommen. Ich denke, daß wir in ein Café gehen können, wenn es so etwas in einem Nest wie Gnadau überhaupt gibt und Du für meinen Freund noch eine Freundin mitbringst.
> Bis morgen herzliche Grüße Dein Franz.«

Noch ehe Schwester Thiemann nur ihre Meinung äußern konnte, prustete Edith entrüstet und erheitert zugleich los: »Also, Schwester Thiemann, entschuldigen Sie, aber der Franz ist nicht normal!«

»Nun, mein Kind, anscheinend doch, denn er äußert ja einen ganz konkreten Vorschlag. Da können wir nur deine Eltern anrufen, ob sie zu einem Treffen ihre Einwilligung geben.«
»Ach bitte, nein, Schwester Thiemann, wenn der Franz kommt, so werde ich, wenn Sie erlauben, ihn mit Inge in der Halle begrüßen und ihm klarmachen, daß es unverschämt ist, hier aufzukreuzen, und überhaupt –.«
Lächelnd sagte die gute Thiemann: »Also gut, mein Kind, 10 Minuten in der Halle, und die jungen Leute fahren artig verabschiedet wieder davon.« Ediths Herz klopfte, dankbar dafür, daß Schwester Thiemann auf ihren Vorschlag einging. Denn was sollten ihre Eltern denken, sie konnte den Franz nicht einmal besonders gut leiden, was der sich bloß dachte!

Anfang Februar 1932

Heute haben wir unsern Deutschaufsatz zurückerhalten. Thema: »Ein selbst erdachtes Märchen«. Mein Aufsatz heißt »Edith und das Märchen vom Froschkönig«. Es ist ein Erlebnis aus meinen frühesten Kindertagen, an das ich mich noch bildhaft deutlich erinnern kann. Natürlich weiß das »Mau«, so nennen wir unsere Deutsch- und Französisch-Lehrerin mit Spitznamen, nicht, denn ich modelte mir mein erlebtes Geschichtchen nach Bedarf um.

Übrigens war ich mit meinem Aufsatz recht zufrieden, während die Mau mir prinzipiell nur eine Drei, höchstens – wie heute – eine 2-3 gibt. Sie ist ein Biest, diese Lehrerin, und wohl die einzige Lehrkraft im Kollegium, die sozialdemokratisch eingestellt ist. Da sie weiß, daß mein Vater bei uns in Calbe Vorstand der Deutsch-Nationalen Partei ist und ich natürlich ebenso denke, gibt sie mir ganz einfach aus Bosheit keine guten Noten. Nennt man das Gerechtigkeit bei einer Lehrerin? Na, ich danke!

Vor acht Tagen hatte ich Gelegenheit, auch mal einen Hieb auszuteilen. Mitten in der Französisch-Stunde sagt sie doch: »Na, Edith, du schaust mein Kleid so prüfend an, willst wohl mal Modistin werden.« Wie es kam, weiß ich selbst nicht, aber ich sagte: »An Ihren Modellen kann ich bestimmt nichts lernen.« »Verlaß' bitte sofort die Klasse und melde dein unerhörtes Benehmen dem Direktor.« Mit festgeschlossenen Lippen, aber hocherhobenen Kopfes verließ ich die Klasse. Puttchen, meine beste Freundin in Gnadau, schaute mir mitleidig und aufmunternd zugleich nach. Die anderen hatten Mühe, nicht laut hinauszuprusten vor Lachen.

Aus dem politischen Grund bekomme ich also nie eine glatte Zwei bei ihr. Bin ich froh, daß wir nächstes Jahr in der Obertertia Dr.Weißkopf in diesen Fächern bekommen. Doch da mir der Aufsatz selbst gefällt, schreibe ich ihn in mein Tagebuch ab. Vielleicht, daß ich ihn später mal meinen Kindern (ich hoffe bestimmt, daß mir der liebe Gott mal welche schenkt – dies ist einer meiner größten Wünsche für meine Zukunft) vorlese.

Ich stelle fest, daß ich in meinem Tagebuch viel zu lange Sätze schreibe, verglichen mit dem Deutschaufsatz. Wie aber, wenn einem die seltsamsten Gedanken im Kopf durcheinanderspringen!? »Hübsch der Reihe nach«, würde unsere gute Thiemann sagen, und Mutti: »Ganz ruhig bleiben, Kind!« Ach was, dies ist mein Tagebuch, in das ich schreiben kann, was ich will und ganz so, wie es in meinem Herzen aussieht. Oh, aber das zu schreiben ist sehr schwer. Vielleicht gelingt es mir später einmal. Jetzt folgt also mein Aufsatz. –

Edith und das Märchen vom Froschkönig

Edith spielte Prinzessin und Froschkönig. Edith war vier Jahre alt, blond, rundlich, mit einem kecken kleinen Stupsnäschen. Für sie konnte es keinen besseren Platz für dieses Spiel geben als den mit großen Natursteinen eingefaßten Springbrunnen, der bei den großen Lebensbaum- und Buchssträuchern hin zu einer hochgetürmten Grotte auslief. Die gegenüberliegende, offene Seite wurde durch eine mit wildem Wein bewachsene Laube begrenzt, an die sich wiederum eine Holzlaube mit vielen bunten Glasfenstern anschloß, so daß das Ganze einen herrlich lauschigen Platz zum Spielen abgab, für ein Kind mit viel Phantasie, wie Edith es war, geradezu ideal.

Die beiden Nachbarsbuben Heinz und Kurt verkörperten den Froschkönig und den treuen Heinrich. Kurt, der treue Heinrich, hatte schon patschnasse Füße und Beine, denn er hatte schon zweimal in den Springbrunnen steigen müssen und die schillernde große Murmel herausholen, welche die goldene Kugel ersetzte, mit der das Königskind Edith spielte.

Da es aber einer von den ersten Junitagen war, an denen sich der Himmel wie blaue Seide spannte und die Sonne auf die Erde schien, als wollte sie die Kirschen in den Bäumen ringsum ganz schnell reifen lassen, spielten für Edith nasse Füße überhaupt keine Rolle. Im zarten, weichen Gras konnte Kurt sie jedesmal wieder trocknen, und Schuhe und Strümpfe hatte Edith vorsorglich am Stakett des wilden Weins aufgehängt, damit sie »warm und trocken bleiben« und »keine Käferle nein sollten«.

»So«, stelllte Edith bestimmt fest, »jetzt wird aber richtig gespielt, bis zu Ende.« Also warf sie die Kugel ein paarmal in die Höhe, fing sie wieder auf, bis sie beim drittenmal ganz wie unbeabsichtigt ins Wasser fiel. Edith hielt die Hände vors Gesicht und weinte und jammerte. Ja, sie nahm noch ihr weiß-rot gesäumtes Schürzchen zu Hilfe, um sich die nicht vorhandenen Tränen damit zu trocknen. Das war das Zeichen für Heinz, den Froschkönig, zu sagen: »Was hast du, Königstochter, du schreist ja, daß sich ein Stein erbarmen möchte?!« Sie sah sich um, woher die Stimme wohl käme, und erblickte Heinz, den Frosch. Er hatte zur Tarnung einen Blattkranz auf dem Kopf, den die Kinder mit Stücken vom alten Fliederholz zusammengesteckt hatten. »Oh, du alter, häßlicher Wasserpatscher bist es«, sagte sie, »ich weine, weil meine goldene Kugel in den Brunnen gefallen ist.«

»Sei still und weine nicht, ich kann wohl helfen, aber was gibst du mir, wenn ich sie wieder heraufhole?«

»Alles, was du willst, lieber Frosch, meine Kleider, sogar meine goldene Krone, die ich trage.« Und Edith faßte dabei auf ihren blonden Wuschelkopf, um das goldene Pappkrönchen zurechtzurücken. Der Frosch antwortete: »Nein, nichts davon will ich, aber wenn du mich lieb haben willst und ich dein Spielkamerad sein kann, von deinem Tellerlein essen, in deinem Bettlein schlafen, so will ich dir die goldene Kugel holen.«

»Ach ja,« sagte die Königstochter, »ich verspreche dir alles, was du willst!«

Der Frosch tauchte nun mit seinem Arm tief hinunter, holte umständlich die Kugel herauf und warf sie nun nicht, wie es im Märchen steht, mit dem Maul ins Gras, denn er war ja Heinz, sondern reichte sie, etwas hinter der Grotte hervorrutschend, Edith zu. Das kleine Mädchen stand in der Mitte des freien Platzes, wie es einer Königstochter zukommt, und beugte sich vor, so weit es ging, die Arme ganz ausgestreckt, um die Kugel in Empfang zu nehmen.

Da – ein Regiefehler! Edith verliert das Gleichgewicht, und kopfüber stürzt das Prinzeßchen ins Wasser.

Froschkönig und Heinrich verwandelten sich sogleich in Heinz und Kurt, kletterten in den Springbrunnen, um Edith, die nun gar nichts Prinzessinnenhaftes mehr an sich hatte und laut weinend aus dem Springbrunnen emporgetaucht war, zu retten. Das Wasser ging den Kindern zwar nur wenig über die Knie, aber Edith war vollkommen naß. Das Pappkrönchen, das sich langsam im Wasser auflöste, war vergessen, laut schluchzend trabte das kleine Mädchen, eine nasse Spur hinter sich lassend und rechts und links von Heinz und Kurt flankiert, durch den Garten dem elterlichen Haus zu.

Ihre Mutter hatte das Schreien der Kinder schon im Hause gehört und kam ihnen entgegen. Es ging natürlich nicht ganz ohne Schelte ab, aber bald gewann das Mitleid mit ihrem triefenden Töchterlein die Oberhand, und so waren die beiden um ein Jahr älteren Buben, die anhänglichen Spielkameraden und treuen Vasallen ihrer kleinen Tochter von der mütterlichen Schelte mehr betroffen. Mit gesenkten Köpfen zogen sie vondannen, Kurt hatte Schuhe und Strümpfe unter einen Arm geklemmt, und mit den feuchten Hosenrändern, die auch vom Wasser nicht verschont geblieben waren, machte er einen besonders betrüblichen Eindruck. Zum einen tat ihm seine kleine Freundin leid, es mußte wohl ein großer Schreck gewesen sein, so mir nichts, dir nichts mit dem Kopf zuerst ins Wasser zu fallen, auch wenn es heute schon ein richtig warmer Sommertag war. Und dann – ja, bestimmt durften sie mindestens heute nicht mehr an dem

Springbrunnen spielen, das würde Ediths Mutter gewiß nicht erlauben. Auch wenn sie ihnen zuweilen ein gut belegtes Brot oder ein großes Stück Kuchen schenkte, so konnte sie doch manchmal, wie es die Kinder empfanden, sehr kurz und streng sein, und es war dann klüger, sich für einige Stunden nicht blicken zu lassen.

Mutti befreite Edith inzwischen von ihrer nassen Kleidung, stellte sie in die Badewanne und seifte sie mit warmem Wasser ab. Die Kleine steckte schon in frischen Kleidern, und ihre kurzen blonden Wuschelhaare wurden von Minna, dem Mädchen, mit dem Föhn bearbeitet, als ihr Vater aus dem Betrieb herüberkam. Paul Assmann, ein großer, stattlicher Mann mit dunklen Haaren und guten braunen Augen, empfand sogleich Mitleid mit seiner kleinen Tochter. Er konnte seinem Kind nie böse sein, wenn es so wie jetzt mit seinen großen Blauaugen fast flehend auf den Vater schaute, als wollte es sagen, wie es denn auch nachher bei Tisch herauskam: »Schau, Vati, wir spielten so wunderschön das Märchen vom Froschkönig, und da, ja da –«, das kleine Mädchen wußte nicht recht weiter zu erklären, und die Mutter ergänzte: »Da bist du hineingefallen, kopfüber, denk nur, Paul, was hätte passieren können. Auch wenn der Springbrunnen nur knietief ist, das Kind hätte ertrinken können. Gar nicht auszudenken! – Ich glaubte, du seiest schon vorsichtiger, Edith!«

Der Vater schmunzelte ein wenig, was Edith schon wieder sicherer werden ließ, meinte dann aber: »Ja, mein Kind, da ist es besser, wir lassen den Brunnen zuschütten, dann kann nichts mehr passieren, und als Vogeltränke genügt ja vollauf das kleine Becken mit dem Sprenger oben auf der Grotte.« Edith sagte nichts mehr dazu. Sie dachte, na ja, zum Spielen genügt das Becken auch, aber das Schlimmste ist, daß die Jungen gesehen haben, wie ich geweint habe. Sie blickte ihre Eltern abwechselnd an, sagte abschließend: »Na ja,« und widmete sich dann eifrig ihrem Teller Nudelsuppe, während die Eltern, schon beim Hauptgericht, bald in ein geschäftliches Gespräch vertieft waren.

Nach Tisch ging Minna mit Edith in den Garten, breitete eine Decke auf dem Rasen zwischen den beiden Hängeweiden und dem Schaukelgerüst aus. Sie hatte auch ein Kissen mitgebracht, dort sollte Edith nun, wenn auch nicht gerade schlafen, so doch ruhen.

Es war seltsam, seit ihrem dritten Lebensjahr war Edith nicht mehr zu bewegen, an schönen Sonnentagen mittags im Bett zu schlafen. Da zog es sie unwiderstehlich hinaus in den von der Mittagshitze flirrenden Garten. Sie konnte, ihre Lieblingspuppen Gisela und Herbert neben sich, lange Zeit so liegen, in den Himmel blinzeln, die Bäume, die Gräser und Sträucher betrachten und mit allen Sinnen den Duft des Sommers, wie sie es nannte, in sich aufnehmen.

Heute blinzelte sie ab und und zu durch die Sträucher und Bäume zum Springbrunnen hinüber, wo am frühen Nachmittag zwei Arbeiter aus dem Betrieb erschienen waren, die mit Schaufeln und Karren voll Erde dem romantischen Froschkönig-Spiel ein Ende setzten. Das Wasser hatte vorhin der gute Vater gleich abgelassen. Ihre Puppenkinder fest an sich gedrückt, dachte Edith: »Was macht es schon, es gibt ja noch so viele andere Märchen, die man ohne Wasser spielen kann. Und überhaupt, Mutti und Vati haben eben Angst um mich,« folgerte sie ein wenig altklug, um dann innig und dankbar fromm ein Gebet hinzuzufügen: »Lieber Gott, ich danke Dir, daß ich nicht ertrunken bin und daß ich so liebe Eltern und einen so schönen, so ganz schönen großen Garten habe.«

ADVENT

Advent, in Gnadau eine wunderbare, geheimnisvolle Zeit. Unsere Lehrerinnen haben es gewiß im Jahr manchmal nicht leicht mit uns. Doch in der Adventszeit sind wir stiller und irgendwie brav, so wie unsere gute Thiemann – es heißt natürlich Schwester Thiemann, und sie ist Vorsteherin unseres Internates – uns haben will.

Der 1. Advent ist sozusagen hier für uns, was zu Hause Weihnachten ist. Morgens im Schlafsaal weckte uns der Lehrerinnen-Chor mit mehreren Strophen von zwei Adventsliedern. Aufstehen, waschen, anziehen, ganz leicht fiel es uns gestern. Die Stubenmütter hatten die halbe Nacht gewirkt, um unsere Zimmer zu schmücken. Wie verheißungsvoll leuchtete der große Adventsstern in der schlichten weißen Kirche während des feierlichen Gottesdienstes. Wie jedes Jahr wurde das Mittagessen auf 1/2 12 Uhr vorverlegt, da gegen 12 Uhr schon die ersten Besuche der Eltern eintrafen. Ich erhielt Besuch von meiner Mutter und den beiden Großmüttern. Kaffeestunde, um 3 Uhr Hosiannasingen in der Kirche, dies ist ein Jubelgesang zwischen Gemeinde und Chor. Es klingt ungemein jubilierend und froh. So froh, daß mir mein Herz übergeht vor Freude, nicht nur auf Weihnachten, auf die herrlichen Ferien, auch vor Freude auf die Ankunft unseres Herrn und Heilandes.

Im Anschluß daran folgt immer das Krippenspiel in der Turnhalle. Gestern spielte ich den ältesten Hirten. Einmal hatte ich Mühe, mir das Lachen zu verbeißen, weil ich plötzlich fand, daß ich mit dem Hut, dem angeklebten Bart und der sonstigen Bemalung und Bekleidung meinem Großvater Assmann glich, wenn er zum Fischen geht. So etwas darf man natürlich nicht denken, und Bruder Voß, unser Pfarrer, bei dem ich dieses Jahr auch Konfirmandenstunden habe, hätte mir diese Gedanken sicher als Sünde angerechnet.

Ich halte den lieben Gott aber nicht für so kleinlich, denn Gott hat uns geschaffen und kennt daher unsere menschlichen Schwächen. Er weiß wohl, was in unseren Herzen aufrichtig und was falsch empfunden ist.

Dem Krippenspiel folgte die sogenannte Bescherung im Speisesaal, wo jede der 120 Schülerinnen das gleiche Geschenk erhält. Dieses Jahr waren es ein Nähkörbchen, ein bunter Teller mit Naschwerk, ein Transparent, und alles wie immer umgeben von vielen Kerzen und Tannenzweigen. Es ist im Grunde alles sehr einfach, aber von einer Innigkeit, daß Mutti jedes Jahr die Tränen kommen vor Rührung.

Nach dem gemeinsamen Abendbrot, wo traditionsgemäß Heringssalat gereicht und Tee getrunken wurde, fuhren die Angehörigen wieder heim. Wir saßen noch eine Stunde beisammen, es gab so viel nach diesem erlebnisreichen ersten Adventssonntag zu erzählen. Nach dem Abendsegen um 9 Uhr fiel ich todmüde, sehr zufrieden mit diesem Tag und in seliger Vorfreude auf die Weihnachtsferien ins Bett.

Kleine Episoden

Seppel

Die Jahre gingen dahin. Aus der kleinen Edith wurde das Schulmädchen Edith mit zwei blonden Zöpfen. Diese beiden Zöpfe benutzte der Dackel Seppel beim Balgen auf dem Teppich oder im Sommer auf dem Rasen gar zu gern als Beißer.

Außer dem Weg zu Schule gab es für Seppel nichts, was ihn abhalten konnte, Edith zu begleiten, und für Edith gab es keinen Weg, kein Spiel ohne Seppel. Seppel spielte alle Spiel mit. Er tobte mit Edith im Garten um die Blumenrabatten, daß es seine Art hatte. Geduldig ließ er sich im Puppenwagen spazierenfahren. Ja, besonders wohl fühlte er sich im Himmelbett. Er schielte nach rechts und links, daß das Weiße seiner treuen Hundeaugen zum Vorschein kam und Edith dann veranlaßte, sich über ihn zu werfen: »Mein Seppel, mein goldiges Seppele!«

Ende August 1933

»Ganz heiße, sonnendurchglühte Ferien liegen hinter mir, oh, war es schön! Meine Mutter und ich verbrachten drei wundervolle Wochen auf der Insel Borkum, schwimmen konnten wir bei der starken Brandung allerdings selten. Doch umso reizvoller war es zu beobachten, wie die Wellen auf den Strand prallten und sich überschlugen. Da war es schon schwierig, dieser Gewalt nicht zu erliegen und ganz in der schaumigen Gischt zu verschwinden.

Wenn ich jetzt nach Gnadau fahre, so liegt nur noch ein halbes Schuljahr vor mir, dann fängt das große Leben an!«

Schulentlassung

Zur Entlassung aus der Schule verfaßte die Leiterin des Internats, Schwester Thiemann, für jede Schülerin ein individuelles Gedicht, das auf der Abschlußfeier vorgetragen oder vorgesungen wurde. Die Verse, die sie für mich geschrieben hatte, waren nach der Melodie von »Auf, du junger Wandersmann« zu singen.

»Grübchen hat sie – leider nur eins,
auf der rechten Backe keins.
Wie schadet das der Schönheit nur!
Doch man wird gar reich entschädigt,
wenn man sie erzählen siehet:
die Bewegungen sind ein Genuß
von dem Scheitel bis zum Fuß.

Mund, der lachet, Locken fliegen,
Arme, Hände, Finger biegen
sich in Anmut fort und fort.
Und das Singen aus voller Brust
auch ist ihres Herzens Lust,
ob es richtig oder falsch,
ach, wie ist das so egal – – !

Kleine Kinder liebt sie heiß,
fein sie zu beschäft'gen weiß,
verwöhnt sie nie, oh nein, oh nein!
Doch des Nachts, oh weh,
tut sie sich gar schrecklich fürchten,
könnte doch vom Boden kommen
ein Gespenst, das sie mitnimmt.«

(Zu dieser Zeit trat der Massenmörder Haarmann in Mitteldeutschland auf, und die Fantasie der jungen Mädchen war schnell entfacht. Ungeachtet der Tatsache, daß ich mit drei Freundinnen zusammen im Zimmer schlief, war meine Angst riesengroß, er könnte es gerade auf mich abgesehen haben!)

ERSTER SCHRITT INS LEBEN

Oktober 1935 – Dresden

Seit dem 1. Oktober bin ich hier in Dresden in einem Tochterpensionat auf dem Weissen Hirsch. Wir sind zu dritt im Turmzimmer und genießen eine herrliche Aussicht auf Dresden mit dem breiten Elbstrom. Bei klarem Wetter sehen wir am Horizont die Sächsische Schweiz.

Meine Mitbewohnerinnen sind Erika und Annemie. Erika und ich haben uns gleich angefreundet. Annemie ist auch ein sehr liebes, stilles Mädchen. Das arme Ding hat keine Eltern mehr, beide tot.

Im ganzen sind wir nur 14 Mädchen. Unsere Pensionsmutter (mag ich gar nicht) ist sehr wenig beliebt, da sie nun schon seit 3 Wochen, so lange sind wir hier, täglich dasselbe Kleid trägt und unangenehm riecht. Doch sonst macht das Leben viel Spaß hier, sagt Erika, und ich finde es auch!

Zweimal sind wir schon in der Oper gewesen. Wir sahen »Aida« und »Die Regimentstochter« mit Erna Sack in der Titelrolle. Beides waren wirklich große Erlebnisse für mich. Wenn ich auch in den vergangenen Jahren öfter mit den Eltern in Magdeburg das Stadttheater besuchte, solche herrlichen Opernaufführungen wie hier in Dresden habe ich noch nicht erlebt.

Überhaupt die Stadt – man wird von ihr verzaubert. Diese herrlichen Bauten, der Zwinger, das Schloß, die Brühlsche Terrasse und natürlich auch die Oper. Dresden als Stadt ist wie Musik, zauberhafte Musik, und ich bin richtig froh darüber, daß ich gerade nach Dresden gekommen bin. Es gibt so viel Schönes und Neues. Jeden Mittwochvormittag ein Besuch in einem Museum, am Nachmittag ein großer Spaziergang zu irgendeinem urgemütlichen Café auf der Dresdner Heide.

Kommenden Mittwoch fahren wir nach Moritzburg, das ist das Jagdschloß August des Starken gewesen und natürlich auch noch der folgenden Generationen sächsischer Könige.

Gestern abend hatten wir unseren zweiten Tanzstundenabend mit den Fahnenjunkern. Das Tanzen macht mir viel Spaß, aber sonst – ich habe es mir viel aufregender gedacht. Es mag daran liegen, daß ich mich nicht verlieben kann wie die anderen Mädchen. Komisch, ich finde alle Männer albern, wenn sie anfangen zu flirten. Dabei wünsche ich mir rasend, einmal richtig verliebt zu sein.

Im Februar verbrachten wir 10 Tage auf dem Raupennest im Erzgebirge zum Skilaufen. Ich reiste zwei Tage früher ab, da ich zur Goldenen Hochzeit meiner Großeltern Assmann heimfahren durfte. Großes Familienfest, es war sehr schön, wieder daheim zu sein, aber nicht so wichtig, daß ich lang und breit mich in meinem Tagebuch darüber auslasse.

Doch einen Tag war ich in Calbe, schon bekam ich einen Brief von Erika. Sie schreibt: »Heute bist Du abgereist, und wir lernten beim Skilaufen auf einer Baude eine Gruppe anderer Fahnenjunker kennen, die tausendmal netter und interessanter sind als die von unserer Tanzstunde. Frau N. hat uns erlaubt, fünf davon zu unserem Hausball einzuladen. Darunter ist wieder einer, Edithlein, von dem ich bestimmt glaube, daß Du Dich in ihn verlieben wirst.«

Die gute Erika macht sich Sorgen. Sie ist eine sehr, sehr liebe Freundin. Jetzt kommt aber der Clou. Der Tag des großen, von uns sehnlichst erwarteten Hausballs ist da. Von unserem Turmzimmer können wir Fürst Wolna erspähen, er führt die eingeladenen Fahnenjunker an, mit wehendem Cape, die anderen im Mantel, wie sie die Straße zu unserem Waldschlößchen hochsteigen. Brrrr, ist das aufregend!

Erika sagt: »Schau, der da rechts außen ist mein Graf Spernau, und gleich links neben ihm, der große Schwarzhaarige, der ist es.«

»Wer?« fragte ich.

»Na, der, von dem ich glaube, daß ihr zwei füreinander geschaffen seid, euch zu verlieben.« Komisch, mir wurde ganz anders.

Frau N. läßt uns herunterkommen. Allgemeines Vorstellen

und Begrüßen. Ich sehe ihn an, Harald von Steuben, und er sieht mich an, und der Funke springt über!

FREUNDINNEN

Eine langjährige und enge Freundin war und ist Inge, mit der ich seit frühester Kindheit befreundet bin. Da Inge schon sehr früh ihre Mutter, eine gute Freundin meiner Mutter, verloren hatte, wuchs sie zu einem großen Teil mit mir auf. Tante Helma war erst 35 Jahre alt, als sie starb.

Aus der Zeit in Gnadau stammen meine Freundinnen Christa Schilten, genannt Puttchen, und Regine Bauermeister. Regines Vater war Landwirt, und sie war auf einem großen Gut aufgewachsen. Ihre Großeltern besaßen die Grube bei Bitterfeld, die jetzt wegen ihrer Umweltschädlichkeit so verrufen ist. Regine heiratete Dr. Richter, einen Pfarrerssohn und Thomaner. Er war Chirurg. Im selben Jahr, als mein Vater starb, infizierte er sich und bekam eine schwere Blutvergiftung. Die Ärzte versuchten, ihn durch eine Operation zu retten, leider vergebens. Einige Wochen später, ich war zu dieser Zeit schon in Marktredwitz, erhielt ich einen Brief von Regine. Mitten im Satz hörte ihr Brief auf, und darunter stand von der Hand ihres Sohnes geschrieben: »Liebe Tante Edith, an dieser Stelle klingelte es, und Mutti wurde verhaftet. Sie ist in einem Zuchthaus, und wir drei sind bei befreundeten Ärzten verteilt.« Thomas war das älteste von Regines Kindern, dann Matthias und Sabine. Regine wurde wirklich in verschiedene Zuchthäuser gebracht, von Leipzig nach Potsdam und Bautzen. Sie war so verzweifelt und hatte das Gefühl, daß sie diese Zeit nicht überleben würde. Da hatte sie dann die Idee, sich in die Küche zu melden. Man verlangte von ihr, die Ärzte in St. Georgen, wo ihr verstorbener Mann tätig gewesen war, zu bespitzeln. Zunächst lehnte sie strikt ab. Dann jedoch änderte sie ihre Meinung, sie glaubte, daß sie es schaffen könnte, auch ohne etwas preiszugeben, was den anderen schaden würde.

Wirklich kam sie nach einem Jahr frei. Sie bat sich eine Erholungspause aus, ehe sie mit ihrer »Arbeit« beginnen würde. Sie müsse erst wieder zu Kräften kommen und auch ihre Kinder wieder zusammenführen. Ihr wurde ein Urlaub bewilligt, und sie ging mit den Kindern an die Ostsee. Von dort aus fuhren sie nach Berlin. Da sie kein Gepäck dabeihaben durften, um nicht aufzufallen, zog sie den Kindern mehrere Kleidungsstücke übereinander an. Von dort aus gelangte sie in den Westen. Vorher hatte sie noch einige wenige Wertgegenstände zu ihren Schwiegereltern nach Beucha bringen können. Was der wirkliche Grund für ihre Verhaftung war, ist ihr nie mitgeteilt worden.

Auch Christa, genannt Puttchen, hatte geheiratet, und zwar einen aktiven Offizier. Der fiel unter Rommel in El Alamein, als sie noch jung verheiratet waren.

Im Jahre 1970 machten Puttchen und ich eine Schiffsreise mit der »Europa«. Wir suchten auch das Grab ihres Mannes in Afrika, und Puttchen hat es tatsächlich gefunden.

Christa war als Sekretärin bei ihrem Vater in der Mühle in Hadmersleben angestellt. Sie ging erst spät in den Westen, als auch ihr Vater sich drüben geschäftlich nicht mehr halten konnte. Sie heiratete wieder und ist seit 1974 verwitwet. Puttchen hat mir viele Briefe geschrieben, und wir waren auch oft zusammen, denn die Entfernung zwischen Calbe und Hadmersleben war nicht sehr groß. Ihre Schilderung des Bombenangriffes auf Magdeburg zum Ende des Krieges ist besonders eindrucksvoll und ergreifend.

In Dresden dann lernte ich Erika kennen, die mir auch eine rührende Freundin wurde. Von ihr stammen die Briefe aus dem Jahre 1945, die die Angst und Verzweiflung der deutschen Bevölkerung vor dem Einmarsch der Russen wiedergeben.

ACHIM

Das Jahr 1936 im Rückblick

Es ist der 11. Mai 1936, meine Cousine Irmi in Magdeburg hat Geburtstag, und ich bin dazu eingeladen. Als ich mit unserem Chauffeur Warnstedt wegfahre, sagt mein Vater: »Also Warnstedt, bitte pünktlich um 12 Uhr mit meiner Tochter abfahren, denn Sie wissen, morgen früh fahren wir nach Bad Kudowa.«

Als ich in Magdeburg ankomme, sitzen schon alle bei Tisch, und mein Tischherr war Achim Bestehorn. Beim Tanzen sagte er mir ganz unvermittelt, daß er mich heiraten möchte. Ich antwortete: »Das ist doch gar nicht möglich, wir haben uns doch heute abend hier erst kennengelernt!« Ich war schon etwas beeindruckt von ihm; er war groß, schlank, blond. Besonders auffallend waren seine blauen Augen, aber ich konnte nicht sagen, daß es bei mir irgendwie gefunkt hätte.So verlief der Abend zwar ganz amüsant, aber Achim ließ außer seinem Freund Pit Naumann, der Irmis Verlobter war, niemanden mit mir tanzen. Ich fand das irgendwie anmaßend und dachte: »Das muß ein schwieriger Mensch sein.«

Wir fuhren pünktlich heim. Am nächsten Morgen reiste ich mit meinen Eltern nach Kudowa, wo sie in diesem Jahr eine Kur machen wollten. Wir waren schon fast in Görlitz, als Mutti fragte: »Ja, wie war es denn eigentlich gestern abend?«

»Ach, so lala«, erwiderte ich, »es war ganz nett, mein Tischherr auch.« Weiter erfuhren sie über diesen Abend von mir vorerst nichts.

Im Bad Kudowa waren wir im Fürstenhof abgestiegen, und ich verlebte dort mit meinen Eltern recht vergnügliche Tage. Abgesehen von einem Vorfall bei einem Tanzabend im Hotel. Da wurde mein Vater von Leuten mittleren Alters als Jude bezeichnet und angegriffen. Ich war erst sprachlos und entsetzt, dann, als mein Vater nur stumm lächelte, explodierte ich: »Das ist ja unerhört, mein Vater ist kein Jude, und selbst wenn er es wäre, was geht Sie das an!« Der Direktor erschien gleich und regelte die Angelegenheit. Das war einer der Vorfälle, wo ich merkte, daß so etwas von den Nazis ausging. Zu dieser Zeit gab es viele aufregende Geschehnisse oder Anzeichen, auch bei uns in der Kleinstadt, in Calbe. Der Jude Zuckerberg mit seiner Familie war plötzlich verschwunden, aber von KZs hatte man damals noch keine Ahnung.

Nach unserer Rückkehr aus Kudowa Anfang Juni erschienen schon am zweiten Tag nachmittags um halb fünf Achim Bestehorn und Pit Naumann mit zwei Wagen und zwei riesigen Blumensträußen, einen für meine Mutter und einen für mich.

Die jetzt folgenden Wochenenden verliefen sehr kurzweilig. Wir machten Ausflüge in den Harz, fuhren nach Grubo zur Jagd, wo inzwischen mein Vater die Wochen verbrachte, denn die Bockjagd war aufgegangen. Wenn erst die Saison begann, was bei uns hieß, die Kartoffel- und Gurkenernte, dann hatte er kaum noch Zeit, auf die Jagd zu fahren, und nutzte daher diese ruhigen Wochen.

Achim fing an, mich zu drängen, daß wir uns an meinem Geburtstag verloben sollten. Aber das war mir unmöglich, denn ich hatte schon lange zuvor an meinem Geburtstag ein großes Fest geplant. Dazu waren auch die zwei Fahnenjunker aus Dresden eingeladen, Harald von Steuben und Axel Momber, der inzwischen mit Erika befreundet war, natürlich meine Freundinnen Erika, Inge, Puttchen, Christel, Regine und Gerdi. Außerdem wollte ich auch einmal Achim und Harald nebeneinander sehen und erfahren, wie die beiden zusammen auf mich wirkten, denn ich war mir noch keinesfalls klar, wie ich mich entscheiden sollte.

Der 26. Juli brach an. Erika war schon am Tag zuvor eingetroffen. Wir beide holten gemeinsam am Ostbahnhof Harald von Steuben und Axel Momber vom Zug aus Dresden ab. Warnstedt kassierte die anderen Gäste am Bahnhof West. Als Achim eintraf, saßen wir alle vor der Laube in einem großen Kreis und waren sehr lustig. Ich sehe noch, wie Achim mit wippenden Schritten den Gartenweg herunterkam, irgendwie gespannt, denn er hatte ja diesen Tag als Verlobungstag vorgeschlagen, was ich auf keinen Fall wollte. Ich sagte ihm dazu: »Vor deinem Geburtstag bin ich nicht soweit!«

Erika, die inzwischen auch mal mit in Aschersleben gewesen war und die Familie Bestehorn kennengelernt hatte, konnte mein Zögern gar nicht verstehen. Sie wollte mich überreden und sagte: »Achim ist 10 Jahre älter als du, ihr paßt doch wunderbar, äußerlich schon, und ich nehme an, auch sonst.« Ich wurde ganz trotzig und machte ihr klar, daß ich den Mann, den ich einmal heiraten würde und mit dem ich Kinder haben wollte, so sehr lieben mußte, daß für mich gar kein anderer Mensch mehr in Frage käme. Mir ist der Moment der Treue so wichtig, und dessen war ich mir bei Achim nicht ganz sicher. Im Augenblick schon. Wie würde es aber auf Dauer sein?

Zur Olympiade in Berlin im Jahre 1936 hatte mein Schwiegervater, Geheimrat Bestehorn, Karten, das heißt, da war er noch gar nicht mein Schwiegervater, denn wir verlobten uns ja erst am 19. September. Im Hotel Reichskanzler beim ersten Abendessen saß Baldur von Schirach am Nebentisch. Für mich war das alles hochinteressant, und die Eröffnungsfeier der Olympiade 1936 in Berlin hat mich sehr beeindruckt. Am zweiten Abend lernte ich meine zukünftige Schwägerin Trudi Millington-Herrmann kennen, Achims älteste Schwester. Wir aßen abends im Tennisclub Rot-Weiß. Auch Ernst Udet war dabei, denn mein späterer Schwager Max Millington-Herrmann und er waren Kriegskameraden vom ersten Weltkrieg.

Der 19. September rückte näher, und darüber, wie dieser Tag verlief, lasse ich wieder mein Tagebuch sprechen, das ich damals führte.

Ab Mitte November setzten auf den Gütern dann die großen Treibjagden ein. Achim war inzwischen in Magdeburg zur Reserveoffiziersübung in der Enke-Kaserne bei Panzer

13. Am 17. Dezember war eine Jagd im Rittergut Bobbe. Mein Vater sagte schon bei der Abfahrt: »Also, ganz wohl ist mir heute nicht, aber ich werde trotzdem fahren.«

Am Nachmittag telefonierte er und sagte, Warnstedt möge kommen und ihn holen, er habe wahnsinnige Leibschmerzen. Wir verständigten gleich Dr. Kolbe, unseren guten, dikken Doktor, da wir sehr beunruhigt waren. Als mein Vater eintraf, fieberte er schon. Wenig später kam Dr. Kolbe. Er untersuchte meinen Vater und rief sofort Prof. Löhr in Magdeburg an, er müsse meinen Vater heute noch operieren, es sei ein Blinddarmdurchbruch. Meine Mutter nahm Herrn Dietrich mit, unseren Prokuristen, und Warnstedt als Fahrer. Ich blieb zu Hause. Es war zehn Uhr abends vorbei, als sie anrief und sagte: »Kind, du mußt kommen!«, und sie weinte furchtbar. Ich rief die Schwester meines Vaters an, Tante Ella, und bat sie, mit mir nach Magdeburg zu fahren, denn ich war noch nie gern in der Dunkelheit gefahren. Sie war auch sofort dazu bereit, aber als der Wagen bei uns auf dem Hof einfuhr, saß nicht nur Tante Ella darin, sondern auch meine Großmutter, Tante Ellas Mann, und Onkel Wilhelm, ein Bruder meines Vaters. Ich war entsetzt! Wenn nur einer außer Tante Ella mitgefahren wäre, aber so, die ganze Familie, das fand ich schrecklich.

Wie es ausgemacht war, fuhren wir zum Magdeburger Hof, wo meine Mutter ein Zimmer genommen hatte. Der Portier sagte mir: »Ihre Mutter wartet oben!« Ich ließ die anderen in der Halle zurück und eilte zu meiner Mutter. Sie weinte und schrie und glaubte, Vati werde sterben. Ich widersprach ihr ganz energisch: »Nie, nie wird das passieren. Du mußt glauben, Vati wird leben. Und jetzt fahren wir ins Krankenhaus, ich möchte Vati sehen!«

Eine Schwester saß bei ihm nach der Operation, Schläuche hingen unter der Bettdecke hervor, und ich stand da und streichelte die Hand meines geliebten Vaters. »Lieber Gott, laß ihn nicht sterben, er muß leben! Mein Vater, mein guter Vater, das darf nicht sein!« Meine Mutter stand an der anderen Seite des Bettes. Ich drückte sie und sagte zu ihr: »Mutti, paß auf, Vati wird leben, du mußt es nur ganz fest glauben!« Tante Ella, die auch hinzugekommen war, sagte überzeugt: »Ja, so wird es sein, aber wir werden noch eine Gesundbeterin von der Englischen Christlichen Wissenschaft hinzuziehen.« So geschah es dann. Sie saß zwei Tage am Bett meines Vaters und betete ununterbrochen.

Meine Mutter blieb die ganze Zeit in Magdeburg, ich fuhr jeden zweiten Tag hin, und als ich das erstemal kam und ihm eine Schale mit blühenden Hyazinthen mitbrachte, freute er sich und versuchte, schon einen kleinen Scherz zu machen. Er sagte: »Mein Sausewind, mein Kind.« So hatte er mich als kleines Mädchen genannt. An einem Tag vor Weihnachten – meine Mutter und ich waren während der Visite in den Wintergarten gegangen – rief Prof. Löhr ganz laut: »Frau Assmann, es ist ein Wunder geschehen! Ihr Mann wird gesund. Aber im Januar muß er noch einmal zur Nachuntersuchung.«

So geschah es, daß ich in diesem Jahr zu Weihnachten das erste Mal unseren großen Baum putzen durfte, denn Mutti traf erst abends aus Magdeburg ein. Achim kam aus Aschersleben. Wir verbrachten einen stillen, aber schönen Heiligabend. Am Abend zuvor hatten meine Mutter und ich noch die Bescherung für unsere Leute gehabt, und es war rührend, welche Anteilnahme wir erfahren durften.

Den ersten Weihnachtstag verbrachten Achim und ich bei seinen Eltern in Aschersleben. Im großen Speisesaal war für jeden der Hausangestellten ein runder Tisch aufgestellt mit je einem kleinen Bäumchen darauf. In der Mitte des Raumes stand eine riesige Tanne. So hatte jeder seinen eigenen Gabentisch. Äußerlich war es ein schönes Bild, aber die Atmosphäre war sehr kühl. Da meine Schwiegermutter alles hatte, was sich ein Mensch nur wünschen konnte, hatte ich geglaubt, ihr mit einer Handarbeit eine Freude machen zu können und hatte eine seidene Decke mit Hohlsaum gearbeitet. Aber sie betrachtete sie kaum. Achim sagte: »Ja, weißt du, das ist bei uns immer so!« Und Philip tröstete mich: »Gnädiges Fräulein, machen Sie sich nichts draus, das liegt Frau Geheimrat nicht!« Mein Herz wurde schwer und ich fragte mich, ob es richtig war, daß ich mich mit Achim verlobt hatte.

Als Achim mich am Abend heimbrachte, fuhren wir von Aschersleben über Magdeburg, um meine Mutter dort abzuholen. Sie stand schon an der Treppe und wartete. Sie sagte: »Hallo, mein Liebes!« Ich lief die Treppe hinauf, fiel ihr in die Arme und weinte. Wir weinten beide.

Den Silvesterabend verbrachte Mutti bei meinem Vater, und Achim und ich im Hotel Magdeburger Hof.

ERSTER BESUCH IN ASCHERSLEBEN

Philip zog die rot-weiß gestreifte Markise der großen runden, glasgedeckten Terrasse zurück, überprüfte noch einmal den Kaffeetisch, der für drei Personen mit feinstem Porzellan gedeckt war. Er warf einen letzten Blick über die mit englischem Chintz bezogenen Terrassenmöbel, holte aus dem anliegenden Speisezimmer noch einige Vorlegebestecke und ging dann gemessenen Schrittes zur Anrichte. Gleich müßte der junge Herr Achim kommen, und er würde eine junge Dame mitbringen, die heute zum erstenmal in diesem Haus erwartet wurde. Philip sinnierte – er kannte seinen Achim, schließlich war er seit 25 Jahren im Hause. Und Achim, der jüngste Sohn von 4 Kindern, zählte gerade 3 Jahre, als er mit seiner damals noch ganz jungen Frau Hedwig die Stelle als Dienerehepaar antrat.

In der großen, weißgekachelten Küche, die mit viel blinkendem Kupfergeschirr ausgestattet war, filterte die dicke Mamsell den Kaffee. Philip meinte: »Aber Mamsell, die Herrschaften sind noch gar nicht angekommen ...«, doch er hatte den

Satz noch nicht beendet, als er durch die weit geöffneten Küchenfenster den Kies der gepflegten Parkwege knirschen hörte. Das konnte nur Achim sein. Er hatte wie üblich nicht am Parktor geläutet. Ja, potztausend, Edith Assmann wurde heute das erstemal erwartet, und Achim stieg mit ihr schon die Stufen zur Terrasse herauf, wobei er sie leicht am Ellbogen führte, durch das Speisezimmer, die Diele zum Vestibül, wo Philip stand, um dem Gast beim Ablegen zu helfen. Mit Charme stellte Achim vor: »Das ist Philip, einer meiner besten Freunde!« Edith gab Philip lächelnd die Hand. Sie fühlte gleich, das war ein Mensch, dem ein warmes, natürlich empfindendes Herz unter dem blauen, mit goldener Tresse besetzten Dieneranzug schlug.

Längst kannte sie aus Achims Erzählungen alle Bewohner dieses überaus luxuriösen Hauses. Wie froh war sie, daß heute bei ihrem ersten Besuch Achims Mutter zur Kur weilte. Denn nach Achims Berichten zu schließen, war Frau Bestehorn eine recht schwierige Frau und wohl nie ganz zufriedenzustellen, sei es nun in ihrer Familie, im Freundeskreis oder bezüglich des Personals. Wenn Achim sie schon so ausführlich vorbereitet hatte, wie mußte es dann wirklich sein?

Eine kleine Bestätigung und Ahnung folgte gleich durch die gutgemeinten Worte Philips: »Frau Geheimrat wäre untröstlich zu wissen, daß das gnädige Fräulein bei seinem ersten Besuch von Herrn Achim nicht durch das Vestibül ins Haus geführt wurde.« Die Tür zur Diele öffnend, fuhr er fort: »Ich werde gnädiges Fräulein und Herrn Achim dem Herrn Geheimrat melden.« Eine tiefe Verbeugung, und die zwei waren allein.

»Er kann das feierliche Zeremoniell auch nicht ganz lassen«, sagte Achim zu Edith. Beide setzten sich, und Ediths zierliche Gestalt versank förmlich in dem schweren, dunkelgrünen Plüschsessel. Edith dachte: »Ich wollte doch gar nicht hierher. Was hat der Achim nur für eine Macht über mich! Er liebt mich, er will mich heiraten. Gleich am ersten Abend unseres Kennenlernens, auf der Geburtstagsfeier meiner Cousine Irmi in Magdeburg, hatte der stürmische Achim es mir gesagt. Was soll das, ich bin 18 Jahre alt. Kann ich wissen, ob das die Liebe ist, die ein ganzes Leben hält? Für mich soll es nur eine Liebe, die ganz große Liebe im Leben geben.«

Die großen Ideale, die Edith hegte, deckten sich ganz mit ihrem festen Glauben. Dieser schlichte, kindliche Glaube war es auch, der sie instinktiv dieser stürmischen Werbung Achims gegenüber zögern ließ. Sie wollte nicht überrumpelt werden, sondern sich Schritt für Schritt an diesen ihr noch fremden Menschen herantasten.

Der Geheimrat trat ein. Fast einen Kopf kleiner als sein Sohn, leicht zur Fülle neigend, aber sehr behende für seine 71 Jahre, war er zweifellos eine überdurchschnittliche Persönlichkeit. Das Bemerkenswerteste an ihm, konstatierte Edith, waren die strahlenden, tiefblauen Augen in dem rosigen Gesicht, dazu im starken Kontrast die schneeweißen Haare, insgesamt eine liebenswerte und gepflegte Erscheinung.

Ohne Beklemmung ergriff Edith die ihr dargebotene Hand und dachte: »Merkwürdig, wie herzlich er mich begrüßt, so als kenne er mich schon lange und gut.« Sie nahmen an dem gedeckten Tisch auf der Terrasse Platz, und Philip bediente sie aufmerksam. Das gute Aroma des Kaffees und der Duft der Rosen verbanden sich in der würzigen Luft eines der ersten strahlenden Junitage zu einer Atmosphäre, die jeder der drei Menschen auf eine andere Art als beglückend empfand.

Verlobungstag in Aschersleben

Es war an Achims Geburtstag, am 19. September 1938. Koitsch, der Chauffeur meiner Schwiegereltern holte mich mit dem Horch gleich nach dem Frühstück von zu Hause ab.

In Aschersleben wurde ich bereits von Achim und den Schwiegereltern erwartet. Zuerst gratulierte ich Achim zum Geburtstag. Dann ließ man uns im Salon meiner Schwiegermutter allein. Dort standen zwei wundervolle große Blumensträuße. Der schönste Nelkenstrauß, den ich je gesehen hatte, wundervolle, riesengroße, duftende rosa Blüten, war mein Verlobungsstrauß. Darunter lagen die Ringe und ein kleines Schmuckkästchen.

Als wir jetzt allein in diesem Raum waren, bat mich Achim noch einmal ganz offiziell darum, daß wir uns jetzt verlobten. Ich nickte eigentlich nur, sprechen konnte ich vor Rührung nicht, denn es war doch etwas sehr Bewegendes, etwas so Endgültiges, fast wie für die Ewigkeit gedacht. Wir steckten uns gegenseitig die Ringe an die linke Hand, und dann legte mir Achim eine Kette um, mit einer großen Barockperle mit neun Brillanten, die rundherum angeordnet sind, als Anhänger. Ein wundervolles Schmuckstück.

Mit der Familie nahmen wir nun ein Sektfrühstück ein, und danach fuhren wir mit unserem Wagen wieder zu meinen Eltern nach Calbe. Dort legte ich mich erst mal eine halbe Stunde in meinem Zimmer aufs Bett. Am Nachmittag trafen dann alle Gäste ein, die zur Verlobungsfeier geladen waren. Es war eine sehr schöne Hausfeier, die meine Eltern uns ausgerichtet hatten.

NANNA PANIER – Achims Kinderfrau

Schon vor meiner Verlobung, es war im Jahre 1936, lernte ich sie kennen, Nanna, unsere Kinderfrau. In der heutigen Zeit sind Kinderfrauen wohl ganz ausgestorben, zumindest so selten, daß man sie mit einer Lupe suchen muß.

Mein Mann Achim hing mindestens mit der gleichen Liebe wie zu seiner Mutter an Nanna. Sie kam 1907 zur Wochenpflege ins Haus, selbst 22 Jahre alt und mit 20 schon Witwe und Mutter von zwei Kindern, die jedoch bei der Großmutter gut erzogen wurden.

In dem großen Haus meiner Schwiegereltern mit damals 12 Bediensteten – bitte, man stelle sich das heute vor, wo sich viele Hausfrauen schon glücklich schätzen, ein gutes Mädchen für alles zu haben! – war selbstverständlich außer der Wochenpflegerin Marie Panier auch eine Kinderschwester engagiert.

Aus den Monaten wurden Jahre, und aus der großen, so viel Ruhe und Güte ausstrahlenden Frau Marie wurde durch Klein-Achim Nanna.

Als Achim in die Schule kam, trug er nicht nur am ersten Tag einen weißen Matrosenanzug, sondern jeden Tag, was irgendwie Anlaß zu Ärger gab. Jeden Tag nämlich hatte man Achim den Rücken des Anzuges mit Tinte oder Farbe bemalt. Ihm brachten die Anzüge viel Verdruß. Knüffe von den Schulbuben und Tränen daheim. Doch die Mutter willigte nicht ein, ihn blaue Anzüge tragen zu lassen.

Eines Tages blieben dann auch die Tintenflecke aus. Nanna, die Achim während des ersten Schuljahres täglich zur Schule führte, hatte für ihren kleinen Liebling einen Ausweg gefunden. Kaum hatten sie die Herrenbreite mit ihren herrschaftlichen Villen verlassen, verschwanden sie im 3. Haus der Ottostraße. Dort wohnte Frl. Reiber, die an zwei Tagen in der Villa Bestehorn bügelte. Nach ein paar Minuten tauchte Nanna wieder mit Achim in der Tür auf, um den Weg zur Schule fortzusetzen. Bei Frl. Reiber lag ein dunkelblauer Matrosenanzug bereit, später, als der Geheimrat eingeweiht war, sogar zwei. Klein-Achim war glücklich, nicht mehr die Buben gegen sich zu haben, und Frau Geheimrat glaubte sich im Sieg über Kinder und »die Leute«.

Nannas größte Begabung lag unweigerlich auf dem Gebiet der Diplomatie. Ich glaube, hier hat sie ganz Großes geleistet. Den sichersten Beweis sehe ich darin, daß Nanna mit dem schwierigen, diffizilen Charakter ihrer Gnädigen durch Jahrzehnte hin fertig wurde. Außer dem Diener Philip und dem Geheimrat Bestehorn selbst konnte sich niemand dieser Kunst rühmen.

Wenn eine Köchin gekündigt hatte und nicht rechtzeitig Ersatz zur Stelle war: Nanna kochte prächtig. Erkrankte jemand aus der Familie oder vom Personal: Nanna pflegte hingebungsvoll. Niemand verstand, so unauffällig und gut zu stopfen wie sie. Die Bestehorns unternahmen keine Reise ohne Nanna.

Durch diese Frau lernte Achim die Menschen wirklich sehen und das eigentlich Reale im Leben zu erkennen. Sie betete, spielte und lernte mit dem Kind. Nicht zuletzt war sie es, die um alle kleinen Geheimnisse eines heranwachsenden Buben wußte und ihren Liebling, wie sie ihn noch als längst ausgewachsenen Mann gelegentlich nannte, verstand. Zweimal im Jahr setzte Nanna es durch, Achim mit zu ihrer Familie aufs Land nach Wartleitz zu nehmen. Für das Kind Achim gehörten diese Wochen zu den schönsten eines jeden Jahres. Die Einfachheit, das Natürliche hatten es ihm angetan. Zu Hause war alles so kompliziert . . .

Die Hochzeiten Gertruds und Ilses, der beiden älteren Schwestern Achims, fanden innerhalb weniger Jahre statt. Da die große, geräumige Villa nicht ausreichte, fanden beide Hochzeiten im Adlon in Berlin statt. Nanna verbrachte bei jeder der Schwestern ein Jahr, um den Haushalt ins Lot zu bringen.

So wunderte ich mich denn nach den Schilderungen Achims gar nicht, daß er mich, sobald es irgend anging, zu seiner Nanna schleppte. Sie hatte erst vor einem halben Jahr ihre Stellung bei Bestehorns aufgegeben und lebte zurückgezogen im Hause ihres zweiten Sohnes in Aschersleben. So sah ich mich denn einer großen, schmalen Frau mit schlohweißen Haaren gegenüber. Aus dem fast aristokratisch anmutenden Gesicht leuchteten mir so warme, lebhaft strahlende Augen entgegen, daß ich sofort wußte, diese Augen schauen nicht nur auf das Äußere eines Menschen und der Dinge, diese Augen schauen tief hinein, ja mehr, sie erfassen auch das Herz. So wie ich sie von der ersten Minute unserer ersten Begegnung an liebgewann, so muß es auch ihr ergangen sein. Ich wußte, daß ich auch viel von ihr lernen würde, nicht zuletzt in der Behandlung Achims, meines zukünftigen Mannes.

Achim und ich heirateten am 11. Mai 1936 in Calbe/Saale in der Stephanikirche; die Feier fand im Magdeburger Hof statt. Nach einjähriger Ehe, ich war gerade 20 Jahre und 6 Monate alt, kam unser Hans-Jürgen zur Welt. Wer zählte zu den ersten Besuchern – natürlich Nanna. Sie war es auch, die letzte Hand an das Kinderzimmer legte, mit dessen Einrichtung beide Großmütter im Wettstreit lagen.

Es war Juni, und wie schon des öfteren in den vergangenen vier Monaten, schickte ich einen Hilferuf aus: »Bitte, Nanna, so schnell wie möglich kommen!« »Ja, wo brennt's denn, Kindchen, stimmt mit dem Kleinen etwas nicht, oder wollen Sie verreisen?« Ich konnte nur immer den Kopf schütteln. »Ach, wenn es nur das wäre, dann hätte ich doch schon am Telefon den Grund gesagt! Schlimm ist es, einfach schrecklich! Drei Tage sind vorüber, seitdem sich meine Regel hätte einstellen müssen! Und ich will nicht, Nanna, ich will nicht schon wieder ein Baby!!« Mein Kopf ruht an ihrer Schulter, alle Unvernunft und alle Angst vor einer so schnell folgenden Niederkunft weine ich bei Nanna heraus. Natürlich wollte ich viele Kinder, vier hatte ich mir gewünscht, aber nicht so schnell! Während Nannas rechte Hand sacht über meinen Kopf strich und die linke mich behutsam wieder aufrichtete, wurde mir schon ein wenig leichter. »Nun passen Sie mal auf, mein Kindchen, das ist halb so schlimm. Wir werden ein heißes Senfmehlbad richten, einen ordentlichen Glühwein trinken, und dann ins Bett und ordentlich schwitzen. Heute abend wiederholen wir das noch einmal. Und bleibt der gewünschte Erfolg aus, so will eben der liebe Gott, daß in neun

Monaten noch ein Wuzelchen in eurem Hause Einzug hält.«

So befand ich mich bald darauf schwitzend, aber seelisch erleichtert in meinem Bett. Nanna zog die Vorhänge zu. Ob das die Wirkung erhöhte? Der strahlend schöne Junitag heute, zum Tennis war ich verabredet. Ach was, alles war ganz unwichtig. Im Hinausgehen drehte sich Nanna noch einmal um und sagte: »Nichts mehr denken, Kindchen, schlafen, schwitzen und glauben!« Ich lächelte ihr dankbar zu und betete: »Lieber Gott, hab Dank, daß es Menschen wie Nanna gibt.«

Am Abend schon stellte sich der gewünschte Erfolg ein. Ich strahlte, Achim strahlte, Nanna schmunzelte auf ihre feine Weise, und wir feierten unsere geliebte Kinderfrau mit der ersten Erdbeerbowle. Wer von uns dreien hätte geahnt, daß nur ein gutes Jahr vergehen würde und dann der große, schreckliche Krieg ausbricht? Achim wurde schon am 2. September 1939 eingezogen. Mit dem Tode meines Schwiegervaters, des Geheimrats Otto Bestehorn, hielt Nanna wieder Einzug in dem großen Hause. Die Hausdame hatte gekündigt, die Köchin war gegangen.

Brief von Achim an Edith, während einer Übung als Reserveoffizier

»Magdeburg, d. 9.11.36

Meine allerliebste kleine Ditti!

Pünktlich um 11 Uhr traf ich hier ein und fand nur den ›Langen‹ im Bett vor. Wir packten dann gemeinsam meine Sachen aus, und als er die Tauben entdeckte, verspürte er leisen Hunger, denn er hatte ja kein Geld bekommen. Bis 12 Uhr waren alle eingetroffen, und nun fing ein großes Erzählen an, das bis nach Mitternacht dauerte. Einige hatten einen kleinen Schwips mitgebracht und tobten nun in unserer Bude zum größten Gelächter herum, bis sie gewaltsam ins Bett verfrachtet wurden.
Um 5 Uhr war alles munter, und der saure Tag begann am Geschütz. Plötzlich erschien der Major und ließ sich die erste Korporalschaft vorführen, die seine vollste Anerkennung bekam, da alles fabelhaft klappte. Es begrüßte dann jeden einzeln, und als er zu mir kam, fing er an zu lachen und sagte: »Nun zeigen Sie mal, was Sie können, und führen Sie mir die ganze Kompanie vor!« Ohne Fehler rollte ich einen Gefechtsgang auf und wurde von der ganzen Kompanie gelobt. Von 150 Mann werden auf seinen Befehl nur fünf Mann und nicht, wie zuerst geplant, fünfzig Mann befördert, die dann dableiben dürfen.
Um 12 Uhr habe ich nun meinen schweren Dienst angetreten und sitze auf der Wachstube, wo ich einige Minuten Freizeit habe, da die Kompanie im Gelände ist.
Es waren wirklich sehr nette Stunden, nur etwas wenig Schlaf, der aber morgen nachgeholt wird. Heute habe ich mit dem Hauptmann gesprochen und bekomme aufgrund meiner Leistungen jeden Sonnabend Heimaturlaub. Das ist eine feine Sache, meine kleine Ditti. Auch in der Woche kann ich bis 12 Uhr ausgehen und habe dieselben

Rechte wie die Unteroffiziere. Da ich aber nebenbei so viel zu arbeiten habe, werde ich davon keinen Gebrauch machen, sondern werde abends bis 10 Uhr nach dem allgemeinen Dienst noch auf die Schule für Unteroffiziersanwärter gehen.

Jetzt rückt gleich die Kompanie hier ein, und da ich einen Vortrag über die Feuerstellung der Geschütze in einer Tankschlacht halten muß, schließe ich für heute mit den herzlichsten Grüßen, ebenfalls an alle daheim.

Dein Dich ganz fest umarmender

Achim«

DIE HOCHZEIT(EN)

Auf den 11. Mai 1936, genau ein Jahr, nachdem Achim und ich uns kennengelernt hatten, wurde der Tag unserer Hochzeit festgelegt.

Natürlich war auch die Ausstattung unseres Haushaltes genau geplant. Die Möbel arbeitete Böttcher in der Tuchfabrik an der Saale: ein Herrenzimmer in Renaissance, ein modernes Speisezimmer in Kirschbaum, mein Damenzimmer in Birke mit Geflecht, auch modern gehalten, das Schlafzimmer in Louis XVI, heller Schleiflack und Geflecht. Die Möbel für den Wintergarten kauften wir fertig. Zudem hatte ich in Berlin mit meiner Mutter noch zwei wundervolle Kommoden erstanden, die eine im Barockstil, und die andere war eine alte englische Kommode.

Meine Mutter und ich verbrachten viele Stunden bei Böttcher, um Einzelheiten zu prüfen und festzulegen, später auch, um Stoffe für die Bezüge und Vorhänge auszusuchen. Ein Großteil der Gardinen wurde allerdings in Magdeburg gekauft, ebenso wie meine Aussteuerwäsche, bei Peter Georg Palis und bei Strunkmann & Meister, beides renommierte Fachgeschäfte.

Die Schneiderin meiner Mutter arbeitete mir ein Reisekleid in Dunkelblau und Weiß; ein wundervolles Spitzenkleid für die standesamtliche Trauung in Flieder, meiner Lieblingsfarbe. Dazu erstanden wir auch eine Kappe, und dies trug ich zur Trauung am Morgen im Rathaus in Calbe. Die Trauzeugen waren mein Großvater und mein Onkel. Als wir aus der Rathaustür traten, stand dort Hanni Bernau. Sie hatte einen Vergißmeinnichtstrauß und überraschte uns mit einem wundervollen Gedicht.

Während wir auf dem Standesamt waren, hatten meine Mutter und Tante Erna die Kirche mit Blumen geschmückt. Am Nachmittag fand dann die Trauung in der Stefani-Kirche statt. Der gesamte Kirchplatz stand voller Wagen. Wir fuhren dann nach Magdeburg, wo im Magdeburger Hof das Essen und die große Hochzeitsfeier stattfanden. Die Tafel war über und über mit Flieder geschmückt, so wie ich es mir gewünscht hatte. Mein Brautstrauß waren fliederfarbene Orchideen. Auf meinen Wunsch hin war der Rahmen der Hochzeit bewußt klein gehalten worden, dennoch füllten an die hundert Personen den Ballsaal. Wie viele es gewesen wären, wenn die Hochzeitsfeier nach den Wünschen meiner Schwiegermutter ausgerichtet worden wäre, vermag ich gar nicht auszumalen.

Abends fuhren Achim und ich mit dem Chauffeur Koitsch nach Halle in das Hotel »Goldene Kugel«. Dort übernachteten wir, und am anderen Morgen ging unser Zug von Halle nach München. Diesen Abend verbrachten wir mit Theo Abelein, den ich jetzt kennenlernte. Theo hatte mit Achim viele gemeinsame Reisen unternommen. Die nächste Etappe auf unserer Reise war die Zugfahrt nach Genua, wo uns im Hafen die »Milwaukee« erwartete, auch »der weiße Schwan der Meere« genannt, und sie sollte uns auf unserer Hochzeitsreise nach New York bringen.

Achim und ich saßen am Kapitänstisch als jüngstes Paar. Zu meiner Rechten saß ein General der Flieger David, daneben Fräulein Saggel und Fräulein Sonnemann, die Schwester von Frau Göring. Weiter ein Ehepaar Hinkel aus Hamburg, der Polizeipräsident der Stadt.

Die Reise war wunderschön, alles war harmonisch, und ich genoß diese Atmosphäre sehr. Nur – nach acht Tagen bekam ich Heimweh. Heimweh nach unseren Wäldern daheim, und auch mal nach einem etwas verhangenen Himmel. Seltsam, ich freute mich in dieser luxuriösen Umgebung schon wieder auf zu Hause. Allerdings war für mich »zu Hause« immer noch mein Elternhaus. Natürlich freute ich mich auch darauf, die große Villa, die mein zukünftiges Heim werden sollte, nun fertig eingerichtet zu sehen.

Da ich von dieser Hochzeit im nachhinein erzähle, nämlich im Jahre 1992, und der größte Teil meines Lebens hinter mir liegt, will ich gleich auch noch von meiner zweiten Hochzeit berichten, von der Heirat mit Dr. Herbert Wolf.

Wir hatten lange auf unsere Papiere warten müssen, und als das Aufgebot in Marktredwitz bestellt war, stand auf dem Aushang: »Edith Bestehorn, Sekretärin in Großschlattengrün bei Herrn Direktor Edel«. Der Scheidungsprozeß, die Verlegung der Wohnsitze, alles hatte uns viel Geduld abverlangt. Wir waren daher glücklich und dankbar, daß nun endlich alle Unterlagen komplett waren und wir am 22. Dezember 1950 heiraten konnten. Meine Eltern und mein Sohn Hans-Jürgen waren leider nicht dabei. Er besuchte das Internat in Gnadau, in dem auch ich als Schülerin mehrere Jahre verlebt hatte, war also im Osten Deutschlands und verbrachte die Ferien zumeist bei meinen Eltern in Calbe. Bodo und Angelika waren bei uns in Marktredwitz, und sie waren hier auch schon eingeschult worden.

Unsere Trauzeugen waren Rudi Scherdl und Frau und Hermann Meyer und Frau, beide waren Herberts Schulkameraden im Gymnasium gewesen. Nun mußte Angelika endlich nicht mehr sagen: »Ich heiße Wolf, aber wir haben noch nicht geheiratet!« Sie war jetzt ganz glücklich und sagte nun stattdessen: »Ich heiße Bestehorn-Wolf, und wir sind jetzt wieder verheiratet!«

BERLIN

Berlin war für mich schon als Kind die schönste Stadt der Welt. Mitunter durfte ich einige Tage zu meiner Tante Minna nach Siemensstadt fahren. Der Besuch des Zoos, eine Fahrt auf der Havel und dann Potsdam – alles kam mir vor wie im Märchen!

Einige Jahre später besuchte ich, angetan mit einem karierten Taftkleid, im Haar eine große weiße Schleife, an der Hand meines Vaters oder meiner Mutter den Wintergarten; Sternenhimmel über uns, es war zauberhaft.

Wenn wir in Grubo zur Jagd weilten, fuhren wir am Wochenende oftmals nach Wannsee. Wir aßen dort zu Mittag, badeten auch manchmal in dem See, und für mich war es als junges Mädchen das Höchste, Berlin zu besuchen. Die Museen in Berlin, ein Bummel Unter den Linden, und dann später ging meine Mutter mit mir zum Tanztee ins Hotel Eden. Auf dem Dachgarten dieses Hotels traf ich einmal sogar Marika Rökk mit ihren Eltern, die damals ihre Karriere in Berlin begann.

Wenn meine Mutter und ich zu Einkäufen nach Berlin reisten, so fuhren wir von Calbe-West mit der Bahn bis zum Bahnhof Friedrichstraße in Berlin. Und dort, gleich gegenüber dem Bahnhof, lag der Russische Hof, wo wir wohnten. Früher war die Friedrichstraße eine Geschäftsstraße, in der es nichts gab, was es nicht gab! Und wer etwas in der Welt bedeutete, kam auch nach Berlin.

Im Theater am Schiffbauerdamm erlebte ich eine großartige Aufführung von »Romeo und Julia« mit Horst Kaspar und Antje Weißgerber, ebenso Goethes »Stella«. Im Friedrichstadtpalast saß ich mit Erika in der ersten Reihe, als der große Charmeur Johannes Heesters mit seiner zauberhaften Stimme sang: »Jetzt geh ich ins Maxim...«

Bei einem geschäftlichen Besuch zusammen mit meinem Vater in Berlin bummeln wir beide Unter den Linden entlang, wollen in die alte, renommierte Weinstube Habel, sehr gemütlich, mit vielen alten Bildern von Berlin und Potsdam aus der Kaiserzeit. »Frische Veilchen, der Herr!« bietet eine Berlinerin mit einem großen Korb an. Mein Vater kauft ein Bund, dreht sich zu mir und sagt: »Für meinen Sausewind!« Ich stecke meine Nase in die süß duftenden Veilchen, umarme meinen Vater und bedanke mich mit einem: »Ach, Vati!«

Berlin mit Harald von Steuben!

Tanztee im Esplanade – wir tanzten den English Waltz »Ich tanze mit Dir in den Himmel hinein, in den siebenten Himmel der Liebe«. Dazu hatten wir nach unserem Kennenlernen in Dresden so gern getanzt. Wir unterhielten uns über Wagner, Haralds Lieblingsoper »Die Walküre« – siebzehnmal hatte er sie schon gesehen – der Walkürenritt schwirrte durch meinen Kopf. Harald sagt: »Deine Kopfhaltung, meine Prinzessin, die liebe ich!« Darauf entgegne ich ihm lachend: »Und ich die deine!« Als er mich nach Zehlendort zu meiner Tante zurückbrachte, habe ich ihm von meiner bevorstehenden Verlobung mit Achim erzählt. Ein leiser, zärtlicher Kuß an der »Krummen Lanke« – das war unser Abschied...

Später, als ich mit Achim verlobt und dann verheiratet war, fuhren wir meist mit dem Auto nach Berlin. Achim hatte immer das Nummernschild »1 M 1«, und so kamen wir überall durch. Die Berliner, auch die Polizei, hielten uns wohl für Diplomaten, weil die früher immer diese ganz kurzen Nummern hatten. Mitunter war auch Achims Bruder Otto im Gefolge, sein Wagen mit dem Nummernschild »1 M 5«. Wir aßen im »Adlon«, und kein Abend endete, ohne daß wir einer kleinen Bar einen Besuch abstatteten. Da war es dann üblich, daß man zum Abschluß des Tages heiße Hühnersuppe löffelte.

Berlin war elegant, schick, gepflegt und international. Man ließ seine Hemden bei Lehmann in der Friedrichstraße arbeiten, seine Damengarderobe bei Braun, und auch ich gab dort für die Hochzeitsreise zwei Kostüme in Auftrag. Die Berliner Luft, das Flair dieser Stadt war einmalig. –

Dann der Krieg! Im zweiten Kriegsjahr komme ich wieder nach Berlin. Mit Schrecken stellte ich fest, wie vielen Männern ein Bein, ein Arm amputiert waren. Schmal und blaß sahen die Menschen aus, alles hastete – bevor der nächste Fliegerangriff erfolgte. Berlin wurde geschlagen, geschunden und – zerstückelt.

Januar 1946, wieder in Berlin. Frierend sitze ich in einem schäbigen Auto, stundenlang. Ab und zu beiße ich in einen kleinen Cox Orange, meine Lieblingsäpfel von zu Hause. Ich warte auf einen Mann, der mir Achim aus dem Lager holen will, in das er kurz nach Kriegsende von den Russen verschleppt worden war.

Ich habe Achim nie wiedergesehen.

BRIEFE

BRIEFWECHSEL MIT HANS-JOACHIM

Es muß Ende 1938 gewesen sein. Achim und ich siedelten nach Calbe über. Dort arbeitete Achim in der Firma meines Vaters. Ich glaubte nicht daran, daß es von Dauer sein könnte, hatte von Anfang an meine Zweifel, denn inzwischen kannte ich natürlich Achim besser. Zum Skifahren nach Seefeld reiste ich allein. Der folgende Brief erreichte mich dort.

»Meine liebe Ditti,
Wenn auch das Selbstschreiben mir recht schwerfällt, so halte ich doch mein Versprechen, Dir wenigstens einige Zeilen zu senden. In der letzten Woche stand hier alles durch den Umzug auf dem Kopf, und in größter Eile haben wir es doch ganz gut geschafft. Die Zimmer sehen ganz gemütlich aus, und die Sachen paßten gerade so hinein. Auf die Dauer wird es aber schlecht gehen, denn Deine Mutter schläft jetzt, da Hans-Jürgen Schnupfen hat, auf dem Sofa im kleinen Zimmer oben, wo das Herrenzimmer von unten reingestellt wurde. Hans-Jürgen schläft nachts in unserem alten Schlafzimmer, das Eßzimmer geworden ist. Der Junge tobt den ganzen Tag herum und ist meistens beim Fahrer im Lager. Dadurch hat er sich auch erkältet. Abends kriecht er hier im Eßzimmer auf dem Boden herum, und seine Sachen sehen rabenschwarz aus. Beschäftigen tut er alle im Hause, da er versucht, alles herunterzuziehen und dabei großen Flurschaden anrichtet.

Das Pastorhaus haben wir von Eurem Nachbarn Triegel schätzen lassen, das hat 26.000 RM ergeben. Wir wollen freiwillig 25.000 bezahlen, doch denkt der Pastor, daß er 30.000 verlangen müsse. Von Magdeburg aus soll das Haus (22 x 12 qm) auch noch geschätzt werden. Noch in dieser Woche wollen wir selbst nach Magdeburg fahren und dort vorsprechen. Für die Bahnhofstraße 22 hat

Schaaf ein neues Haus entworfen, es soll 56.000 RM kosten, wobei unsere Möbel nur zur Hälfte hineinpassen und mir das Ganze nicht zusagen würde. Denn ein Haus noch kleiner als das Eure könnte mich hier nicht halten, da ich mich darin nicht wohlfühlen würde.
Geschäftlich gibt es viel Arbeit, und nach mehreren Fahrten nach Halle und Magdeburg sind jetzt endlich die Gurkenpreise von Oktober genehmigt worden. Deinem Vater ist dadurch ein großer Stein vom Herzen gefallen. Bei Albrecht waren nun auch die Finanzbeamten und haben alles aufgedeckt. Die Strafe ist noch nicht bekannt, dürfte aber nicht gering sein. Der junge und der alte A. gehen jeden Tag tiefbedrückt hier vorbei.

Wie ist denn das, hattet Ihr jetzt dort Schnee, und hast Du jetzt ›richtig‹ Skifahren gelernt? Die Sonne meint es auch heute hier gut, und Du wirst wohl ganz braungebrannt sein. Schreibe uns noch, wann Dein Zug in Leipzig ankommt, damit ich Dich dort abholen kann.
Jetzt muß ich wieder rüber, denn wir haben noch in dieser Woche Hochbetrieb, da die Zwiebeln zu Ende gehen. Sonst geht es mir und Hans-Jürgen gut, nur die Kiesgrubenbau-Speicher mit Eisenbahn-Anschluß machen viel Arbeit, bis alle Leute im richtigen Fahrwasser sind. Von allen diesen Dingen hast Du ja wenig Kummer, und so grüßt Dich herzlichst mit Küßchen auf die rechte Seite von mir und auf die linke Seite von Hans-Jürgen

Dein Achim«

Erinnerung hierzu von Edith:

»Aus dem Abholen in Leipzig wurde nichts. Ich fuhr mit der Bahn bis Calbe-Ost, wo mich zu meinem Erstaunen Warnstedt abholte. Er meinte nur ›ganz dicke Luft!‹

Im Treppenhaus zu Hause stand meine Mutter. Aufgebracht sagte sie: ›Dein Mann konnte nicht fahren, hat zuviel getrunken!‹ Achim kam hinzu, diese Begrüßung! Ich sagte erst einmal gar nichts ...«

BRIEF VON ACHIM

»Westfront, den 8.10.1939

Meine liebe kleine Ditti!
Gestern erhielt ich das Paket mit Kuchen und dem Schinken, welches erst verkehrt gegangen war. Heute am Sonntagnachmittag lass' ich mir diese Leckerbissen zusammen mit meinem Kompaniechef gut schmecken und möchte mich bei Dir sowie bei Oma für den prächtigen Schinken herzlichst bedanken. Die Büchse mit dem Rebhuhn ist noch nicht eingetroffen, wird aber bestimmt hier ankommen.
Ich bitte, weitere Pakete nicht mehr nach hier abzuschicken, da ich heute nacht abrücke und zur Verstärkung wahrscheinlich nun in den Kampf einrücke in der Gegend um Saarlouis. Sollte ich vorher noch Quartier beziehen, so schreibe ich Dir meine nächste Anschrift, wenn es noch möglich ist. Wir alle hoffen, daß es noch in letzter Minute zu einer Verständigung kommt und wir wieder gesund in die Heimat zurückkehren können. Wenn es nicht der Fall sein sollte, so werden wir auch hier unseren Mann stehen und auf alle Fälle den Sieg davontragen. So gut, wie ich es hier hatte, werde ich es wohl nicht mehr bekommen.
Solltet Ihr nun von mir mehrere Tage nichts hören, so sorgt Euch bitte nicht. Einigen Kameraden habe ich Eure Anschrift gegeben und gebeten, wenn mir etwas zustoßen sollte, Nachricht zu geben.
Hat Vater oder Roth etwas in Grubo geschossen? Heute sollte ich eine Jagd auf Sauen mitmachen, die fällt nun leider durch den Abmarsch aus. Auf Hirsch war ich zweimal, habe aber nur junge Hirsche vor mir gehabt. Sonst hatten wir ja nur wenig Zeit, und so bin ich nur in der Nacht draußen gewesen.
Jetzt wird schon eifrig verladen, und mein Bursche hat Mühe, all die schönen Sachen zu verstauen, da ich auch

von Aschersleben eine Kiste erhalten habe. Wichtig ist, daß der gute Kaffee mitkommt und der Rum nicht ausläuft, wovon ich mir noch 2 Flaschen gekauft habe.
Jetzt ist gleich der letzte Appell, und so muß ich schließen in dem festen Vertrauen, daß wir uns gesund wiedersehen werden. Nun seid nochmals herzlichst alle gegrüßt, und mit vielen Küßchen für Hans-Jürgen und meine kleine Ditti

Dein Achim

Sage bitte der Nanna, daß ich mich sehr gefreut habe, daß sie an meine erste Locke gedacht hat, und grüße herzlichst von mir. Ich erinnere mich auch noch an das Muskochen, als ich klein war, und so hilft ja auch Hans-Jürgen eifrig mit.«

BRIEF VON ACHIM

»Westfront, den 15.10.39

Meine liebe kleine Ditti!
Heute ist wieder ein schöner Herbstsonntag wohl in einer der schönsten Gegenden unseres Vaterlandes, und so haben wir nach den letzten ereignisreichen Tagen Ruhe.
Von meinem letzten Aufenthalt ging es nachts nach unbekanntem Ziel fort, und als der Tag anbrach, waren wir am Rhein, den wir abwärts fuhren, und die herrliche Laubfärbung bleibt mir unvergeßlich. Die Stimmung war ernst, denn jeder hatte das Gefühl, in wenigen Stunden im Kampf zu liegen. Von Ort zu Ort wurde die Landschaft schöner, und so sah ich auf meinem Ausflug zum ersten Mal das heißumstrittene Saarland. Immer deutlicher wurde der Donner der Kanonen, und es war uns klar, daß nur wenige Kilometer weiter die Grenze sein mußte.
Nach 46 Stunden Fahrt war Halt, und aus unserem Ein-

satz wurde nichts, denn jeder erwartete Luftkämpfe über uns. Der Kanonendonner ließ unsere Spannung größer werden, doch plötzlich der Befehl ›Abrücken in die Pfalz‹. Nach weiteren Stunden kamen wir dann in ein Gebiet, das mit den schönsten Teilen des Thüringer Waldes zu vergleichen ist. Hier werden wir mehrere Tage bleiben und abwarten, was England nun unternimmt.
Auf der Fahrt hatte ich mir einen Bluterguß im linken Bein zugezogen, heute geht es schon besser. Ich kann schon wieder Stiefel anziehen und trage eine Gummibinde.
Deine lieben Briefe habe ich alle erhalten und danke Dir herzlichst für den netten Bericht über Hans-Jürgen, das nette Gedicht. Ich sage noch Waidmannsheil für den weißen Hirsch und denke oft an die Hirsche in der Pastorenschonung. Ich habe alle Sachen von Dir erhalten, das letzte war das Rebhuhn. Beide Karten und die Leckerbissen habe ich erhalten. Briefe schicke bitte über meine Feldpostnummer. Vom Bürgermeister lasse ich die Pakete nachschicken. Weitere Sendungen schicke an: Herrn Straßenaufseher Eugen Wuttke, Kamsen bei Eisenberg/Saarpfalz. Sonst fühle ich mich gut.
Im nächsten Brief lege ich ein Bild bei.«

Brief von Freundin Erika zu Weihnachten 1939

»Groß-Schönebeck, d. 19.12.39

Liebste kleine Edith!
Nun steht das so liebe Weihnachtsfest dicht vor der Tür, und für manche ist es in diesem Jahr ein sehr trauriges Fest. Aber es müssen ja auch mal wieder andere Zeiten kommen, und das muß eben unser aller Trost sein.
Heute habe ich schon viel an Dich gedacht und hoffe auch, daß es mit Achims Urlaub geklappt hat, so könnt

Ihr doch wenigstens etliche Tage recht froh beisammen sein. Was sagt denn der kleine Irrwisch dazu, daß er nach so langer Zeit seinen Vati sieht, hat er ihn denn wiedererkannt? Also, liebstes Edithchen, ich wünsche Dir und auch Deinen Lieben recht frohe und zufriedene Feiertage, und laß Dir vom Weihnachtsmann recht viel schenken. Was hattest Du denn eigentlich für Wünsche? Na, wenn Achim fort ist, muß Du mir alles ausführlich schreiben. Laß Dir den Abschied bloß nicht so schwer werden, Kleines, denn der Krieg wird ja auch mal vorübergehen, und hoffen wir, recht schnell und siegreich für uns.
Ich freue mich auf die Feiertage schon wie ein kleines Kind, denn für mich ist es in diesem Jahr als glückliche Braut auch anders als sonst. Hansel habe ich auch schon vier Wochen nicht gesehen und freue mich nun auch schon auf ihn. Er kommt am Sonnabend und kann auch nur bis zum 2. Feiertag bleiben, da er auch länger keine Vertretung bekommt.
Meine Eltern schenken ihm einen Radioapparat, und von mir bekommt er Bücher, Schreibpapier, Schallplatten, Krawatten, selbstgestrickte Handschuhe und Schal usw. Weihnachten kommt Frau Haesele, wie auch schon in jedem Jahr. Gestern habe ich drei Päckchen aufgeben wollen und die Post nahm sie nicht ab, es ist vorübergehend gesperrt, Gemeinheit! Wir haben am Sonnabend auch so manches in Berlin gekauft und werden es wohl nicht mehr geschickt bekommen. Für meine Schwiegermutter habe ich eine sehr hübsche Obstschale mit Teller gekauft, die nun auch nicht ankommen werden.
An Puttchen will ich auch mal endlich schreiben, denn ich habe mich noch nicht für den Glückwunsch bedankt. Was macht sie denn eigentlich, weshalb verlobt sie sich nur nicht? Ist Willi Albrecht auch eingezogen? Hörst Du mal von Roth? Ist denn Achims Freund, den Du so nett findest, schon verheiratet? Fährst Du in diesem Jahr zum Wintersport, ich meine natürlich im nächsten Jahr?

Familie Zimmermann (4 Kinder und Fräulein) sind heute nach Seefeld gefahren, ich finde es nicht schön, gerade über Weihnachten zu fahren, denn am gemütlichsten ist es doch dann zu Hause.
Mit Boettger (Bemerkung Ediths: ein Schreinermeister, er hatte die Möbel für uns gearbeitet, und Erika wollte alles ähnlich haben) hast Du wirklich recht, er ist eine alte Quasselstripppe, und mir kommt er manchmal vor, als wenn bei ihm etwas nicht stimmt. Er weiß ja nicht, was er will. Ihm fehlt auch nichts nötiger als das liebe Geld, von uns will er nur dauernd Geld haben.
Herrenzimmer und Speisezimmer haben wir durch Boettger schon gekauft. Beide Zimmer sind ganz nach meinem Geschmack. Speisezimmer ist altenglischer Barock, 1,75m Büfett, Vitrine, 4 Sessel mit Frühstückstisch, 6 Stühle mit großem, ausziehbaren Tisch. Das Herrenzimmer hat einen 3m Schrank und Stollenschrank mit eingebauter Bar, drei schöne Stühle und großes Clubsofa mit wunderbarem grünen Bezug. Es ist in Nußbaum mit eingeschnitzten Figuren. Die Möbel wirken sehr schwer, wir haben sie nun schon hier stehen. Hoffentlich klappt es mit der Heirat im Frühjahr. Das Schlafzimmer habe ich dunkel genommen, und die Betten werden mit Chintz bezogen. Das Damenzimmer in Ahorn, und im Bezug ist cremefarbener und roter Stoff verarbeitet. Die beiden Zimmer arbeitet Boettger.
Liebste Edith, grüße Achim, Deine Eltern und den Lütten und sei in alter Freundschaft und Herzlichkeit gegrüßt – und ein Weihnachtsküßchen von Deiner Erika.«

Brief von Achim

»St. Marie-Eglise, d. 5.9.40

Meine liebe kleine Ditti,

Gestern erhielt ich Deine lieben Zeilen vom 28. u. 30. 8. und habe mich gefreut, daß meine Einkäufe Anklang gefunden haben. Die gewünschten Sachen werde ich versuchen, noch zu bekommen, denn auch hier ist nun fast alles ausverkauft. In den letzten Tagen gab es viel Arbeit, und ich bin froh, daß Mehring heute wiederkommt.
Wenn auch die Arbeit zu Ende ist, so müssen wir jeden Abend mit dem Alten bis 9.30 zusammensitzen und können nichts für uns unternehmen. Er hat kein Verständnis für Spazierengehen oder Spiele, nur für gutes Essen und sich unterhalten lassen. Wir alle werden nach Kriegsende mit Schaudern an diese Abende denken und sind froh, bald wieder freie Menschen zu werden. Es soll auch andere Kommandeure geben, und es wäre besser gewesen, dieser Art von Menschen hätte man eine Truppenführung nicht anvertraut.
Sollte der Krieg noch bis über Weihnachten dauern, so lasse ich mich wie andere ebenfalls von hier versetzen, wenn nicht sogar das Werk mich anfordern kann. Auf die Dauer werden wir in dieser verlassenen Gegend hier blödsinnig, und obendrein der abendliche Stumpfsinn.

Ich freue mich aber sehr, daß wir nun einen richtigen Jagdhund haben, auch wenn er noch in die Lehre gehen muß. Hoffentlich kommt er zu einem tüchtigen Förster, wo er auf Sauen-, Reh- und Hirschfährte arbeiten kann!
Wie schön wäre es jetzt Sonnabend/Sonntag in Grubo. Den vierten Sonntag habe ich nun Dienst gehabt und komme auch in der Woche nicht aus der Stube raus. Manchmal hängt es einem zum Halse raus, aber man ist ja Soldat. In der Heimat können wirklich alle froh sein,

daß sie ihr freies Leben genießen können! Selbst für den kleinen Landser ist dies ruhige Leben zum Blödsinnigwerden, denn er kann sich nur mit seinen Kameraden unterhalten, die er nun schon ein Jahr kennt und die ihm nichts Neues bieten können, und außerdem zählt der nächste Ort nur 160 Seelen, kleiner als Grubo. Bei dem Gedanken, hier Weihnachten feiern zu müssen, schaudert es allen.«

BRIEF AN DIE MUTTER in der Kur in Bad Tölz

»Calbe, d. 3.2.42

Meine liebste Mutti,

Soeben habe ich Deine Karte aus München erhalten. Schreib doch aber bitte das Datum immer mit, daß wir sehen, wie lang die Post geht, gell!
Du hast also eine ganz gute Fahrt für Kriegsverhältnisse gehabt und bist nun auch sicher wohlbehalten in Tölz gelandet. Vati hat sich schon immer gewundert, daß Du nicht ein Telegramm aus München sandtest. – Warst Du auch gleich beim Arzt? Sage ihm auch mal von den Schmerzen an Deiner Brust, Du klagtest doch vor einiger Zeit mal darüber. –

Hier geht es uns allen gut. Hans-Jürgens Husten hat sich ganz allein ohne Arzt gegeben. Heute hat er mit Dieter den Handwerkern, die im Garten noch Toiletten für Russen, Polen etc. anbauen, das Handwerkszeug in der Erde vergraben, so daß sie nach der Mittagspause eine Stunde suchen mußten.
Bodolein ist weiter ein sonniges Strahlemännchen, manchmal mit einer gehörigen Portion Starrsinn.

Ich habe noch immer keine Nachricht von Achim, wenn bis Sonntag noch nichts da ist, frage ich an, ob er denn meinen Brief nicht erhalten hat. –
Am Montag waren wir zum Kindergeburtstag, soweit ganz nett. Bodo war immer mitten zwischen allen Kindern, und dann und wann ruhte er sich dann auf meinem Schoß aus.–
Um den Hausbau und alles sonstige brauchst Du Dich gar nicht zu sorgen, es klappt alles wie am Schnürchen. Nur tat es mir leid, daß Du Dich nicht von Opa verabschiedet hast, denn er war sehr erstaunt, als Du plötzlich weg warst. Hans-Jürgen hat wieder 200,– Mark auf sein Sparbuch getragen.

Nun will ich schließen. Sonnabend oder Sonntag schreibe ich wieder. Die Marken schicke ich morgen per Einschreiben mit Deiner Kleiderkarte.
Schreib uns bald mal ausführlich, auch ob Du nette Gesellschaft hast und so! Ist Dein Koffer pünktlich angekommen? Für heute grüßen Dich allerherzlichst mit einem lieben Kuß

Deine Edith, Jürgen, Bodo.

Vati schreibt selbst bald.«

»Soeben schlug die Uhr 12, also Mittag, ich sitze im Garten mit den Kindern und beginne diesen Brief an meinen lieben Mann zu schreiben, der zwar sicher erst heute abend beendet werden kann, da wir nach dem Essen um viertel vor drei mit dem Zug nach Bernburg zu Erni fahren. Mutti und ich sitzen zusammen, Hans-Jürgen spielt im Sand, Bodo steht im Wagen daneben und schaut zu, wie sein Bruder, eifrig dabei Bodo alles erklärend, Kuchen backt und zuweilen auf den neben der Sandkiste grasenden Schafen reitet. Für Bodomännlein ist heute ein Festtag, er hat sein erstes Zähnchen bekommen, ich entdeckte es heute morgen beim Baden.

Nun möchte ich Dir erst mal herzlich für Deinen lieben Brief mit den kleinen Bildchen danken, den ich gestern mittag vorfand, als ich von Grubo zurückkam.

Inzwischen ist es Mittwochnachmittag geworden, wir haben jetzt einen Tag schöner als den anderen, ist das Wetter bei Euch auch so herrlich? – Nun aber zu Deinen Zeilen zurück! Hoffentlich hast Du die Ruhr jetzt ganz überstanden und bist wohlauf, denn als angenehm ist solche Krankheit bestimmt nicht zu bezeichnen, und noch dazu, wenn man kein so bequemes Lager wie zu Hause hat. Ich habe Dir heute auch das 2-Pfund-Paket abgesandt, hoffentlich läuft das Schmalz durch die Wärme nicht aus. Die 4 Plätzchen, die ich mit einlegte, sind Bodos Plätzchen, die er immer zu essen bekommt. Im nächsten 2-Pfund-Paket werde ich Dir mal wieder einen leckeren Königskuchen schicken.

Lieber Achim, was Du mir im letzten Brief wieder über ›Heimatkämpfer‹ und ›Kampftruppe an der Front‹ schreibst, will gar nicht ganz in meinen Sinn. Du hast auch auf meine damaligen Ausführungen, die einige Briefe zurückliegen, gar nicht geantwortet. Darum will ich Dir noch mal, so gut wie es mir möglich ist, darüber meine Ansicht schreiben. Erstens bist Du auf diesen Posten hin versetzt worden, also kann man Dir nie daraus einen Vorwurf machen, es wäre etwas anderes, hättest Du Dich dazu gemeldet. Zweitens finde ich die Worte ›künftige Laufbahn‹ und ›ich möchte weiterkommen‹ widersinnig, erst vor einigen Monaten bist Du zum Oberleutnant befördert, da kannst Du ja nun nicht verlangen, daß man Dich ein halbes Jahr später zum Hauptmann macht. Und drittens und letztens, zum Donnerwetter, siehst Du doch wohl Deine Laufbahn und Dein Weiterkommen nicht im

Militärischen, sondern nach Beendigung des Krieges in einem Werk. Versteh mich bitte nicht falsch, es ist so schwierig, Dir dieses schriftlich klarzumachen. Einen Posten, der Dein Leben ausfüllt, Deine ganze Manneskraft braucht, alles in allem ein Lebenswerk mußt Du schaffen und Dir aufbauen für Deine Frau und Deine Jungen, ich dächte, darin mußt Du Deine Aufgabe zuallererst sehen. Durch den Krieg gehen Dir natürlich einige Jahre dafür verloren, und Du bist dann immerhin schon 36 oder 37 Jahre alt, wenn Du beginnst, Dir diese Lebensstellung zu erkämpfen, was aber wohl für einen Mann Deiner Art nicht schwer sein dürfte. Denn sag doch selbst, Achim, in Calbe zu dritt würden wir doch immer ein unbefriedigendes Schattendasein führen, und ich möchte meinen Mann immer gern oben an maßgebender Stelle sehen.

Wie oft, bei Koßners, auch gestern bei Erni, neulich bei Schmidts usw., bekomme ich zu hören, wie wird es bloß mit Euch nach dem Kriege. Ich sage ihnen dann, ich habe einen Mann, der sich überall durchsetzt und schon sorgen wird, daß es uns nicht schlecht geht. Hab ich recht? Bitte schreib mir doch mal Deine Meinung.

Es grüßt und umarmt Dich ganz herzlich und lieb

Deine Ditti«

Brief der Söhne Hans-Jürgen und Bodo an ihren Vater zum Geburtstag im Jahr 1942

»Aschersleben, den 12.9.1942

Unser allerliebster Vati!

Zu Deinem Geburtstag möchten wir zwei Dir herzlich gratulieren. Leider kann ich Dir, da Du nicht da bist, Vati, kein Gedicht aufsagen, so wie zu Muttis Geburtstag. Bodo natürlich kann Dir nur erst ein Küßchen schenken, aber ich würde schon ein richtiges Gedicht gelernt haben. Durch unsere beigefügten Bildchen wollen wir Dir aber an Deinem Geburtstag besonders nahe sein und Du denkst dann viel an uns. Wir wünschen unserem Vati alles Liebe und Schöne, was sich unsere kleinen Herzen nur denken können.
Und Mutti hat mir gesagt, wenn Du es auch nicht hörst, so fühlst Du es doch, was wir Dir alles Gute wünschen, und die Luft trägt unsre Wünsche die ganze weite Entfernung hin zu Dir. Am meisten wünschen wir natürlich, daß Du bald bei uns sein kannst und mit uns spielst.
Dein Hans-Jürgen und Bodo schenken Dir viele, viele Geburtstagsküßchen.«

BRIEF AN ACHIM

»A., den 13.9.42

Du böser, böser Achim,

Laß mich doch nicht immer so lange auf Post warten! Aber ich mach's jetzt genau auch so! Ich schicke diesen Brief nicht vor dem nächsten, den ich von Dir bekomme, ab. Meine Geburtstagspost für Dich ist gestern abgegan-

gen. Vielleicht bist Du dann so gnädig, zu schreiben, ob Dir die Bilder Deiner Kinder, meine Plätzchen oder mein Brief oder irgend etwas Freude bereitet hat, Du alter Bär Du! So viel Süßes und Zigaretten, wie Mutti und Vati Dir geschickt haben, kann ich leider nicht senden.
Ich gehe jetzt rauf, hier unten in den Räumen ist mir's zu unheimlich allein so jeden Abend, oben kann ich dann zuschließen und bin bei den Kindern. Merkwürdigerweise hat schon in den letzten 8 Tagen dreimal ein und derselbe Mann bei uns um Brot gebettelt. Ich finde das ein bißchen unheimlich, denn in heutiger Zeit hat man doch keine Bettelei mehr gehabt. Ich habe ihm vorgestern gesagt, daß, wenn er noch mal kommt, ich die Polizei rufe. –

Dienstag, d. 15.9.
Heute waren Hilla und Christel v. Mollner bei mir zu Besuch. Wir haben mal richtig bei Bohnenkaffee, Käsekuchen und einer Zigarette zusammen geklönt. Christel hat sich den Klapperstorch zu Anfang März bestellt. Hilla kam direkt aus Wörmlitz von Auwi. Aber Klarheit ist zwischen den beiden noch immer nicht.
Draußen stürmt ein gräßlicher Regen gegen unsere Läden, es ist spät. Gute Nacht, Du schreibfauler Mann!

den 17.9.42
Jetzt bis Du wieder der liebste und herrlichste von allen! Denn gestern, endlich, endlich brachte mir der Briefträger mal wieder einen Brief von Dir. Du hast ihn in der Sonne vorm Haus geschrieben. Merkwürdigerweise hast Du einen recht treffenden Namen für mich gebraucht, das heißt, seit einer Woche paßt sie wieder, diese Anrede ›Goldengel‹. Es wird Dir bestimmt gefallen, ich bin sogar selbst darüber entzückt. –

Ja, Achim, übermorgen zählst Du volle 36 Jahre! Feiere nur nicht zu stark mit Alkohol, denk auch immer mal an

Deine Gesundheit. Und ich fahre an Deinem Geburtstag zur Verlobungsfeier nach Großmühlingen. Ich werde auf Dein Wohl trinken und mich in Gedanken so stark dabei konzentrieren, daß Du es fühlen mußt, und zwar abends um 7 Uhr, denn um 5 Uhr beginnt die kleine Festlichkeit. Ich fahre hier um 3.12 ab bis Eikendorf, wo ich mit der Kutsche abgeholt werde. Abends, bzw. nachts fahre ich dann mit nach Calbe, von wo ich Montag dann wieder um halb sechs nach Aschersleben fahre und um halb sieben eintreffe.
Deine Mutter findet allerdings, daß ich meinen Kindern eine schlechte Mutter bin, da ich sie mal 24 Stunden verlasse. Weißt Du, es gibt wohl kaum eine besorgtere, aufopferndere junge Mutter als ich es bin, ich kann mich ja wegen meiner Kinder nicht einschließen, nicht wahr? Ilse ist zuverlässig mit den Kindern, und außerdem schläft nachts Frau Philipp hier für den Fall, daß irgend etwas sein sollte.

Weißt Du, mein liebster Mann, daß ich manchmal schrecklich Sehnsucht nach Dir habe? Vorhin habe ich lange und ausgiebig unser Brautbild an Deinem Schreibtisch betrachten müssen und mich richtig in Dich verliebt. Und außerdem festgestellt, daß wir eigentlich auf dem Bild ausschauen wie füreinander geschaffen und uns mit glücklichen Augen ansehend, wir beide dieses Füreinanderbestimmtsein auch richtig in dem Augenblick empfunden und gefühlt haben. –

Unser Bodo hat schon seit 10 Tagen Durchfall, stell Dir bloß mal vor, ich mußte ihm nun immer Diät geben, und er ist ein bissel spitz geworden dabei. Jetzt ist er allerdings schon auf dem Wege der Besserung, und allmählich gehe ich auch wieder zur Vollkost über. Fieber hatte das Kerlchen dabei nicht. Hans-Jürgen ist davon verschont geblieben, aber die Seuche, anders ist es gar nicht zu nennen, ist hier sehr stark verbreitet. – Vorgestern besuchte ich Ilse Bestehorn im Krankenhaus, sie sieht entsprechend abgemagert aus, ist aber auf dem Wege der Besserung, läßt Dich vielmals grüßen. Ich finde immer mehr, daß sie ein wirklich netter und anständiger Kerl ist. –

Da hat mein Mann noch einen recht angeregten Tag und Abend in Warschau verbracht? Ja, Achim, wer kann denn da aber etwas von den teuren Sachen kaufen, wenn Du schreibst, daß kaum der Wehrsold eines Offiziers reicht, für einige Stunden dort zu sein. Was kosteten denn die Getränke in der Bar z.B. oder das Abendessen?
Wie soll ich es verstehen, wenn Du schreibst, bis zur Wehrdienstuntauglichkeit würdest Du den grünen Rock nicht auskriegen? Ach, Achim, mach mich nicht völlig unglücklich. Nicht, daß ich mich nicht an neue Begriffe gewöhnen könnte, nur die so lang währende Trennung, die muß doch bald ein Ende haben! Kannst Du nicht sonst etwas übernehmen, wo wir auch sein können und auch wieder zusammen leben?

Mir kullern die Tränen. Es ist nicht Feigheit; Sehnsucht und der Wunsch nach baldigem Wiedersehen! Es küßt Dich ganz doll lieb
Deine Ditti.«

GEBURTSTAGSBRIEF AN ACHIM 1942

»Aschersleben, d. 19.9.42

Mein liebster Mann!

Heute wirst Du 36 Jahre alt! 3 Jahre und einen Monat dauert der Krieg schon an. Mit welchen Kameraden wirst

Du Deinen 36. Geburtstag wohl begehen? Welche Freude würde es mir sein, Dich hier zu haben und Dir den Tag so schön wie möglich zu gestalten. Ich selbst fahre, wie ich Dir schon schrieb, zu Inges Verlobungsfeier. Hoffentlich rufst Du nun nicht gerade an, wenn ich weg bin. Habe noch viel zu tun, morgen weiter. –

Montagabend, d. 20.
Weißt Du, Schatz, als ich in Eikendorf mit der geschlossenen Kutsche von der Bahn abgeholt wurde – um halb fünf traf ich dort ein – und dann so allein dahinten drin die 2.1/2 Kilometer bis Großmühlingen rumpelte, schoß mir dummem Mädchen plötzlich ein Strom Tränen aus den Augen. Ich mußte denken, alles, was man unternimmt, allein, allein ohne Achim, sogar am Geburtstag, und schon den vierten. Alles allein, das Schöne, das Traurige, die Arbeit, die Kinder erziehen, jeder von uns beiden muß immer alles allein unternehmen. Du glaubst gar nicht, wie elend mir in dem Augenblick zumute war, obwohl ich doch Grund hatte, dankbar zu sein, denn in einer Kutsche zur Verlobung zu fahren, ist doch etwas Schönes, gell?

Na, es wurde dann auch wirklich eine recht nette Feier, mit Essen und Trinken, Tanz und netter Unterhaltung. Um halb vier landeten wir dann glücklich mit Schümanns kleiner Taxe, die schwer an uns geladen hatte. Vati, Mutti, Otto Mittag, letzterer wurde inzwischen Großvater, lassen Dich grüßen. Onkel Otto mußte dann noch bis Tornitz radeln. Ich schlief mal ganz fest und ruhig ohne Kinder bis zehn Uhr. Na, und die paar Stunden bis zur Abfahrt um halb sechs vergingen noch recht schnell. Am Bahnhof erwartete mich unser Ältester und sagte: ›Mutti, wenn Du wieder weg willst, sperre ich Dich aber ein.‹ Und Achim, untröstlich bin ich, daß Du tatsächlich angerufen hast in der Nacht, als ich fort war. Hanna war wohl am Telefon bei uns, hat jedoch die falsche Taste heruntergedrückt. Ruf Deine Ditti bald mal wieder an, ja bitte? Ich möchte Deine Stimme mal wieder hören, Liebster. Zum Schluß, Achim, möchte ich Dich noch mal daran erinnern, mir doch öfters zu schreiben. Die Antworten dauern ja sonst immer eine halbe Ewigkeit, und Deine Briefe sind mir unbedingt notwendige Kraft- und Freudenspender.

Tausend Gute-Nacht-Küßchen von Deiner Edith!

Übrigens, hast Du es gefühlt, als ich um 7 Uhr gestern auf Dein Wohl trank? Alle zusammen haben wir es auch noch mal getan. Grüßen lassen Dich auch alle dort anwesenden Gäste von gestern.«

»Aschersleben, d. 15.Okt.42

Mein innigst geliebter Achim!

Sollte ich mich in meinem letzten Brief beklagt haben über Deine an Umfang, Inhalt und Herzlichkeit abnehmenden Briefe, so vergiß es bitte schleunigst, denn der Brief, den ich heute von Dir erhielt, war wirklich wieder ganz ›lieb und herzlich‹, und ich habe mich auch sehr gefreut. Vielleicht hast Du damals Dich auch wenig gut gefühlt. Ach, überhaupt siehst Du auf dem mir heute gesandten Bild doch recht dünn geworden aus, ich meine es sogar an den Stiefeln zu sehen, in denen Deine Beine nur so locker drinstecken.

Ich kann Dir gar nicht sagen, wie wohlig, freudig und süß es mich durchrieselte beim Lesen Deiner Worte ›nur noch 8 Wochen, dann ist Dein Achim wieder daheim‹. Achim, wie schön und kurz! Nach Grubo begleite ich Dich mit Jürgen natürlich auch einige Tage. Du, bevor ich es wieder, wie im letzten Brief, vergesse, Dir zu schreiben, als ich Dir das Tuch für den Rock senden wollte, wurde es auf der Post nicht angenommen, da es zu schwer war. Überhaupt sind schon 2 Monate vergangen, seit Du mir zum letztenmal eine Kleider-Marke schicktest, warum denn das? Ich denke, jeden Monat erhaltet Ihr sie? –

Unsere Kinder bereiten mir unendlich viel Freude, doch auch immer wieder Sorgen. Bodolein ist schon wieder heiser wie eine kleine Krähe und hat Schnupfen. Wo er sich das geholt haben kann, ist mir schleierhaft, denn ich habe ihn buchstäblich in Watte gepackt. Tante Erna, als sie gestern kam, meinte: ›Ja, der wahrhaftige Achim!‹ Ja, wie ihn wohl der eigene Vater findet, seinen zweitgeborenen, kaum erlebten Sohn? Du bist doch in der Praxis bisher noch gar nicht an zwei Buben gewöhnt. Na, der Urlaub wird's zeigen. Jürgen hat Dir heute eine Karte geschrieben, die ich einlege. Es steht, wie er mir sagte, enorm viel drauf. Er suchte lange und wählte dann diese unter seinen Karten, da ich sagte, wenn es Weihnachten wird, dann ist unser Vati daheim. –

Von gestern bis heute hatte ich Mutti mit Tante Erna und Tante Ella bei uns, es war recht nett, und gestern abend sahen wir im Bestehornhaus ›Gärtnerin aus Liebe‹ von Mozart. Daß Du den Faust sahst, ist ja enorm. War es der Urfaust oder der Faust aus einer späteren Zeit? War das Gretchen gut? Ich sah den Faust im vorigen Jahr doch auch erst. –

Mutti hat mir ein bissel Konfekt mitgebracht, das aber schon bald wieder alle ist, hier beim Schreiben ab und zu ein Stückchen ist nicht schlecht, natürlich auch nicht ein so herrlicher Eierlikör, wie Du ihn zu haben scheinst. Bring nur tüchtig davon mit. Du weißt ganz richtig, daß ich nun mal ein Leckermäulchen bin.

Laß Dich tausendmal küssen von Deinem Dittilein.

Jetzt geht's ab in die Badewanne!«

»Aschersleben, d. 18.10.42

Mein geliebter Achim!

Regen – trom trom – geht es seit gestern abend ununterbrochen gegen die Scheiben im gleichen Trott. Seitdem hat der Regen nicht eine Minute aufgehört. – Soeben habe ich mit den Kindern Kaffee getrunken und selbstgebackenen Pflaumenkuchen gegessen. Vor meinem Fenster auf der Herrnbreite fressen die Schafe auch im Regen ihr Gras weiter. Man sagt nicht zu Unrecht: ›Du bist aber ein Schaf!‹ Im Radio spielt eine gute Tanzkapelle, die mich aber heute melancholisch macht. Am nächsten Sonntag bin ich ja schon in Calbe und nicht mehr allein, sonntags ist das nämlich nicht besonders schön, weißt Du.

Hans-Jürgen war gestern nachmittag zu einer Kindergesellschaft, Uta Kampes Geburtstag. Steffi brachte ihn hin, abends um 7 Uhr kam er stolz und hochbeglückt wieder an. Frau Bunde hatte ihn mitgebracht, und das letzte Stück vom Bestehornhaus aus war er, mit Nachdruck bittend, allein gegangen, darum so stolz. Frau Kampe erzählte mir am Telefon, daß sie beim Abschied ihm sagte, ich werde Deine Mutti anrufen, daß sie schon jemand entgegenschickt bis zu Bundes, und daß Hans-Jürgen ganz energisch abwehrte und sagte, er könne schon allein klingeln, wozu er auf die kleine Mauer steige. Außerdem hat er sich ausgezeichnet dort betragen und gefügt, so daß ich mich recht über unseren Großen gefreut habe. Von den kleinen dort gewonnenen Spielsachen schenkte er Bodo ein Entlein, überhaupt, wenn er etwas bekommt, so muß Bodo auch etwas haben.

Die Eltern haben sich übrigens sehr gefreut, von Dir einen Brief zu erhalten, und danken Dir einstweilen herzlich. Sag mal, Achim, also würdest Du schon am 14. Dezember kommen, einem Montag, vier Tage vor Bodos Geburtstag, dann können wir ja noch wunderschöne Adventstage verbringen. Ich glaubte nämlich, Du kämest erst später und bliebest dann über Silvester, wo wir, d.h. ich schon ein bissel organisiert hatten und Gerdi und Hans kommen wollten. Sie sind über Weihnachten und Neujahr in Calbe, es ist Gerdis erste Reise mit dem Buben, und sie wollten über Silvester einen Abstecher für 2 bis 3 Tage zu uns machen. Bist Du nun aber Silvester nicht mehr da und mußt am 30. schon an Deinem Bestimmungsort sein, so werde ich schreiben, daß Gerdi und Hans dann gleich nach den Weihnachtstagen kommen und wir ja auch dann nett beisammen sein können. Ist es Dir recht so, liebster Mann?

An welchen Tagen willst Du dann nach Grubo? Sicher am besten bald? Sag mal, Achim, wenn Du nun wieder abfährst, kann ich Dich da nicht mal besuchen oder begleiten oder so? Ein so einsames, tristes Kriegssilvester wie im vergangenen Jahr stelle ich mir schaurig vor, überhaupt alle Festtage allein sind furchtbar. Na, ich bin schon so glücklich, Dich Weihnachten zu haben. Ach, es muß herrlich werden mit den Kindern! Du wirst Dich sicher auch sehr freuen, gell? – Eben war Mama hier, sie brachte für Jürgen ein paar herrlich weiche Birnen und läßt Dich herzlich grüßen.

Für heute umarmt Dich innigst und gibt Dir viele tausend Küßchen

Deine Ditti.«

»Calbe, d. 8.11.42

Mein geliebter Achim. Du!

Was für Sorgen machst Du mir, Deiner Ditti? Als ich gestern gegen Abend von Hadmersleben zurückkam, wohin ich Freitag fuhr, also nur für einen Tag mal das Puttchen besuchte, nahm ich doch nun mit Bestimmtheit an, einen lieben Brief von Dir vorzufinden. Ach, Achim, es ist so gräßlich, nicht zu wissen, wie es Dir geht, ob Du noch in Rußland oder schon in Deutschland bist, warum Du so lange Zeit nichts von Dir hören läßt, ob Du gar krank wurdest! Ach, Liebster, all die Gedanken lähmen mein Tun. Weißt Du, wenn Du ohne wichtige Gründe so lange schweigst, dann müßte man Dir wirklich zürnen, und ich könnte das beim besten Willen nicht von Dir verstehen. Wie sehne ich mich mal nach einigen Stunden, in denen ich mit Dir so richtig mal nach Herzenslust plaudern und klönen könnte. Heute ist so ein richtig trüber Novembersonntag dazu. Da Du nun aber nicht bei mir sein kannst, hoffe ich, einige Zeit ungestört zu bleiben, um Dir schriftlich allerlei zu erzählen. Anfangen werde ich bei den Kindern. Die beigelegten zwei Zettel hat Hans-Jürgen für Dich bemalt, geschrieben und beklebt, auf dem einen Zettel, das soll der Mond mit Beinen sein. Jürgen fährt jetzt viel mit dem Auto mit Vati zur Sauerkrautfabrik, wo er sich betätigt als Inspektor, wie er immer sagt.

Klein-Bodo hat eben beim Kaffee das ganze Repertoire seines Könnens vor unseren Augen in bester Laune abrollen lassen. Omi sagte schon, und wenn der Vati kommt, zeigt er schließlich gar nichts. Aber Bodo ist ein ausgesprochen freundliches Kind und auch Fremden gegenüber nicht scheu. Er strahlt eigentlich jeden an. Augenblicklich macht er schon erste Laufversuche.

Vati und Mutti machen jetzt in der Dämmerstunde einen

Spaziergang, o Achim, wie gern möchte ich mit Dir jetzt auch das gleiche tun. Wie ich Dir schon sagte, war ich von Freitag bis Sonnabend in Hadmersleben. Das heißt, übernachtet und zumeist aufgehalten haben wir uns in Sperlingslust, das sind zwei kleine Zimmer mit Bad über der Garage, Puttchens und Hans-Jochens Reich war das, ein Schlafzimmer und ein äußerst gemütlicher Wohnraum. Jetzt ist es nun Puttchens Reich ganz allein, sie hält sich tagsüber dort meistens auf, um dort in Gedanken mit Jochen zu leben. Sie hat ihre und Jochens Briefe alle geheftet und liest darin wie in einem Buch. Weißt Du, Liebster, es muß ganz unsagbar schwer sein, sein Liebstes auf ewig zu verlieren. Doch Puttchen ist ein fabelhafter Mensch und sehr tapfer. Sehr geholfen hat ihr dabei natürlich Lieselotte, die ja durch dasselbe Leid mußte und daher natürlich Putti am besten helfen und verstehen konnte.

Kleinfeld, der immer zum Essen kam, da Inge einige Tage bei einer Schwägerin war, läßt Dich herzlichst grüßen, ebenso Schildeners, Putti und Lilo. Auf der Rückfahrt mußte ich in den mehr als übervollen, von Halberstadt kommenden Zug; wir standen derart dicht gedrängt, daß man nur mühselig Luft schnappen konnte. Es wurde jedoch mit Humor ertragen, denn zwei Offiziere machten so nette Witze dabei, daß man aus dem Lachen nicht herauskam.
Ein sehr netter Herr, ungefähr in Vatis Alter, könnte auch noch einige Jahre mehr haben, neben dem ich eingepfercht war und der in Magdeburg in den selben Zug umsteigen mußte wie ich, stellte sich dann als Herr Nette, Großgrundbesitzer aus der Köthener Gegend heraus. Ich lernte in ihm einen wirklich reizenden älteren Herrn kennen. Weißt Du, der Sohn, der das Gut übernehmen sollte, fiel als Reserveoffizier in Polen, sein anderer Sohn ist aktiv und war im Führerhauptquartier. Ein Schwiegersohn von ihm ist Divisionskommandeur, habe

aber den Namen wieder vergessen. Max Millington kannte er von daher, und Vati auch. Vielleicht kennst Du den Sohn überhaupt, wenn er bei Euch war?–

Und dann noch eins, denk Dir, meine Kleiderkarte ist in Hannover von der Polizei mit nur mehr 14 Punkten bei dem Mädel gefunden worden, das in Grubo war bei B.'s, die hat sie also gestohlen. Das ist doch toll und schön zugleich, denn ich bekomme sie doch nun wieder.

Jetzt spricht der Führer gleich, also Schluß, Liebster, und laß'Dich toll lieb küssen von Deinem Dittilein, das sehnsüchtig auf Nachricht wartet.«

Brief an die Mutter in Bad Tölz

»Calbe, den 5.2.43 abends

Liebe Mutti,

Wenn ich nicht so einsam und traurig wäre, würde ich noch gar nicht schreiben, aber so habe ich das Bedürfnis, mal mit jemand Liebem zu reden. Bin nun schon den dritten Abend ganz allein. Mittwoch war Vati abends bis halb zwölf in der Versammlung. Seit gestern ist er in Berlin, morgen erwarte ich Vati zurück.
Und dann, Mutti, kann man ja auch gar nicht froh werden, wenn man an die 6. Armee denkt und an den Ernst der Lage, wie sie augenblicklich ist. Goebbels Rede heute abend ließ ja auch an Deutlichkeit nichts zu wünschen übrig. Außerdem die neue Aktion, die ich aber sehr richtig finde, Schließung überflüssiger Läden usw. Nach alledem ist doch anzunehmen, daß wir jetzt am Wendepunkt des Krieges stehen. –

Von Achim noch keine Nachricht, o Gott, dieses Warten ist zu schrecklich! Diese Ungewißheit! – Heute nachmittag bin ich mal eine kurze Stunde mit beiden Kindern bei Dietrichs gewesen. – Für Deine Karte aus Tölz, die ich heute erhielt, besten Dank. Wie schade, daß Du gleich am ersten Tage Dich dort so wenig gut fühltest. Sicher hast Du Zug auf der Reise bekommen. Ein Päckchen geht morgen an Dich ab. Auch den Brief lasse ich noch bis zur morgigen Post offen, falls von Dir noch etwas kommt und ich gleich noch antworten kann. Aber dann muß Vati erst mal schreiben, wenn er das in Berlin noch nicht getan haben sollte.

Steffi kam übrigens am Montag, d. 1. also demselben Tag, wie Du befürchtet hast, auch mit einer Kündigung an, da sie die Kinderpflegerinnenschule in Berlin besuchen wollte. Sie hätte jetzt das Geld dafür zusammengespart. Habe die Kündigung natürlich nicht angenommen und gesagt, im Herbst solle sie noch mal danach fragen. Denn mit den Kindern und allem, was dazu gehört, ist sie wirklich gut ihrem Alter entsprechend. Du hast wohl auch mal gesagt Schlafmütze und so, Du siehst, man darf nicht gleich so aufgebracht sein, hat in heutiger Zeit gar keinen Zweck, und man zieht dadurch nur noch mehr Ärger und Kummer nach. –

Anbei lege ich noch einige Fleischmarken. Fliegeralarm haben wir, Gott sei dank, noch nicht wieder gehabt. Vor Montag, dem Aschersleber Tag, graule ich mich schon richtig. Nach Magdeburg werde ich auch demnächst noch mal fahren. Die Calbenser Zeitung kannst Du leider nicht bekommen, keine Zeitung darf ihren augenblicklichen Stand vergrößern. Da läßt Dir Vati nun den ›Mitteldeutschen‹ zugehen, wir erhalten dafür diese Zeitung in den nächsten 4 Wochen nicht. So ist es jetzt mit allem. Denk nur, Diesing hat sich schon bei Müller und in Magdeburg Mühe gegeben, für mein Radio eine neue Röhre zu erhalten, aber nichts zu machen, es ist nämlich eine entzwei, und darum schnarrt es so. Wenn man doch bloß mal einen Bekannten in Frankreich hätte.

Für heute Schluß, liebste Mutti. Nun werde ich mich ausziehen und dann im Bett noch etwas lesen. Erhol Dich nur recht gut und mach's Dir so angenehm wie nur irgend möglich.
Einen innigen Gute-Nacht-Kuß gibt Dir Deine Edith.«

»Calbe, den 10.2.43

Liebste Mutti,

Du wirst erstaunt sein, noch immer nicht die Eierkarte zu erhalten. Du glaubst ja gar nicht, was ich da schon alles machen mußte. Bei Bachnek ging es nicht mehr, er hatte schon alles abgerechnet. Nun zu Horn, dieser war zu einer Versammlung, da ist dieses impertinente Frl. Dockhorn bloß dumm gekommen. Will nun heute abend noch mal zu Horns Wohnung gehen. – Da, soeben stelle ich zu meiner großen Freude fest, daß ich noch drei Eiermarken in meinem Täschchen habe, vielleicht kommst Du nun aus, wenn ich Dir noch mal einige Eier schicke. Von meiner Kuchenkarte noch 16 Brötchen und etwas Roggenbrot, wenn Du nochmal extra was kaufen solltest.

Nun erst mal zu Deinem Sonntagsbrief, den ich gestern erhielt, wo Vati den ganzen Tag mit Rheuma gelegen hat. Heute ist er aber wieder auf, und es ist vorbei. Gertrud Schmidt war gestern hier, sie hatte am Sonntag angerufen, ob es mir paßte, wenn sie mich mal besuchen käme. Es war recht nett, wir haben schönen Bohnenkaffee getrunken und uns herrlich ausgeklönt. Ich soll ja nun unbedingt mal nach Halle kommen und bei ihr schlafen. – Bei

Frau Krone sind wir auch gewesen. Denk nur, bei Binows ist es noch nicht heraus, ob nicht das Atelier geschlossen wird. Nur gut, daß Du Deinen Mantel in Arbeit bei Kubista hast, dann bekommst Du ihn auch noch fertig, wer weiß, ob sie noch neue Sachen annehmen dürfen.

Am Sonnabend werde ich wahrscheinlich mit Inge nach Madgeburg fahren, da sind auch die Geschäfte durchgehend geöffnet, was doch günstiger ist. Inge heiratet nun endgültig Mittwoch, den 10. März im Magdeburger Hof nach vielem Hin und Her, inzwischen hatten sich nämlich Schwierigkeiten mit Brautkleid und allem möglichen ergeben, aber nun bleibt es doch dabei. Ich habe nicht gefragt, aber doch entnommen, daß Ihr nicht eingeladen werdet, es würden wohl zu viele, und sie sind sowieso schon über 30 Personen. Sogar Zimmer zum Schlafen sind schon für die Gäste bestellt. Na, hoffen wir, daß alles gut geht. (Eben rief Inge an! Also nicht in Magdeburg, sondern in Großmühlingen ist die Hochzeit. Wer sollte auch die Kosten tragen?)

Unser Jürgen hat leider wieder stärkeren Husten, sonst sind die Racker wohlauf. Denk Dir, Bodo klettert schon, er steigt von allein auf ein kleines Kinderstühlchen und von dort auf den Kindertisch und sonst irgendwohin, wo er gerade hin will. Er ist überhaupt ein zu süßes Kerlchen, wenn er so erzählen will in seiner schnell dahinplappernden, unverständlichen Sprache. Hans-Jürgen hat für Dich etwas gemalt, er sagt, es sind Brote, Brötchen, Handtücher für Omi. Man muß natürlich viel Phantasie haben, um das zu erkennen. Jetzt wollen wir zu Mittag essen, ich habe großen Hunger. Es gibt Selleriesuppe und überbackene Makkaroni mit Tomatensauce. Morgen gibt es Rotkohlgemüse und Kartoffeln. Nur Vati bekommt ein Stück Wurst oder Ei dazu, und für alle eine Speise hinterher. Es ist alles in Ordnung, nur Flöhe haben wir viel, das heißt, die Mädchen klagen so darüber, ich habe nun beim Untersuchen auch schon einen erwischt. –

Achim habe ich wieder geantwortet, lang und ausführlich geschrieben, ungefähr in dem Sinn, man kann eine Entscheidung nur verzögern, umgehen kann man sie nicht.

Wir rechnen dann so, daß Du einen Tag vor Jürgens Geburtstag ankommst, nicht wahr, das finde ich sehr schön so. Die Vorbereitungen für Jürgens Geburtstag sind getroffen, Du brauchst Dich dann einschließlich Sonntag noch um nichts zu kümmern und fängst Dein Hiersein gleich mit einem Festtag Deines Enkels an. Findest Du das nicht auch nett so? Was soll ich nur mit den Müttern machen, die muß ich wohl auch dazu laden?

So, jetzt wird Vati gleich kommen, wir essen immer punkt halb eins.

In Liebe Deine Edith.«

BRIEF VON LIEBLINGSTANTE MINNA AUS BERLIN

»d. 11.3.43

Meine liebe Edith!

Natürlich hätte ich Dir schon geschrieben, wenn ich Dir die gewünschten Theaterkarten hätte besorgen können. Dreimal bin ich in Berlin gewesen, heute nachmittag habe ich nun erfahren, daß es aussichtslos ist, auf Karten fürs Metropol zu rechnen, auch alle größeren Theater sind stets ausverkauft. Mindestens drei Stunden vorher anstellen, schon frühmorgens sind die Theaterkassen belagert, mit Stühlen wandern sie dahin, erschwerend kommt ja bei uns noch dazu, daß wir außerhalb Berlins wohnen und fast eine Stunde für die Anfahrt brauchen. Heute hat mir nun das Fräulein an einer Theaterkasse gesagt, daß Achim als Wehrmachtsangehöriger die beste Aussicht hat, Theaterkarten bei der Wehrmachtsbetreuung zu bekommen, die Vermittlung befindet sich am Hausvogteiplatz 3-4, vielleicht bringst Du irgendeinen Ausweis mit und holst dann dort die Karten ab.

Wir selbst gehen seit einem Jahr nicht mehr ins Theater, da wir einen öffentlichen Luftschutzkeller bei Alarm nicht aufsuchen mögen, sondern lieber zu Hause sind. Es war fürchterlich beim letzten Angriff, ich wünsche Dir nicht, Edithlein, daß Du so etwas bei Deinem Hiersein erlebst. Du willst den Kleinen mitbringen, nicht den Großen? Erlaubt denn das Mutti? Aber bei Deiner Freundin Erika sind sie wohl sicher gegen Luftangriffe. Wenn nicht, würde ich Jürgen auf keinen Fall mitbringen, es ist wirklich lebensgefährlich.
Du hast beinahe vier Stunden Aufenthalt in Berlin? Willst Du nicht lieber am Bahnhof Zoo aussteigen? Wir könnten dann evtl. im Hotel Eden einen Koffer abgeben und mit Jürgen ein bißchen im Tiergarten spazierengehen. Denn wenn der Kleine wieder im Kaffee stillsitzen muß, wird er ungemütlich, und das mit Recht, denn er hat ja schon einige Stunden brav stillsitzen müssen. Mir ist beides recht. Bekomme ich keine Nachricht mehr, bin ich am Zoo, sonst schreibst Du mir noch eine Karte und ich komme dann zum Bahnhof Friedrichstraße, und zwar Donnerstag um 2 Uhr, Du bleibst immer auf dem Bahnsteig, nicht wahr? Ich bin zwar pünktlich, aber Unvorhergesehenes kann doch auf Minuten eintreten. Ich freue mich, Euch wiederzusehen, es tut mir nur leid, daß ich Dir die Karten nicht besorgen konnte. Onkel läßt Euch alle herzlich grüßen, ebenso grüßt Deine lieben Eltern und Dich

Deine Tante Minna.«

BRIEF AN ACHIM

»Calbe, d. 2.7.43

Mein lieber Achim!

Erst heute komme ich dazu, Deinen am Montag erhaltenen langen und inhaltsreichen Brief zu beantworten. Ich habe so viel darauf zu antworten und zu erzählen, daß ich meinen Brief, da er sicher ziemlich lang werden wird, öfters unterbrechen muß. Der große Koffer ist allerdings heute morgen abgegangen, so daß meine Arbeit der letzten Tage, Waschen Trocknen, Plätten und was sonst noch alles dazugehört, wenn man selbst, zwei Kinder und ein Mädchen, für drei Wochen an die See fährt, vorüber ist. Darum auch kam ich nicht eher dazu, Dir zu schreiben. Aber nun habe ich Zeit, sitze im Garten bei herrlichem Wetter, das einen froh und dankbar stimmt. Du weißt, ich bin ein ausgemachter Sonnenmensch. Ist es warm, strahlt die Sonne am wolkenlosen Himmel und ist die Luft von so herrlichen sommerlichen Düften erfüllt, geht es mir immer übergut und ich sehe alles noch mal so rosig und leicht an. Nur wenn einem die Gedanken ans Rheinland kommen, Achim, das kann doch gar kein Mensch, gar kein Volk verantworten, was da zerstört wird an Menschen und Kulturwerten. Selbstverständlich bin ich bereit, von dort Bombengeschädigte aufzunehmen, ab 26. Juli (mein Geburtstag) bin ich ja zurück. –

Nun aber erst mal zu Deinen Zeilen im Ganzen, die teils recht lieb waren, teils komisch anmuteten, z.B. meine Frau zieht dann mit einem Mädchen drei Kinder groß! Ja, lieber Mann, erstens klingt das so, also betrieben wir mit unseren Kindern so etwas wie eine Karnickel- oder Geflügelzüchterei. Und dann, Liebster, überlege mal, drei Kinder, das große Haus und dazu ein Mädchen, und wenn der Herr des Hauses, der Vater des Ganzen, kommt – wehe, er findet nicht alles so, wie es im Frieden war, Ditti knöpft nicht die Kragen ins frische Hemd, der Anzug ist nicht bis zum Taschentuch und Gürtel bereitgelegt, laß mir mal Badewasser ein, mach mir mein Rasierzeug sauber und derlei Kleinigkeiten mehr. Ja, sag mal, wie soll bei drei Kindern, einem großen Haushalt dann auch Zeit übrigbleiben, die ich Dir und Deinen kleinen Arbeiten widmen kann? Achim, das ist zum Lachen! Ich habe ja auch nur ein Mädchen, bin aber auf der Suche nach einer Kinderschwester. Na, mal abwarten.

Dann der dritte Teil des Briefes. Du, beleidigen kannst Du mich damit lange nicht, wenn das in Deiner Absicht gelegen hätte, von wegen der Bilder, dem Nichtgefallen, der anderen Vorstellung und Geschmacksveränderung; erstens wäre das gerade in dieser Zeit sehr böse von Dir, da man für gewöhnlich in den Schwangerschaftsmonaten eine Frau mit Liebe ein wenig verwöhnt und sie es so gut gebrauchen kann. Anderenfalls sie bei anderen Menschen diese Liebe und das Gefallen findet. –
Und die Reise unterlassen? Nein, Achim, voriges Jahr und auch vor zwei Jahren hast Du mich von einer Seereise abbringen können, der Flieger und Kriegsgefahr wegen, beim drittenmal nicht! Sollte es gar nicht sein, kann ich ja immer wieder zurück. Jetzt wird jedenfalls am Sonntag um 10.28 Uhr nach Berlin gestartet, der Nachmittag mit Mutter und Richards im Zoo verbracht, wir wohnen im Eden, und am Montag um 10.10 Uhr ab Stettiner Bahnhof, da wir diesen Zug nicht mehr erreichen, wenn wir erst am Morgen in Calbe abfahren, verbringen wir eine Nacht in Berlin. Holst Du uns bei eventueller Verschüttung durch Fliegerangriff wieder heraus? – Um halb drei landen wir schon, wenn alles gut geht, in Bansin. Wohin Du ab jetzt bitte schreibst, und zwar recht   .
Das Wort laß' ich offen, Du mußt es selbst wissen, wie ich es mir wünsche.

Du bist doch ein lieber, dummer Jockeli und fragst, ob sich unser Mädel schon bemerkbar macht. Du, wir bekommen unser drittes Kind, und Du weißt es halt noch nicht! Ich glaube, wenn Du mich in Deinem Urlaub siehst, dann schon mit einem ganz gemütlichen Bäuchlein, gell? Aber ganz soweit ist es nun doch noch nicht. Ich habe zwar meine Wespentaille nicht mehr, aber mittels eines Hüftgürtels gehe ich noch ohne Bauch. Ich trage noch alle meine Kleider unverändert, und wirklich bemerkbare Veränderungen verspürt man erst Ende des 5. Monats, das wäre Anfang August, und dann natürlich ist auch ein unvermeidliches kleines Bäuchlein da. Zur genauen Orientierung werde ich Dir wohl eine Aufnahme aus Bansin senden. Dann kannst Du mich ja figürlich darauf studieren!!

Vati sagte, daß er Dir heute auch geschrieben hat, dann sicher auch, daß er bei Mutter war. Gestern abend rief ich mal an, da kam ich nicht unter 20 Minuten von der Strippe los, sie ist doch noch immer die alte mit Auffassungen, die man absolut nicht teilen kann. Übrigens ist sie ein wenig böse, daß Du wohl erst jetzt geschrieben hast, nun, das legt sich, sobald Otto und seine Freundin wieder fort sind. Warum hast Du mir übrigens darauf gar nicht geantwortet?

Heute nachmittag kommt Erni, ein bißchen Obst aus unserem Garten holen, darum muß ich bald zum Schluß kommen.«

BRIEF VON EDITHS MUTTER AN EDITH, die zu dieser Zeit mit ihren beiden Buben und dem Pflichtjahrmädchen in Bansin an der See weilt.

»Calbe, d.9.7.43

Mein liebes Kind!

Der Tag war wieder sehr arbeitsreich. Vati ist noch nicht von Aschersleben zurück, schon den dritten Tag von früh um sieben an bis abends acht Uhr oder noch später dort drüben. Schulenburg hat einfach aufgehört. Gestern abend sind wir noch nach neun Uhr nach Dornbach wegen Himbeeren gefahren, darum hatte ich heute tüchtig zu tun. 40 Pfund verarbeitet, das will erst geschafft sein.

Von Tante Erna bekam ich heute auch einen langen Brief, alles traurig. Sie hat auch Angst vor den Angriffen auf Köln, es soll furchtbar gewesen sein. Nun haben sie ja in der letzten Nacht Köln erneut angegriffen. Sie schrieb, daß beim letzten Angriff wohl 20tausend Tote auf Lastwagen fortgeschafft wurden.
Tante Frieda schrieb, sie kommt am nächsten Mittwoch mal vorbei, wenn sie zu Elfriede fährt. Das Wetter ist immer noch kühl und unbeständig. Wie geht es nun bei Euch mit der Verpflegung? Werdet Ihr satt? Ist das Expreßgut angekommen. Würde ja gern morgen wieder etwas schicken, wenn ich nur wüßte, wie lange es läuft. Ich will morgen Himbeertorte backen und würde Dir gern welche schicken, aber wie?
Hast Du schon etwas Anschluß? Bobby schwärmt ja sehr von Bansin. Gerda hat heute auch geschrieben an die Mädels, daß es ihr sehr gut gefällt. Leider ginge die Zeit so schnell hin. Ich habe mit Deiner Schwiegermutter noch nicht gesprochen, heute abend werde ich aber mal anrufen.

Soeben rief Ilse an, daß sie jetzt abfahren, es ist viertel vor acht, also vor neun wieder kein warmes Essen, mit dieser Firma hat sich Vati einen zu großen Knüppel aufgebunden. Als ob er es nötig hätte, ich habe auch schon so gezankt.
Gestern war ich beim Arbeitsamt und in der Stadt. Ich trinke jetzt, weil es mir so kalt ist, einen Glühwein und habe die Strickjacke an. Hoffentlich ist es bei Euch besser. Das freut uns, daß Hans-Jürgen gut darauf reagiert und es ihm doch dann auch gut tut. Dann wird es für Dich und Bodo auch gut sein.

Im Osten ist eine große Schlacht im Gange; ich höre jetzt den 8-Uhr-Heeresbericht. Pauls besuchten mich gleich am Dienstag, sie sind natürlich nicht gegangen, so etwas Verfressenes wie den Kleinen habe ich noch nicht gesehen. Vati hat ihn gefüttert. Ruths Mann ist wieder nach Rußland.
Am Montag nun die große Wäsche, das ist ja eine Riesenmenge! Gestern habe ich schon Seidenwäsche und die Strümpfe und Wollsachen von den Kindern gewaschen. Das würde ja sonst zuviel. Eure Betten und Matratzen sind gesonnt, bloß die Zimmer noch nicht sauber. Dann noch Erbsen einmachen, ich stehe noch vor einem großen Berg. Fast jeden Tag kommt irgendein Besuch dazwischen. Heute habe ich wunderbare Heringe bekommen.

Schreib gleich, wenn das Paket angekommen ist. Hoffentlich bekommst Du den Brief noch zum Sonntag. So sende ich Euch recht liebe Sonntagsgrüße und viele Küßchen für Dich und die beiden Rangen, ich konnte mich ja gar nicht von ihnen verabschieden. Also Gute Nacht, meine Lieben

Eure Mutti und Omi.«

Brief von Freundin Erika

»Groß-Schönebeck, d. 6. Nov. 44

Mein liebes, bedauernswertes Edithlein!

Mein kleiner Sonnenschein ist gebadet und hat getrunken und ist somit für den Vormittag versorgt, so daß mir ein bißchen Zeit bleibt, um an Dich zu schreiben.

Du kannst auf mich bauen und vertrauen zu jeder Zeit, und ich verspreche Dir, jedes Geheimnis, das Du mir anvertraust, stets für mich zu behalten. Also hab keine Bedenken, ich bin immer für Dich da, sei es in guten oder in traurigen und ernsten Zeiten. Ich kann es gut verstehen, wie weh Dir ums Herz ist und wie Dir ein Mensch fehlt, der Dir innerlich nahesteht und der nur Dein Bestes will. Edith, sieh auch mal Deinen Kummer von einer ganz anderen Seite, denn ich glaube bestimmt, Achim will Dich nicht kränken und Dich traurig sehen. Er ist nun mal ohne Zweifel ein sehr begehrenswerter Mann, er sieht gut aus, ist ein guter Gesellschafter, er kann einer Frau viel bieten, sei es durch Geschenke oder sein gewandtes Auftreten, und welche Frau fällt darauf nicht herein? Alle!!

Leider ist er nun etwas sehr leicht veranlagt und wird sich nicht immer den Frauen gegenüber in der Gewalt haben. Achim vernachlässigt, so wie ich ihn kenne, Dich auf keine Weise; er war doch Dir gegenüber sehr großzügig und beschenkte Dich doch sehr reichlich, als das noch möglich war. Also, Edith, sei auch Du großzügig und kneife nicht ein, sondern beide Augen zu. Wie Achim mir in Berlin im März 1943 sagte, denkt er nicht an eine Scheidung, und ich solle Dir den verrückten Gedanken nur austreiben. Bleib bei ihm der Kinder wegen, denn schon die allein müssen Dich halten. Laß nur erst den Krieg vorbei sein, denn vieles kann sich noch ereignen.

Zum Glück ist er ja nun von der Frau aus Ostpreußen fort, und sieh mal, wenn er auf Urlaub kommt, so kommt er doch zu Dir. Also sehe ich darin, d.h. jetzt im Kriege, keine Gefahr. Und nach dem Kriege mußt Du eben durch Deine Großzügigkeit versuchen, ihn für immer zurückzugewinnen. Du liebst ihn doch, dann kann es Dir doch auch nicht schwerfallen. Peinige ihn nicht immerzu mit Vorwürfen, sondern versuche, wenn es Dir auch schwerfällt, ihm so lieb zu schreiben, wie Du es früher getan hast. Schreibe ihm klipp und klar, daß Du ihm verzeihst, wenn er sich ändert, und alles soll dann wieder so sein, wie es früher war, Du willst es noch mal mit ihm versuchen. Sollte er aber auf Deine Wünsche und auf Dein Verlangen nicht eingehen, dann gibt es Für Dich nur eins: die Scheidung.

Gewiß ist es schwer, großzügig zu sein, aber welcher Mann betrügt seine Frau nicht? Da gibt es doch nur ganz wenige Ausnahmen. So bist Du immer noch Frau Bestehorn, seine Frau, und stellst etwas dar in Aschersleben, und was wärest Du als geschiedene Frau? Müßtest wieder zurück zu Deinen Eltern und gibst dabei Dein schönes Heim und Deine Selbständigkeit auf.
Edith, Du hast es an Achims Seite sieben Jahre ausgehalten und warst so manches Mal verzagt. Drum laß das kritische Jahr auch noch vorübergehen, denn mal wird er auch zur Vernunft kommen und sich die Hörner abgestoßen haben. --- Aber eins mußt Du mir versprechen: nicht so einen Unsinn zu machen und Dir einen Freund anzuschaffen. Denn davon würde die ganze Welt erfahren, und dann heißt es, ja, Frau Bestehorn macht es doch auch nicht anders! So behältst Du überall die Achtung. Es kann doch sein, daß Achim, wenn er davon erfahren sollte, in die Scheidung einwilligt, und dann hat er Gründe gegen Dich wegen Untreue, noch dazu im Kriege, und als Mutter wird das noch bestraft. Außerdem wärest Du eine schuldig geschiedene Frau, wie entsetzlich wäre

das! Wirst Du aber unschuldig geschieden, dann bekommst Du immer noch einen Mann, bist noch jung und lebst außerdem in sehr guten pekuniären Verhältnissen. –
Ich könnte Dir viele Ehen anführen, wo es ebenso wie bei Dir ist. Bei unserer Frau Schmidt zum Beispiel, ihr Mann betrügt sie nach Strich und Faden, und sie weiß davon und hat, wie sie mir sagte, sehr darunter gelitten, da ihre Eltern sehr glücklich wie Turteltäubchen lebten. Ihr Mann blieb des Nachts bis zum frühen Morgen fort, brachte es sogar fertig, die Frauen, wenn sie nicht dort war, mit in die Wohnung zu nehmen. Es kam auch vor, daß er sie mit seinen Geliebten bekanntmachte. Sie litt sehr darunter und war nahe daran, sich von ihm zu trennen.
Sie liebt aber ihren Mann und hat sich damit abgefunden. Er ist in Geldangelegenheiten und Geschenken zu ihr sehr spendabel. Obwohl sie weiß, daß er ihr nicht treu ist, redet sie nur gut über ihn und sagt trotz allem, ihr Mann wäre deshalb nicht schlecht.

Edithlein, ich möchte Dir so gerne helfen, damit Du diese Ehesorgen los wirst. Bitte versuche es mit Achim noch mal, denn gerade durch den Krieg und die lange Trennung haben so viele Ehen Schiffbruch erlitten, drum verzage nicht und gib die Hoffnung nicht auf. Versuche es in Güte und bringe alle Liebe Achim gegenüber auf, um ihn zurückzugewinnen. Denn Du bist seine Frau, und die anderen Frauenzimmer können ihm nie das sein, was Du bist, die gute Mutter von drei Kindern.–
Hoffentlich haben Dich meine Zeilen etwas getröstet. Also, Edithchen, setz Dich in aller Ruhe hin und schreibe Achim recht lieb. Ich wünsche Dir viel Glück dabei und drücke fest beide Daumen für Euch und die Kinder.

Herzlichst wie immer grüßt Dich freundschaftlich

Deine Erika«

Briefe von Freundin Erika, einige Monate später

»den 5. Februar 1945

Liebstes Edithchen,

Hast Du von mir die beiden Briefe erhalten? Inzwischen sind die Sorgen um die Zukunft und um uns noch größer geworden. Hoffentlich habt Ihr noch nicht so große Sorgen, wie wir sie hier haben. Und von Tag zu Tag werden sie größer. Was soll nun werden? Ihr seid ja noch ein ganzes Stück vom Schuß entfernt, und hoffentlich bekommen wir die Sowjets an der Oder noch zum Stehen. Edithchen, drücke nur die Daumen, daß wir hier nicht Kampfgebiet werden, leider hat es aber den Anschein. Soldaten haben wir hier schon zu liegen, und überall werden Barrikaden aufgestellt. Wir sind schon ganz verzweifelt und wollen natürlich nicht von Haus und Hof gehen. Das Elend ist auch zu groß. Hier kommen täglich Hunderte mit ihren Trecks aus dem Wartheland, Pommern, Ostpreußen und Schlesien durch. Trautchen hilft auch bei der Verpflegung, und wie sie mir eben sagte, wurden in den letzten 6 Tagen 8000 Menschen hier verpflegt.
Es wäre gar nicht auszudenken, wenn es uns auch so ginge, wie die Vagabunden von Dorf zu Dorf zu ziehen und auf die Gnade anderer Menschen angewiesen zu sein. Die Spender der Eisenbahn sind auch schon seit etlichen Tagen fort, und auch andere bekannte Persönlichkeiten, die ein Auto haben, brachten sich in Sicherheit. Am Donnerstag ging hier ein tolles Gerücht: vier russische Panzer stehen vor Carinhall; unsere Aufregung kannst Du Dir ja denken. Es wurde von dort aus der Kantine nach hier angerufen, was nun daran wahr ist, weiß ich ja nicht.
Hier hat schon alles gepackt, auch wir haben etliche Koffer bereitstehen. Es wird so viel erzählt, daß unser Kreis

nach Sachsen evakuiert werden soll. Aber wo sollen wir nur hin? Edithchen, kannst Du mir im Fall aller Fälle behilflich sein, denn so ohne Ziel zu fliehen und schließlich in ein Massenquartier zu kommen, wäre doch entsetzlich. Leider müssen wir unseren Papa zurücklassen; wie schmerzlich das ist, kannst Du Dir ja denken. Mein Vater gehört dem Aufgebot 2 an. Wir bleiben alle bis zuletzt beisammen, und wenn wir rausmüssen, dann dachte ich, Edithchen, wäre es Dir möglich, uns irgendwo in Deinem großen Bekanntenkreis unterzubringen, irgendwo auf einem Gut. Betten, Wäsche und dergl. bringen wir uns ja mit. Wir kommen Tag und Nacht nicht zur Ruhe, denn schon allein der Gedanke, daß es vielleicht Wirklichkeit werden kann, zermürbt uns alle. Die Pferde könnten schließlich irgendwo arbeiten. Würden evtl. Deine Eltern die Jagdhütte oder Du 1 oder 2 Zimmer in Aschersleben zur Verfügung stellen? Nur Grubo ist auch so dicht an Berlin, und Aschersleben so gefährdet durch die Alarme. Berlin hatte am Sonnabend den schwersten Angriff bisher.
Ach, Edithchen, Du würdest wohl schon Rat finden. Wie wäre es bei Inge oder Dr. Müllers? Hoffentlich kommt es nicht so weit, wir bitten den Lieben Gott jeden Tag darum. Seit 8 Tagen haben wir acht Flüchtlinge aus Schneidemühl und Schwiebus, sehr bescheidene und angenehme Menschen. Von Hans kommt jetzt auch keine Post, er ist in Ostpreußen, hoffentlich ist er nicht eingeschlossen. Wozu lebt man eigentlich noch, wenn uns doch nur Leid und Elend bevorstehen?.....

Ich wollte Dich anrufen, aber wir bekommen keine Ferngespräche mehr, nur mit Kennziffer, die wir nicht haben. Wir können nur K L W Gespräche führen, die aber auch nicht angenommen werden. –
Wie geht es bei Euch? Hoffentlich ist alles beim alten. Gib mir bitte bald Antwort.

Grüße bitte Deine Eltern und sei Du recht herzlich und lieb gegrüßt von

Deiner Erika.

Meine Eltern und Trautchen lassen Dich auch grüßen.«

»Gr.-Schönebeck, d. 21.2.45

Liebstes Edithchen!

Das Leben ist zum Verzweifeln, gestern dreimal Alarm und jetzt über Mittag schon wieder. Die Menschen sind dermaßen mürbe, und außerdem droht uns noch die Gefahr der Russen. Heute kommen 800 Soldaten hierher, wir bekommen auch noch einen Offizier. Wir sind alle so aufgeregt, weil die Menschen so viel erzählen, daß wir hier Kampfgebiet werden. Oben soll es ziemlich flau aussehen, und sollte Stettin fallen, dann komme ich sofort nach Calbe, und Du bringst mich dann wohl weiter.

Sag mal, Edithchen, hast Du eine Kinderbettstelle für Bärbel? Oder soll ich die lieber mitbringen? Wenn Du eine übrig hast, bitte gib sie mir leihweise, denn was soll man bloß alles mitnehmen! Alles redet auf mich ein, ich soll das Kind und mich in Sicherheit bringen, aber ich warte noch. Mir geht es gar nicht gut, ich bin stark erkältet und habe wohl eine Grippe in den Knochen.
Alles beneidet mich, daß ich das Ziel Aschersleben habe, denn viele möchten fort und wissen nicht, wohin. Frau Zimmermann mit ihren 4 Kindern, drei Töchter 17, 15, 14 und dem 6jährigen Buben, ist ganz verzweifelt und hat kein Fluchtziel. Überall, wo sie Bekannte hat, ist alles überfüllt. Du wüßtest wohl auch kein Quartier bei Deinen Bekannten? Sie möchten am liebsten sofort abreisen. Es kann noch so bescheiden sein, die Hauptsa-

che ist ein Dach über dem Kopf. –

Ich will erst mal die Meinung der Soldaten hören, die aus Stettin herausgezogen werden, der vielen Verluste wegen. Zur Zeit käme ich nicht durch Berlin, da fast alle Verbindungen zerstört sind.

Dir und den Deinen alles, alles Gute und sei vielmals in großer Dankbarkeit gegrüßt

von Deiner Erika und Anhang.«

»Gr.-Schönebeck, d. 21.3.45

Liebstes Edithchen!

Es ist erstaunlich, daß ich Deinen Brief vom 12.3. schon habe, sei dafür bestens bedankt. Wie lieb Du wieder schreibst, und wie besorgt Du um uns bist. Wenn wir doch bloß bleiben können, wir würden auf alles verzichten, nur die Heimat nicht aufgeben. Es beruhigt uns aber sehr, daß wir ein Ziel mit Aschersleben haben, denn wo sollte man sonst auch bleiben? Täglich gehen hier mehr Mütter mit ihren Kindern raus, aber ich kann einfach noch nicht. Der Kanonendonner ist gottlob nicht mehr zu hören.

Am vorigen Dienstag erkundigte ich mich schon nach den Zügen, ich würde, falls es mal kritisch wird, um 8.23 ab Bahnhof Wannsee fahren und dann bis Calbe, da ich doch sonst in Güster umsteigen müßte. Kommen denn bei Euch die Züge aus Berlin so einigermaßen pünktlich an oder braucht man für die Reise einen oder sogar zwei Tage? Zur Zeit geht in Berlin keine S-Bahn, keine Straßenbahn und keine U-Bahn. Am Donnerstag voriger Woche war ein schwerer Angriff auf Oranienburg. Eine Stunde waren ununterbrochen die Bomber über uns. Hier fiel auch eine Bombe, aber gottlob in den Wald. Edithchen, was die Berliner am Sonntag ausgehalten haben, ist unvorstellbar. Zwei Stunden flogen die Flugzeuge über uns, ich habe auch jetzt eine entsetzliche Angst, denn tagtäglich die Alarme halten die stärksten Nerven nicht aus. Abends hatten wir schon 28mal hintereinander Alarm. Klein-Barbara war in der letzten Nacht sehr ungnädig, was ich an ihr gar nicht kenne. Sie hat sich am Sonntag im Keller erkältet; als die Sirene ging, badete ich sie gerade. Nun hustet sie heute mächtig, hoffentlich geht die Erkältung bald vorüber. Angelika muß ja jetzt auch schon ein allerliebstes Mädelchen sein, denn sie ist doch jetzt schon in einem ganz goldigen Alter.

Im Westen macht der Feind ja große Fortschritte, aber lieber den Amerikanern als den Russen in die Hände fallen. Du kannst glücklich sein, von Achim Post zu bekommen. Vergiß' nur all den Kummer, den Du mit ihm hattest, und schreib immer lieb und nett, denn unsere Männer haben es gewiß nicht so einfach. Von Hans ist seit dem 20.2. keine Nachricht mehr gekommen.
Am vorigen Dienstag die Beisetzung in Berlin war herzergreifend, es wurden mit meinem Vetter noch 20 Personen beigesetzt.
Ich trage seit etlichen Wochen einen Knoten, denn ich habe keine Dauerwelle mehr drin. Bei unseren Flüchtlingen haben wir ein zwanzigjähriges Mädchen, das Friseuse ist. – Sonst ist hier alles beim alten, das gleiche hoffe ich auch bei Euch. Laß bitte recht bald mal wieder von Dir hören. Der Weiße Hirsche soll auch mächtig gelitten haben –

Dir und den Deinen alles Gute, und hoffentlich gibt es jetzt kein Wiedersehen in Calbe bzw. Aschersleben.
Allerherzlichst allerseits

Deine Erika.

PS. Leider kann ich nichts schicken, da Postleitzahl (19) gesperrt ist.«

BRIEF VON PUTTCHEN, EDITHS ENGER FREUNDIN

»Bernburg, 13. 2. 45

Meine liebste Edith!

Nun komme ich doch heute erst dazu, Dir für Deine lieben Zeilen zu meinem Geburtstag zu danken. Ich benutze dazu die wieder so schönen erholsamen Tage in Bernburg, die mich wieder ein wenig froh gemacht haben. Zu trüb war es die letzte Zeit, so belastend und ungemütlich, und hier bin ich nun richtig wieder ein wenig aufgelebt und habe mir neue Kraft für alles noch Kommende geholt.
Dieser Geburtstag verlief auch recht still und zeitgemäß, zumal Liselotte und ich nicht so ganz auf der Höhe waren. Liselotte hatte gut eine Woche eine ganz üble Knochenhautentzündung am Kiefer, mit furchtbaren Schmerzen verbunden, und sie mußte 4 Tage fest im Bett liegen. Na, und ich hatte mich ganz unverschämt auf der Entenjagd erkältet und kann heute noch ganz schön husten. Mich auszukurieren hatte ich aber keine Zeit, weil ich Liselotte versorgen mußte, die doch zu nichts fähig war. Ich bin die Woche deshalb auch nicht zur Arbeit gegangen.

Ach, ich hab Dir wohl noch gar nicht erzählt, daß wir seit dem tollen Angriff auf Magdeburg schon wieder Einquartierung bekommen haben? Stell Dir vor, am Donnerstag nach dem Angriff kommen Verwandte von uns, Cousine von meinem Vater, ein älteres Ehepaar, ganz überraschend in fürchterlichem Zustand abends bei uns an. Noch ganz schwarz im Gesicht, die Kleidung verbrannt und zerfetzt, und ganz aufgelöst und wehklagend. Es war ein erschütternder Anblick, sag ich Dir. Wenig später kam auch Katarina Hoffmann in ähnlichem Zustand, auch total ausgebombt. Da wir ja nun kein Bett und Zimmer mehr frei hatten, mußten wir Bischofs im Salon unterbringen auf je einer Couch, wo sie auch noch heute hausen. Katarina mußte bei mir schlafen und blieb bis Dienstag. Sie wollte ihren Bombenurlaub ausnutzen, um ihren Freund in Warnemünde zu besuchen. Bis heute haben wir aber noch keine Nachricht von ihr.

Ja, Liebling, und am Freitag nach dem Angriff fuhr ich mit Vati mit dem Wagen nach Magdeburg. Vati glaubte, in der alten Neustadt noch etwas Geschäftliches ausrichten zu können. Es sah ja alles so unbeschreiblich furchtbar aus, und hätte ich nicht alles mit eigenen Augen gesehen, ich hätte es bestimmt niemals geglaubt, daß es sowas von Zerstörung, zumal bei einem einzigen Angriff, gegeben hat.
Ich bin dann nachher ganz verzweifelt den Breiten Weg hoch und runter gelaufen und konnte und konnte es einfach nicht fassen. Man konnte nur noch ahnen, was einmal dort gestanden hat. Dabei lagen die Leichen noch an den Straßenseiten herum, es war grauenvoll! Ich ging durch die verschüttete Ulrichstraße, ach Edith, das war zuviel für meinen Menschenverstand, und ich war fix und fertig hinterher, und ja so froh und glücklich, als ich abends mit Liselotte wieder in meinem Sperlingslust sitzen konnte, um all die schrecklichen Bilder einigermaßen auszuschalten. Was Du von der Elfriede Wäling schreibst, ist ja auch entsetzlich, besonders wenn man die Menschen gekannt hat, die so ums Leben gekommen sind. –

Na, und dann in letzter Zeit, die vielen, vielen Alarme,

und so ungemütlich ist es immer bei uns, weil jedesmal ganz anständige Brocken in unserer Nähe runtergesaust sind. Neulich ist im Eßzimmer sogar ein Fensterrahmen durch den Luftdruck herausgerissen und zu Boden geschleudert worden. Das war ein toller Krach, und man konnte schon annehmen, daß es eingeschlagen hat. Ach, Herzchen, und die Verwandten sind so eine große Last, weil sie dauernd bei uns rumsitzen, und nie ist man mehr allein. Dagegen sind unsere fremden Menschen Gold, mit denen wir gar nicht ins Gehege kommen. Am schlimmsten empfinden es ja Mutti und Liselotte, denn ich bin ja fast den ganzen Tag im Dienst und meistens nur zu den Mahlzeiten anwesend. Als ein ganz besonderes Geschenk empfinde ich deshalb immer wieder mein Sperlingslust, und ich danke jeden Tag meinem Gott, daß ich es noch habe. Liselotte ist natürlich viel bei mir, und wir sprechen uns dann auch über alles so Unerfreuliche. – Aber das wollte man ja alles noch ertragen, wenn bloß die militärische Lage nicht so unmöglich wäre. Nein, weißt Du, ich kann wirklich nichts mehr dazu sagen, nur noch mit dem Kopf schütteln. Aber solange wir noch unser Zuhause haben und die Russen nicht vor der Tür stehen, wollen wir uns über jeden Tag freuen, so gut es geht, denn – seinem Schicksal kann kein Mensch entgehen, und damit müssen wir uns abfinden.

Am Sonnabend sind wir, Liselotte, Minchen, Bethchen Thiele und ich, mit einem LKW auf Veranlassung von Hill hierhergefahren und haben die günstige Gelegenheit wahrgenommen. Ich muß leider heute wieder heim, während Liselotte mit Anhang bis Sonnabend bleiben will.

Bleib Du mit den Deinen weiterhin recht gesund, und hoffentlich hast Du inzwischen auch von Achim Post. Grüß auch Deine Eltern schön, und ich bin mit vielen herzlichen Grüßen

Dein Puttchen«

Achims Verhaftung

Spätsommer des Jahres 1945

Der Krieg war endlich vorüber. Es war alles ganz ruhig, und man glaubte fast, etwas weniger von der Last des Druckes auf dem Herzen zu spüren in der Hoffnung, daß jetzt keine Repressalien mehr erfolgen würden. Wenn man einschlief, hoffte man, am nächsten Morgen nicht mit neuen Hiobsbotschaften konfrontiert zu werden, daß die Zeiten ruhig blieben.

Und dann der finstere Tag, der 5. September 1945 abends. Ich hatte die Kinder zu Bett gebracht. Achim war mit meinen Eltern in der Bahnhofstraße 22, in der die Firma untergebracht war, sie hatten noch zu arbeiten. Das Telefon läutete, meine Schwiegermutter war am Apparat und berichtete mir ganz aufgeregt, daß mein Schwager Otto verhaftet worden sei. Sicher würden sie jetzt nach Calbe kommen, um auch Achim zu holen.
Während ich noch am Telefon sprach, kehrten meine Eltern und Achim zurück. Achim spricht mit seiner Mutter. Mein Vater will ihn sofort wegbringen, doch er steht, schaut in die Ferne und sagt bestimmt: »Nein, ich gehe nicht. Der Krieg ist zu Ende, ich habe nichts getan. Politisch war ich nicht tätig, ich habe nur meinen Dienst versehen. Mir können sie nichts anhaben.«
Während wir noch Überlegungen anstellten, fuhr ein Auto vor, aus dem Otto und zwei Männer in Zivil ausstiegen. Der dritte blieb hinter dem Steuer sitzen. Sie kamen mit Otto ins Haus. Otto kreuzte die Arme und lächelte, denn auch er konnte sich wohl nicht den Ernst der Lage vorstellen. Otto war immer Zivilist gewesen, allerdings hatte er die meisten Kriegsjahre in Berlin in seiner Wohnung am Wittenbergplatz verbracht, und er hatte für Deutschland Spionage getrieben.
Nun spielte sich ungefähr folgendes ab: Die Männer

sprachen mit meinem Schwager Otto und mit Achim; sie wollten sich ungestört mit den beiden in einem Raum unterhalten. Meine Eltern und ich und auch Frau Störken, unsere Haushälterin, die hinzugekommen war, mußten das Zimmer verlassen. Mir klopfte das Herz bis zum Hals. Frau Störken und Ilse, mein treues Hausmädchen, meinten: »Wenn Ihr Mann mitfahren muß und Ihr Schwager, dann sollten wir noch etwas Proviant für sie fertigmachen.« Ich fand es sinnlos, aber wir taten es, um uns abzulenken.
Nach einer Weile kam Achim aus dem Zimmer und sagte: »Ich muß mit, ich packe meinen kleinen Koffer, aber nur für einige Tage.« Ich sehe ihn noch heute in dem kleinen Waschraum neben meinem früheren Mädchenzimmer stehen und sein Necessaire zusammenpacken. Alles andere ist mir gar nicht mehr klar in Erinnerung, denn es war für uns unfaßbar. Als sich Achim von mir verabschiedete, versuchten die Männer uns zu beruhigen: »Sie brauchen nicht traurig zu sein, brauchen nicht zu weinen, Ihr Mann kommt bald wieder!« So war das der Abschied, ich glaubte auch nicht, daß er für immer sei, aber ich habe ihn nie wiedergesehen.

Die Verhaftung war ein derartiger Schock für mich, daß ich über drei Jahre keine Periode mehr hatte und nach zwei Wochen eine schwere und langwierige Gelbsucht bekam, die meine Kräfte vollkommen aufzehrte. Eines Tages, als wir im Garten arbeiteten, wurde mir schrecklich übel. Meine Mutter brachte mich sofort ins Haus und wollte mir ihr Spezialrezept, Rotwein mit Traubenzucker und Eigelb verabreichen. Ich weiß nicht einmal mehr, ob ich es noch getrunken habe. Ich legte mich hin und schlief sofort ein. Nachts um zwei Uhr wachte ich auf, mein Herz raste, ich zitterte und flog, ich hatte das Gefühl, als müsse ich zerbersten. Mein Vater fuhr los, nur mit einem Bademantel über dem Schlafanzug, und holte unseren treuen Hausarzt Dr. Kolbe. Der konstatierte einen völligen Nervenzusammenbruch und spritzte mir Morphium. Ich glaubte, keine Luft mehr zu bekommen, meine Zähne schlugen förmlich aufeinander, und immer mußte ich jemanden festhalten, es waren Ängste, die ich nicht mehr beschreiben kann. Meine Mutter oder Ilse waren ständig an meinem Bett und hielten meine Hand. Als dieser Anfall etwas nachließ, setzten meine Eltern Hans-Jürgen, meinen Ältesten, an mein Bett. Ich hielt seine kleine Hand ganz fest, die Spannung ließ nach. Später haben sie mir erzählt, Hans-Jürgen hätte zwei Stunden an meinem Bett gesessen, und dann fragte er: »Mutti, geht es dir besser, kann ich jetzt gehen?« »Ja, mein Schatz, jetzt geht es schon«, und langsam schlief ich ein.

Die Kleinen waren nach diesem ersten schrecklichen Anfall in ein anderes Zimmer gebracht worden. Ich sehe noch ihre entsetzten großen Augen. Hans-Jürgen wollte aber bei mir bleiben, und er hat mir dadurch auch geholfen.

Seit diesem Zeitpunkt konnte ich nicht mehr unter Menschen gehen. Wenn ich merkte, daß dieser Zustand begann, und ich war zu Hause, dann half mir das Gebet, die schlimmste Phase zu überwinden. Wenn ich mich dann wieder wohler fühlte, dankte ich Gott mit einem Lied, das ich sprach. Ich erkannte damals, daß es für mich eine große Hilfe war, diese Lieder auswendig zu kennen, so wie wir in Gnadau im Internat durch Abend- und Morgensegen jeden Tag diese Lieder gesungen und gebetet haben. Sie gaben mir in dieser schweren Zeit viel Kraft, tun es auch heute noch. Vor allem, wenn man einsam ist, dann helfen sie.

Brief von Freundin Erika

»Groß-Schönebeck, den 17.Okt.1945

Mein liebstes Edithchen!

Acht schwere Tage liegen hinter mir, heute vor acht Tagen hat unser lieber Vater die Augen für immer geschlossen. Der Schmerz ist noch so neu und einfach unfaßbar. Es ging Papa gesundheitlich schon wieder etwas besser, so daß wir, die wir täglich mit ihm zusammen waren, gar nicht sahen, wie krank er ist. Am Dienstag blieb Papa liegen und klagte über Halsschmerzen, die immer schlimmer wurden. Ich ging abends zum Arzt, der natürlich nicht kam. Der sitzt ständig beim Kommandanten, der auf seine Gesellschaft viel Wert legt. Dem Kerl sterben hier die Leute viel zu langsam.
Alle zwei Abende bekam mein Vater die Spritze von der Schwester, wonach er einschlief. Lange wirkten ja die Spritzen nicht mehr, so saß er wegen Luftmangels des nachts immer im Sessel, und auch in seiner letzten Nacht saß er von zwei Uhr auf. Mutti weckte uns um vier Uhr, da er Herzanfälle bekam. Wir waren alle drei bei ihm, und Traudel und ich wollten um sechs Uhr zum Arzt gehen, aber das war ihm zu früh. Um halb sieben ging Mutti für Papa eine Tasse Kaffee kochen, ich war mit ihm allein, und in dem Moment will er sich aufrichten, weil er keine Luft bekam. Ich rufe Mutti und Traudel herbei, Mutti konnte noch hinzuspringen, sie fängt ihn auf, und in ihren Armen fällt er um und ist tot. Es war an und für sich ein herrlicher Tod, wie man ihn nur jedem Menschen wünschen kann. Papa hat nicht gemerkt, daß er stirbt, ohne Abschied ging er von uns, und das ist für uns sehr schmerzlich.

Wir haben nie mit ihm über den Tod gesprochen, und vieles ist für uns im Unklaren. Wir haben noch viel Holz usw.

im Wald liegen, aber das werden ja die Russen sich geholt haben, ebenfalls aus dem Werbellinsee. Nach diesem vielen Traurigen würden wir am liebsten mit ihm in den Tod gehen, denn was haben wir noch vom Leben zu erwarten? Meines Vaters Züge sahen unverändert aus, er wirkte nicht wie ein Toter, sondern wie ein Schlafender. Wir bahrten ihn im Wintergarten auf, am Freitag brachten wir ihn zur Leichenhalle und am Sonnabend betteten wir ihn zur letzten Ruhe.
Dieser Gedanke, daß nun unser Vater in der Erde liegt, ist unfaßbar. Wir haben eine so schöne, ruhige Gruft für ihn auf dem Friedhof gekauft, direkt unter der Fliederhecke. In seinem Leben hat Papa nie mehr eine frohe Stunde gehabt, er ist an der Vernichtung seines Lebenswerkes völlig zugrunde gegangen. Später macht man sich über vieles Vorwürfe, daß man viel mehr hätte bei ihm sein müssen, er wollte nie allein sein, und wir hatten kaum Zeit für ihn. Jetzt läßt sich natürlich nichts mehr ändern. –
Ein paar Stunden nachdem mein Vater die Augen geschlossen hatte, bekamen wir die Nachricht, daß Muttis Schwester enteignet ist (380 Morgen Land). Wir erklärten uns bereit, sie mit ihrem Mann und den zwei Kindern aufzunehmen. Sie wollten ja noch alles Mögliche unternehmen, und sollte es nicht klappen, dann kommen sie in der nächsten Woche. Meine Tante ist auch schwer krank. Außerdem haben wir noch 8 Flüchtlinge wohnen. –

Am Sonntag wurde Trautchen uns krank. Der Arzt und die Schwester stellten Diphterie fest. Wir waren ganz verzweifelt, und ich war ständig auf den Beinen, um Serum zu beschaffen. Mutti wollte Traudel pflegen, und ich mit der Lütten isolierten uns. Ich kam mir wie eine Verstoßene vor. Kein Mensch durfte zu uns.
Heute früh wurde nun zu aller Aufregung Herr Tönnies krank. Ich weiß nicht, ob ich Dir schon mal ausführlich

von ihm schrieb. Er war als Oberleutnant im Kriegsgefangenenlager in Zeetze, ca. 2 km von da entfernt, wo wir lagen. Er wurde dann entlassen und besuchte meinen Vater, den er kannte. Herr Tönnies stammt aus Schlurft, 4 km von Groß-Schönebeck entfernt, seine Eltern hatten eine Wirtschaft, sein Vater starb im Kriege. Nun sitzt sein Bruder auf der Wirtschaft. Wir mögen Herrn Tönnies alle sehr gut leiden, er wohnt schon seit 6 Wochen bei uns und macht uns die Landwirtschaft und sieht nach dem Rechten. Mein Vater hat sich sehr über ihn gefreut, denn mit seinen 25 Jahren ist er sehr umsichtig. Trautchen und Herr Tönnies werden sich wohl noch vor Weihnachten in aller Stille trauen lassen. Wenn wir ihn nicht hätten, dann wären wir verraten und verkauft. Gottlob ist es bei ihm nicht Diphterie, wie wir heute früh annahmen. Traudel geht es nach den Spritzen auch schon bedeutend besser.

So, nun habe ich Dir genug von unserem Leid erzählt, ewig Aufregungen und Sorgen. Die Menschen hier sehen alle erbärmlich aus. Seit 8 Tagen gibt es nur noch 1000 g Brot. Wir sind noch zufrieden, daß wir etwas Landwirtschaft haben, so ist die Not doch nicht so groß. Leider können wir in diesem Winter nicht schlachten, es hat hier kaum jemand ein Schwein, nicht einmal die Bauern.
Wie geht es Dir denn, Edithchen? Du hast den Kopf wohl auch voll und machst Dir Sorgen über Achim. Aus Sachsenhausen ist seit sechs Wochen keiner entlassen, denn es herrscht immer noch Typhus. Edithchen, es läßt sich tatsächlich nichts unternehmen, glaube es mir. Herr Förster Zurth, der auch im Lager Sachsenhausen war, ist gestorben, er war aber vor seiner Verhaftung schon elend. Achim wird Dir schon mal durch einen Entlassenen ein Lebenszeichen zukommen lassen. Also, Edithchen, verzage nicht. – Ich bin jetzt so müde. Bärbel ist kolossal lebhaft und nimmt mich den ganzen Tag (verwöhnt von der Großmutter) in Anspruch.

Für heute habe ich genug mit Dir geplaudert. Was machen denn die Kinderchen, ich möchte sie so gern mal sehen, ganz gespannt bin ich ja auf Angelika. –
Laßt es Euch allen gutgehen. Grüße auch Deine Eltern und sei vielmals von Deiner müden, unglücklichen und todtraurigen Erika gegrüßt.«

BRIEF VON TANTE MINNA AUS BERLIN

»Sonntagabend, d. 24.3.46

Mein Mietzelchen,

Ich glaube nun doch an Gedankenübertragung, denn im Geiste habe ich immer mit Dir gesprochen und mir vorgenommen, sobald ich erst mal ein klein bißchen Ruhe habe, schreibe ich meiner Kleinen einen Brief. Heute ist es nun so, Onkel liegt im Bett, und ich habe Zeit und Muße.

Zuerst zu Deinem Achim, wir haben ihn jetzt täglich erwartet und hatten für ihn auch Quartier gemacht. Unser Nachbar Dr. Bracht hätte ihn gern nachts beherbergt, während er tagsüber selbstverständlich bei uns gewesen wäre. Jetzt, da die Kinder nun ein eigenes Häuschen zugewiesen bekamen, ist natürlich für Euch beide bei uns Platz. Wir erwarten ihn noch immer täglich, ich hörte, wie Tilla zu Theo sagte, tritt doch den Kommissar noch einmal, er hatte es aber bestimmt zugesagt, Achim herauszuholen. Die Verspätung können wir uns gar nicht erklären. Schade, ich kann Theo jetzt nicht fragen, sie sind beide in der Stadt bei Bekannten eingeladen, ich habe eben Karli rübergebracht, und sie waren leider noch nicht zu Hause. Theo versprach Tilla aber, mit dem Kommissar zu sprechen, ob er es getan hat, weiß ich nun nicht. Wir schicken jedenfalls sofort ein Telegramm (dringend), damit Du Deine Maßnahmen treffen kannst. Halt Dich jedenfalls bereit.

Mit Eurer Einquartierung ist es ja schrecklich, wir sitzen auch bis jetzt auf Messerschneide und befürchten jeden Tag, daß wir unser Haus freimachen müssen. Karli, der bei uns nur Abendbrot aß, erzählte uns aber, daß ein Herr heute Mutti und Vati erzählt hätte, daß ganz Dahlem geräumt werden müßte und alle die Leute hier in unserer Kolonie untergebracht werden müßten. Das wäre nicht so schlimm, wie ganz aus unserem Haus zu müssen. Denn wohin sollten wohl wir alten Leute? Es ist eine schreckliche Zeit!!!
Die Lebensmittellage in Berlin ist katastrophal und wird täglich schlechter. Als Gemüse haben Onkel und ich 2 Mohrrüben bekommen, dabei allerdings eine große. Wenn ich nichts auftreiben kann, weißt Du, daß es schlecht sein muß, und alle sagen, daß wir noch nicht auf dem Berg sind. Doch wozu sage ich Dir das? Die Hauptsache ist, daß erst mal Dein Achim nach Hause kommt, alles andere wird sich dann schon finden.

Kückemanns haben Glück gehabt, daß sie ein Haus wie unseres (unsre Gärten stoßen schräg hinten aneinander) vom Wohnungsamt zugewiesen bekommen haben. Es war ja ein bißchen eng bei uns, aber es ging doch ganz gut, wenn sie doch nur nicht so viel Besuch bekämen, ich war so glücklich, wenn wir abends alle drei (Onkel ging stets früh zu Bett) zusammen saßen und so nett klönten. Dann kam aber der viele Besuch, und da war es dann nicht mehr so schön. Sie hatten dann wohl den Wunsch, wieder eine eigene Häuslichkeit zu haben, und nun ist ihnen dies geglückt. Jedenfalls werden wir jetzt alle nur Dahlem-Einquartierungen zugewiesen bekommen.

Edith, da fällt mir ein, daß Du Tante Erna Assmann mal fragen könntest, ob sie wieder nach Zehlendorf kommt?

Sie war bei uns, in unserem Haus eingewiesen, ich habe das bis jetzt aufrechterhalten, ob ich es weiter tun soll (ich möchte es schon gern). Bitte vergiß das nicht, meine Kleine. Vielleicht schreibt Tante Erna mal an mich.
An Tante Marie wollte ich auch noch schreiben, ich habe aber jetzt mit dem Garten zu tun, Onkel kann leider nichts mehr machen, alles strengt ihn zu sehr an, die Operation ist gut verlaufen, aber die große Schlappheit macht mir Sorgen, man kann ihn ja auch nicht ernähren, wie man gern möchte, der Fettmangel ist zu groß.
Wenn wir nur in unserem Haus bleiben können, dann wird alles ertragen. An Deine Mutti wage ich gar nicht zu denken, sie tut mir zu leid, sie könnte jetzt gern einige Zeit zu uns kommen und sich mal erholen und ausruhen. Sie wirds ja nicht wollen und ich weiß nicht, ob man ihr zureden soll, Ruhe hätte sie bei uns, aber alles andere läßt zu wünschen übrig.

Ich möchte jetzt mein Geschreibsel beenden, ich habe alles hingeschrieben, wie mir's in den Sinn kam. Ist Euer Vati gesundheitlich wieder auf der Höhe? Wie wird auch er leiden unter der fast unerträglichen Belastung in seinem Haus.

Seid nun alle herzlich gegrüßt von

Eurer alten Tante Minna.

Grüß Tante Mariechen, Tante Emma und die ganzen Assmanns in der Bernburger Straße.

Wenn Theo und Tilla nochmal mal nach dem Ostsektor fahren, nehmen sie Dich bestimmt gern mit.«

Brief von Achims »Nanna«, seiner Kinderfrau

»Aschersleben, den 4. 12. 1946

Sehr geehrte, liebe Frau Bestehorn!

Wiederum ist ein Jahr vergangen, und die Kleinen feiern ihren Geburtstag. Im vorigen Jahr war ich mitten unter Ihnen, ich kann es immer noch gar nicht fassen, daß Bodolein schon 5 und Angelika 3 Jahre wird. – Ich habe immer noch die schöne Zeit vor Augen, als Angelika geboren wurde. Da hatten wir trotz der Fliegerangriffe immer noch das ruhige Gefühl, daß wir als Menschen lebten ohne das fremde Volk im Lande. Wir müssen aber durchhalten, es muß doch mal wieder anders werden.

Liebe Frau Bestehorn, nun möchte ich Frau Bestehorn meinen herzlichen Dank sagen für die schönen Sachen, die mir Frau Philipp gebracht hat, und Fräulein Lotte hatte mir auch einige Köpfe Kohl gebracht, vielen Dank dafür. Das Gemüse ist ja überall so knapp. Bei dem trockenen Wetter in diesem Jahr haben wir selber so wenig geerntet. Dann haben sie in Berlin solchen Hunger, da ist das bißchen hingewandert.
Jetzt zum 1. Dezember ist mein Enkel an dem Amtsgericht in Berlin angestellt, er hatte doch ein paar Semester Jura studiert. Sonst ist hier nichts Neues in Aschersleben, und man muß seine Tür immer schön geschlossen halten, eine gewisse Sorte holt die Radios weg.

Liebe Frau Bestehorn, mein Gruß an Ihre Kinder und mein Gruß auch Ihnen und Ihren werten Eltern. Ich will hoffen, daß meine Zeilen Sie alle bei guter Gesundheit antreffen.

Mit den besten Grüßen verbleibe ich

Ihre Marie Pannier

Wenn Fräulein Lotte mal nach Aschersleben kommt, möchte ich sie bitten, daß sie mir den leeren Karton wieder mitbringt, hier ist nichts zu kriegen.«

EDITHS TAGEBUCH

»11. 8. 46

Ein Jahr wird es bald, daß Achim fort ist, ohne daß ich weiß, wohin!

Mein Gott, ist es eine Sünde, wenn ich mir eingestehen muß, daß er mir so fremd geworden und innerlich wie äußerlich meilenweit entfernt ist! Nein, gewiß nicht! Denn wie häufig denke ich an ihn, erwäge, lausche in mich hinein und auch in die grenzenlose Weite, die trotz aller Beschränkung im Wohnen um mich ist, in der Hoffnung und im Glauben an das Wunder, irgendwoher, vielleicht durch eine unsichtbare, leise klingende Stimme zu vernehmen, wo er ist, wie es ihm geht. Mein Gott, Achim, wie oft, manchmal mitten bei der Arbeit, ist es mir, als überspülte mein Herz eine Welle, die mich ängstlich bedrängt, wie denkst Du über das Leben jetzt, wie gedenkst Du es zu gestalten? Hat es Dich gepackt, gewandelt vielleicht gar in Erkenntnis der wahren Werte, die nur in der Tiefe zu finden sind?

Und dann wieder – wie ist es möglich, daß gerade Du, der doch immer Glück im Unglück hatte, immer nur die zeitweiligen Freuden des Lebens genießend, ein solch schweres Schicksal jetzt tragen mußt!

In den Herzen unserer Kinder halte ich die Liebe zu ihrem Vater hoch und rein, Achim, wirst Du, ja, werde ich sie nicht enttäuschen. Wenn ich in die reinen gläubigen

Kinderaugen unserer Kleinsten schaue, dünken sie mich schöner als die leuchtendsten Sterne der Welt, und ich muß erbeben in der Erkenntnis, was doch Gott uns Eltern für Kostbarkeiten im Leben schenkt, denn ist die Seele der Kinder nicht ganz uns zu eigen, und nur an uns, und jetzt schon so lange an mir allein, ist es, diese Seele zu pflegen und zu hüten, ihr viel Sonne zu geben, sie rein zu halten, daß sie gerade und schön emporwachsen kann, um später im Leben dem eigenen Herzen stets ein Kraftspender zu sein. Häufig kommen mir Zweifel, daß und ob ich es richtig anfasse, dieses Seelenwachsen, und in solchen Augenblicken kann ich nichts tun als Gott um Kraft zu bitten und darum, mir immer wieder das einzugeben, was richtig und gut ist.«

Die Suche nach Achim

Durch den Mann meiner Cousine Tilla erfuhren wir, daß Achim sich eventuell noch in Oranienburg im Lager befinden könnte. Das war gar nicht weit von Berlin entfernt. So beschlossen Tilla und ich, dorthin zu fahren. Mit der Bahn kamen wir dort an und suchten das Lager auf. Durch das erste Tor ließ man uns eintreten, und es blieb offen. Das zweite Tor, an dem wir wieder unser Anliegen vorbrachten, wurde allerdings hinter uns wieder angelehnt, und wir bekamen den Bescheid, noch durch das dritte Tor zu gehen.

Als Tilla und ich uns beim Durchgang des dritten Tores befanden, sahen wir uns an, blickten zurück, und jetzt überfiel uns Furcht. Ich sagte zu Tilla: »Du, da stimmt was nicht, wenn wir hier reingehen, behalten sie uns da!« Ich sprach ganz leise, aber sie hatte mich verstanden. Wir kehrten um und hatten Mühe, uns unsere Panik nicht anmerken zu lassen, beschleunigten den Schritt, rannten fast. Am äußeren Tor bedankten wir uns kurz und sahen zu, daß wir weiterkamen. An der nächsten Straßenkreuzung hielt ein russischer Lieferwagen an, ein entsetzlich altes Monstrum. Als uns der Fahrer dort stehen sah, fragte er uns, wenn auch in gebrochenem Deutsch, ob er uns mit nach Berlin nehmen sollte. Wir hatten wirklich den Mut, uns da hinten aufzuschwingen, und so klapperte und rumpelte der Wagen über die Straßen in das allmählich sich verdunkelnde Berlin hinein. Tilla und ich hielten uns manchmal an der Hand und sagten: »Ob das stimmt, ob er wirklich da war?«

Nein, Achim war nicht dort gewesen. Er war in Ketschendorf, aber das wußten wir zu dieser Zeit noch nicht. Und so wandte ich mich an die Kampfgruppe gegen die Unmenschlichkeit, die sich in einer Villa in Berlin-Nikolassee etabliert hatte. Dort gab ich meine Adresse an, auch die Adresse Achims und Ottos und bat um Nachricht. Dorthin wandten sich Kameraden, die das Inferno, diese teuflischen Lager überlebt hatten und die den Tod oder den Abtransport von Kameraden nach Sibirien meldeten.

Im Herbst 1948, als wir sicher waren, daß Achim nicht mehr am Leben und wirklich im September 1946 schon gestorben war, fuhren mein Vater und ich nach Grubo. Meine Mutter blieb bei den Kindern. Wir gingen zu Fuß langsam die Waldwege des Reviers ab, das Achim so sehr geliebt hatte. Wir sahen uns die Kanzeln an, die zum Teil noch standen, wo er angesessen war auf Hirsch, auch auf den weißen Hirsch, dessentwegen er 22 Mal von Aschersleben nach Grubo gefahren war. Wir überquerten die Heide, die noch in leuchtendem Lila stand, und pflückten jeder einen Strauß. Zu Hause banden wir sie zu einem riesigen Bukett zusammen und stellten es in einem Korb neben das Bild Achims. Ich sagte den Kindern: »Das ist für Vati. Mit diesem Heidekraut, das er so liebte, grüßen wir ihn.«

»Wo ist Vati?« – »Er ist im Himmel!« – »Wann kommt er da zurück?« fragte Bodo. »Er kommt nicht zurück.«

Es war schwer, ihnen etwas zu erklären, das man selbst noch kaum begreifen konnte. Hans-Jürgen verstand es noch am klarsten, und Hans-Jürgen trug auch am schwersten daran.

Tagebucheintragung vom 4. 1. 1948

»Ist es denn überhaupt möglich, daß der Mensch mitten zwischen Menschen so allein sein kann? So entsetzlich einsam, daß es an Verzweiflung grenzt! Mein Gott, wie bete ich manchmal inbrünstig »Gott, hilf mir, hilf mir hinweg über die bitteren, qualvollen Stunden, oder schenke mir doch einen Menschen einen Menschen.« Welchen Menschen? Ich selbst wage dies nicht zu denken und weiß es auch nicht. –«

Tagebuch

»Calbe, den 20. 3. 48

Frühlingsanfang – durchsichtige Märztage – milde Düfte, angefüllt mit Sehnsucht, Ahnungen, zarte, kaum wahrnehmbare Düfte, die Wünsche über Wünsche wachrufen. Ich denke oft, daß das Leben eigentlich nur durch die Träume, die uns unsere Phantasie in den schillerndsten Farben vorspiegeln kann, und durch die schönen Träume im Schlaf zu ertragen ist. Denn was sonst gibt es Schönes, ich meine glücklich machend Schönes in der Welt für mich, ja für Millionen jetzt? Ich bin nicht undankbar, nein – Im Gegenteil, immer wieder danke ich Gott für meine Kinder, die gesund sind, für Vati, Mutti, alles und vieles mehr – und Freuden? Ich erlebe mit Genuß schöne, sonnige Tage, sehe beglückt die nun draußen bald aufbrechenden Forsythien, die leuchtenden Krokusse und weine beim ersten Sang der zurückkehrenden Vögel, weine oft nachts stundenlang in meine Kissen und denke, mein Geist ist bald an den Grenzen des Wahnsinns!

Zwei Jahre und sieben Monate nichts von Achim – die Gedanken rasen, kreisen, kein Beginnen, kein Enden! Was muß er leiden? Denkt er an uns, ist er gesund – nein, wäre er krank, sehr krank, daß man ihn heimschickt!?

Gott im Himmel, wenn ich mein Gebet einmal schreibe, erhörst Du es? Achim, findet Deine Sehnsucht nicht einmal einen Weg, mir ein Zeichen, und sei es das kleinste, zugehen zu lassen?! Glaube mir, es trüge sich leichter...

Vorgestern kehrte ich von Berlin zurück! Theaterbesuche, Kurfürstendamm vermochten nicht davon abzulenken, daß meine Augen immer wieder Elend und Not der deutschen Menschen sahen. Wie mangelt es überall am Alltäglichsten und vor allem am täglichen Brot – eine 250g -Schokoladetafel kaufte ich – 270 RM – , am Bahnhof holten mich die Spatzen ab, am liebsten hätte ich auf der Stelle den Koffer auspacken sollen. –«

Brief von Freundin Regine

»Leipzig, den 5.7.48

Meine liebe, gute Edith!

Heute möchte ich Dir und Deinen verehrten Eltern nochmals herzlichst für die so schönen Tage bei Dir danken. Ich bin Dir so dankbar, daß Du so gut zu mir warst, in den zwei Tagen habe ich Dich so liebgewonnen, und ich werde Dir Deine Güte nie vergessen.

Ich kam am Sonntag gut hier in Leipzig an, von Calbe bis Leipzig hatte ich sogar einen Sitzplatz, der Frühzug soll wahnsinnig voll gewesen sein, so daß viele erst den 8-Uhr-Zug benutzten. Zu Hause war zum Glück alles in Ordnung. Die Kinder standen beim Auspacken sehnsuchtsvoll dabei und freuten sich riesig über die schönen Johannisbeeren. Ich zuckerte ihnen gleich einen Teil ein, Du hättest sie sehen sollen, wie sie sie verputzten. Heute abend machte ich den Kleinen von 2 Eiern Rührei, also sei nochmals innigst bedankt. – Hast Du nun doch die Absicht, nach Schierke zu fahren? Schreibe mir bitte bald! Und wann kommst Du mal? Wie geht es Dir vor allem, ich fuhr doch recht besorgt um Dich weg.

Empfiehl mich bitte Deinen lieben Eltern und sei Du sehr, sehr lieb gegrüßt von Deiner Dir so dankbaren Regine«

»Der Papi kommt so bald nicht wieder«

11. August 1948

Pit Naumann, Achims Freund, kommt mit seinem Sohn Axel die Bahnhofstraße herunter, er kommt vom Aschersiebener Zug. Ich sehe Pit vom Fenster aus, aber er schaut nicht rüber. Das ist sehr ungewöhnlich, und ich ahne nichts Gutes.

Meine Mutter ist an diesem Tag beim Friseur in der Poststraße, als Tante Mariechen, Opas Schwester, anruft und mit weinender Stimme sagt: »Meine Kleine, komm doch bitte zu Tante Lenchen!«

Ich frage: »Was ist denn los, Tante Mariechen?«, aber ihre Antwort ist nur ein Stammeln: »Ja... ja..., ich hoffe... – bitte, sei so gut und komm. Margot kommt auch!«

Ich lege auf, sage Ilse, unserem Mädchen, Bescheid, daß ich weg muß, nehme mein Fahrrad und fahre zur Barbyer Straße, wo Seiferts wohnen. Dort treffe ich auf Margot. Ihr Vater war auch in der Nacht inhaftiert worden, in der 228 Männer aus Calbe verhaftet wurden. Wir schauen uns an, und unsere unguten Vorahnungen verstärken sich.

Tante Lene öffnet. Mit ruhigen, traurigen Augen schaut sie uns entgegen, sie öffnet die Tür zum Wohnzimmer. Dort sehen wir Pit, Onkel Rudolf, den Schwiegervater von Pit, und Tante Mariechen. Lene tritt mit uns ein und bittet Margot und mich, auf dem freien Sofa Platz zu nehmen.

Ich schaue in Pits Augen und weiß Bescheid: »Du brauchst gar nichts zu sagen – Achim lebt nicht mehr!« Er nickt. Wir setzen uns, und er erzählt. –

Wie ich mit meinem Fahrrad nach Hause gekommen bin, weiß ich nicht mehr. Meine Mutter und die Kinder sitzen beim Mittagessen. Mein Vater ist nicht da. Ilse, die mir öffnet, drückt mir beide Hände. Sie ist ein Mensch, der

innerlich sehr stark ist und mir viel geholfen hat.
Ich öffne die Eßzimmertür. Meine Mutter schreit nach einem Blick auf mich unbeherrscht auf, sie weint nicht nur, sie schreit. Ich herrsche sie an: »Sei still, bitte! Sei still!« Dann wende ich mich meinen Kindern zu, die diese Szene fassungslos verfolgt haben. Ich sage: »Kommt zu mir!« Ich knie nieder, drücke meine drei mit beiden Armen an mich, neige den Kopf und halte sie ganz fest. Sehr lange, ohne Worte, halte ich sie so. Langsam sage ich: »Der Papi kommt so bald nicht wieder.« Nur so sage ich es erst. Sie schauen mich mit großen Augen an, sind ganz still. –

Tagebuch

einige Tage danach

»Wie oft sehnte ich mich, doch wenigstens dieses »Nichtwissen« um Achim möge ein Ende nehmen. Es hatte ein Ende am 11. August 1948 mittags um 12 Uhr herum.

Achim, mein Hans-Joachim, soll tot sein. Gestorben am 4., 5. oder 6. September 1946. Ist das Leben nüchtern und hart! Nie hätte ich geglaubt, das einmal so aufschreiben zu können, zu müssen. Wo liegt der Sinn? Wo überhaupt liegt Sinn im Leben?
Und doch wieder ein Ring.- Durch Pit Naumann lernten wir uns kennen, durch ihn fing es an. Durch Pit hörte es auf, erfuhr ich das Ende. Als ich ins Zimmer trat und nach Jahren in Pits Augen sah – in Augen, die die Hölle geschaut, wußte ich alles. Nichts hätte er mehr zu sagen brauchen. Noch ehe er sprach, dachte ich nur immer, mein Gott, hast Du ihn getröstet, und seine Kinder, ohne Vater, verlaß sie nicht, verlaß sie nicht!

Und dann setzte sich ein Rad in meinem Kopf in Bewegung, das sich unaufhörlich drehte: Nie wieder, warum? Warum konnte man ihn nicht wenigstens noch pflegen, noch einmal liebhaben – nie wieder, warum? und so fort. Und mein Herz krampft sich jedesmal von neuem zusammen, wenn ich an Achims letzte Tage denke, als er vielleicht wußte, daß er uns nicht wiedersehen würde, was muß er gelitten haben?!

Mein Gott, ich muß aufhören, es erregt mich immer wieder von neuem, und ich sollte längst ins Bett. Mutti zankt und sagt, ich sehe so schlecht und elend aus. Aber es mußte einmal von meinem Herzen geschrieben werden, vielleicht daß es jetzt besser wird.
Doch außer Gott, nein das ist wohl auch durch Gott geschehen, hilft mir einer über mein Leid hinweg, daß es doch auch wieder etwas gibt, was mich glücklich macht und für Stunden alles vergessen läßt. Wie dankbar ich dafür bin? Unendlich, und Sehnsucht, Sehnsucht bleibt.«

Brief von Freundin Regine

»Leipzig, den 28. 8. 48

Meine liebste Edith!

Du warst so lieb und dachtest in Deinem großen Herzeleid an mich, hab nur innig Dank. Ich bin zutiefst erschüttert über diese so traurige Nachricht, ich weiß, wie sehr Du um Deinen lieben Mann bangtest und doch innerlich ruhig warst, ihn bald wieder bei Dir zu haben. Ja, das Leben ist so bitter hart, ich möchte bei Dir sein und Dich ganz lieb streicheln, Du glaubst nicht, wie sehr ich jeden Tag zu Dir hindenke. Du hast dieses Schicksal wirklich nicht verdient.

Wodurch erhieltest Du denn die Nachricht, und weißt Du auch die Ursache des Todes? Wann willst Du denn zu mir kommen? Ich freue mich schon so sehr auf Dich. Mein Mann bekommt jetzt am 4.9. Urlaub, und ich weiß nicht, ob wir in den 14 Tagen mal wegfahren. Ich schreibe Dir Anfang der kommenden Woche gleich Bescheid. Ich will Dich hier ganz lieb pflegen, ach, Du gute, liebe Edith, sei nur recht tapfer, Du hast noch kleine Kinder, die Dich so nötig brauchen, und es gibt noch so viele Menschen, die Dich doch sehr schätzen. Und wie gut sind Deine lieben Eltern zu Dir. Aber Dir ist das Liebste genommen worden, und diese Wunde heilt vielleicht die Zeit.

Ich habe mich so über die Gurken, Bohnen, die Pflaumen usw. gefreut, tausend Dank. Unsere Kinder stürzten sich mit Wonne auf das Obst. Leb wohl und alles Gute für Dich, meine Edith, schreib mir bitte bald und sei liebgehabt

von Deiner Regine.«

Ediths Erinnerungen

In den Jahren nach dem Krieg waren meine Familie und ich verhältnismäßig oft im Hotel »Fürst Stolberg« in Schierke, das unter den Kommunisten in »Hotel Heinrich Heine« umbenannt wurde. Es war ein sehr gut geführtes Haus, auch noch zu dieser Zeit, und wir waren immer sehr froh, wenn wir dort unterkamen. Dadurch, daß wir auch den Geschäftsführer, Herrn Körner, belieferten, war das leichter möglich.

So gingen wir auch Ende Juli 1948 für zwei Wochen nach Schierke, und ich verlebte dort meinen Geburtstag. Wie schon einige Male zuvor war auch die Familie Lange aus Bernburg mit uns zusammen da; Erni und Werner und ihre drei Söhne. Werner war für anderthalb Jahre in einem russischen KZ gewesen. Als er entlassen wurde, war er elend wie ein Skelett. Aber daß er entlassen worden war, hatte mir die Hoffnung gegeben, auch Achim werde bald heimkommen ... –

In diesem Sommer waren auch Buschi und Bobby Schmid, ein weiteres bekanntes Ehepaar, im Hotel Heinrich Heine. Sie waren es, die mich mit Dr. Herbert Wolf bekannt machten. Das heißt, ich kannte Dr. Wolf bereits aus Berichten meines Mannes Achim. Beide, Achim und Herbert, waren jahrelang zusammen in Ostpreußen stationiert gewesen; Achim in der Druckerei und Herbert in der Zahnstation als Zahnarzt. Er erzählte mir – und ich hatte es auch von Achim bereits gehört –, daß er die Geburten von Bodo und Angelika mitgefeiert hatte.

So war mein Geburtstag in Schierke nach langen Jahren wieder einmal ein richtiges kleines gesellschaftliches Ereignis. Meine Eltern, meine Kinder, meine Freunde waren da, auch Inge und Heinz, sowie einige neue Bekannte aus Schierke. Ich unterhielt mich lebhaft mit Dr. Wolf, es gab ja so viel, das wir zu besprechen hatten. Und im Verlaufe dieses Abends kamen wir uns näher, waren uns sympathisch.

Wenige Tage nach meinem Geburtstag ging es wieder zurück nach Calbe. Zuvor hatte ich Herrn Dr. Wolf versprechen müssen, mich wieder einmal bei ihm zu melden. Ich tat es ganz spontan, indem ich ihn brieflich zu einem Besuch in Calbe einlud. Aus diesem ersten Brief entwickelte sich eine rege und intensive Korrespondenz, die mir über die schweren Stunden, die jetzt noch vor mir lagen, hinweghalf und aus der sich eine tiefe und dauerhafte Beziehung entwickeln sollte.

MEINE GRENZGÄNGE

1.

Es muß wohl im Juli 1947 gewesen sein, als wir beschlossen, wieder einmal in den Westen zu gehen. Ich hatte sogar vorher einen größeren Geldbetrag über die Grenze gebracht, so daß ich jetzt einiges besorgen konnte. Außer mir gingen noch Herr Baxmann, seines Zeichens Dentist, Zahnarzt in Calbe, und ein Jagdfreund meines Vaters, unser Elektromeister; dann Anneliese Liebmann, eine junge Frau, deren Eltern in Holzminden lebten, und die Sprechstundenhilfe Herrn Baxmanns.

In Tanne im Harz gab es einen Holzfäller, bei dem man sich melden mußte und der einen dann nachts hinüberbrachte nach Braunlage. Wir waren zu Mittag in Tanne. Es war ein schöner, warmer Sommertag. Wir hatten also Zeit bis nach Mitternacht und legten uns in die Sonne. Dabei holte ich mir einen starken Sonnenbrand auf dem Rücken, weil ich einschlief. Da man bei dieser Art von Reisen nicht mit dem Koffer, sondern mit dem Rucksack unterwegs war, hatte ich bei dem zweieinhalbstündigen Weg von Tanne nach Braunlage reichlich Gelegenheit, mein Sonnenbad zu verwünschen.

Wir kamen aber gut in Braunlage an und zahlten unseren Obolus an den Holzfäller, der dann wieder den Heimweg antrat. Nun konnten wir per Bahn oder Bus unsere Reisen zu den verschiedenen Zielen fortsetzen. Es war ausgemacht, daß wir uns acht Tage später wieder in Braunlage einfinden würden. Dazu hätten wir dem Holzfäller ein Telegramm mit einem Gruß schicken müssen, so daß er sich zu einer bestimmten Stunde an dem vorher festgelegten Tage in dem Café bereithielt. Da wir aber alle einen Tag früher wieder in Braunlage waren, hielten wir diese Absprache nicht ein, sondern versuchten, am Ort einen Führer ausfindig zu machen, der uns wieder zurückbringen sollte. Uns wurde versichert, das sei kein Problem, wir sollten in einem bestimmten Café nachfragen. Dort saßen wir einige Zeit beisammen, und uns schlossen sich noch zwei Soldaten an, die in Norddeutschland entlassen worden waren und in ihre Heimat zurückkehren wollten, und eine Frau, die zu ihrem Mann wollte.

Es dauerte nicht lange, bis sich uns ein Führer anbot. Während wir auf den Zeitpunkt zum Aufbruch warteten, erzählte er uns, daß er sich von Zeit zu Zeit unter dem Wildbestand selbst bediente, d.h., er wilderte in den Harzer Wäldern. Für mich war das eine unerhörte Sache, und mein Mißtrauen war geweckt. –

In der Dämmerung gingen wir los. Wir waren noch keine halbe Stunde gelaufen, befanden uns in einem Hochwald, als unser Führer plötzlich sagte: »In diese Richtung müssen Sie weitergehen. Bitte jetzt zahlen, ich kehre hier um.« Impulsiv, wie ich war, fuhr ich ihn an: »Sie sind ein Schuft! Wir haben noch einen weiten Weg, und Sie hätten uns mindestens über die Grenze bringen müssen, so wie es üblich ist!« Das lehnte er glatt ab. Was blieb uns also übrig, wir holten das Geld hervor, das wir vorher bereits zur Übergabe gefaltet hatten, pro Grenzgänger 450,00 Mark! Widerstrebend übergaben wir es ihm, und er verschwand wortlos.

Zu Herrn Baxmann, der nachtblind war, sagte ich, er solle hinter mir bleiben, ich ginge mit Herrn Keller vorneweg. Wir mußten ganz leise sein, durften kein Wort sprechen. Alle gaben sich große Mühe, doch es war nicht zu vermeiden, daß hier und da ein Zweig knackte, auf den wir traten. Einmal rutschte Herr Baxmann in ein Schießloch, er gab aber keinen Ton von sich! Wir hievten ihn wieder herauf und gingen vorsichtig weiter. Dann stürzte die junge Frau über einen Ast, sie blutete an der Stirn. Ich holte meine kleine Branntweinflasche heraus und gab ihr einen Schluck, denn sie jammerte. Eindringlich warnte ich sie: »Bitte ganz still, wir kommen jetzt zur Grenze!« Und wirklich, wir konnten sogar durch die kleinen Scheiben in das Wachhäuschen der Russen hineinsehen und vier Mann erkennen, die alle um den Tisch herumsaßen. Durch Gesten gab ich zu verstehen, daß es jetzt darauf ankam. Langsam und ganz vorsichtig schlichen wir an dem Häuschen vorbei und weiter, bis wir den

Schein des Lichtes nur noch in großer Entfernung sahen. Da wußten wir, jetzt hatten wir es geschafft.

Wir mußten noch eine halbe Stunde bis Tanne laufen, dann gingen wir zu den guten Holzfällerleuten. Es war das einzige Mal in meinem Leben, daß ich mich in das warme Bett eines fremden Menschen legte. Die Holzfällerfrau bot mir an, mich in ihrem Bett auszuruhen, und Anneliese durfte sich in das Bett des Mannes legen. Wir waren dankbar dafür und schliefen drei Stunden fest. Dann ging unser Zug von Tanne nach Halberstadt. Damals mußte man noch in Etappen reisen. Und für den Weg durch den Wald waren hohe Stiefel und ein Rucksack ein absolutes Muß.

2.

Ein andermal ging ich mit Auwi (August-Wilhelm) Brennecke in den Westen. Wir überschritten die Grenze in der Nähe eines Dorfes bei Peine, und auf dem Hinweg war alles glattgegangen. An dem Tag, den wir für die gemeinsame Rückkehr festgelegt hatten, war jedoch, wie so oft, die Sehnsucht nach meinen Kindern so groß geworden, daß ich dachte: »Was soll ich den ganzen Tag in Hannover warten, ich versuche es allein.« Ich fuhr mit der kleinen Bahn wieder bis zu der Station, von der wir aufgebrochen waren, stand vor der Grenze, sah drüben das Dorf, und die Sonne schien mir ins Gesicht. Ich ging über ein grünes Feld und war ganz ruhig und zuversichtlich, daß ich es schaffen würde. Fast hatte ich das Feld überquert, als aus dem Schatten der Mauer eines Gehöftes ein Russe hervortrat.

Er kam auf mich zu. »Stoj! Wo willst du hin?« Ich antwortete ihm: »Ich will nach Hause, ich bin von hier!« In diesem Ort wohnten die Eltern unseres Prokuristen Dietrich, und ich redete ihm zu, dort in einer Stunde hinzukommen. Fast zehn Minuten redete ich auf ihn ein, er verstand nicht alles, was ich ihm klarmachen wollte. Aber er ließ mich gehen, kam nach einer Stunde wirklich auf den Hof. Er erhielt eine Flasche Cognac, bedankte sich und ging wieder. Und ich konnte beruhigt nach Hause fahren.

3.

Wieder ein anderes Mal – es war im November zur Rübenzeit – mußten meine Freundin Inge, die mich begleitete, und ich in einem Gasthof übernachten, weil auf der Ostseite kein Zug mehr ging. Die Betten waren unglaublich schmutzig, kein Gedanke an frische Wäsche, und uns widerstrebte es, hier zu schlafen. Ich hatte stets ein eigenes Handtuch dabei, und damit deckte ich den Teil des Bettzeugs ab, mit dem mein Gesicht in Berührung kam. Dazu deckte ich mich mit meinem Pelz zu, den ich glücklicherweise trug, so daß ich nicht unter die unglaublich schmutzigen Decken zu kriechen brauchte.

Dennoch setzte mir die unappetitliche Umgebung so sehr zu, daß ich mich in den Eimer übergeben mußte, den man uns als Toilettenersatz ins Zimmer gestellt hatte.

4.

Im Jahre 1949 ging lange ein Gerücht um, daß am 1. September alle Grenzen offen sein würden. Wir hatten Mühe, alle Vorbereitungen zu treffen. Warnstedt fuhr mit unserem Kleinlaster nach Schierke, wo Herbert seine Praxiseinrichtung und -geräte auflud. Wir trafen uns in Magdeburg, wohin ich von Calbe aus gefahren war. Mit diesem Laster fuhren wir nun bis kurz vor Helmstedt. Dort konnten wir ein anderes Fahrzeug mieten, die Sachen wurden umgeladen und über die Grenze gefahren. Wir durften nicht mit, sondern mußten zu Fuß über die Grenze. In Helmstedt, einer Weststadt, verbrachten wir die erste Nacht. Es war ein unbeschreiblich erlösendes Gefühl, denn wir wollten ja im Westen neu anfangen.

Am nächsten Tag ging es nach Hannover weiter. Wir wohnten bei meinem Neffen Achim, besuchten auch einen Verwandten in Ronnenberg, zu dem ich Briefmarken »verlagert« hatte und einige Wertgegenstände. Als wir wieder in Hannover eintrafen, erfuhren wir von Achim, daß ein Telegramm für Herbert von seinem Bruder Carl angekommen sei. »Corpsbruder Schnappauf in Marktredwitz gestorben stop Witwe sucht dringend Nachfolger oder Vertreter stop sofort melden.«

So reiste Herbert am Tag darauf über Hof nach Marktredwitz, und ich fuhr nach Calbe zurück. Das war ein seltsamer Grenzgang. Ich war nur in der Gesellschaft fremder Menschen. Der Zug ging bis zur Grenze. Wir mußten aussteigen und zu Fuß über die Grenze. Meine Füße schmerzten sehr, denn ich hatte mir ein Paar Lackschuhe gekauft, die noch sehr kniffen. Aber sie durften ja nicht neu sein, wenn ich damit zurückkam, also mußte ich sie tragen. Eine Frau, die meine Nöte beobachte, kam mit einem praktischen Rat: »Pinkeln Sie doch einfach da rein, dann werden die Schuhe weich!« Ich war entsetzt, daß man mir einen solchen Vorschlag machen konnte, und das sahen mir die Mitreisenden auch an, und sie fingen an, noch ärgere Scherze zu treiben. Ich mußte also gute Miene machen und mit schmerzenden Füßen über die Grenze bis zu einem Dorf, dessen Namen ich nicht mehr weiß. Dort stand wieder ein Zug bereit, der fürchterlich nach Hering stank.

In Magdeburg holte mich mein Vater von der Bahn ab. Er musterte mich und rief aus: »Aber Kind, du hast ja ganz zerrissene Strümpfe!« »Ja, wir mußten ja eine Stunde durch den Wald laufen an der Grenze.« – Ach, war ich froh, als ich dann im Auto saß und die altbekannte und so vertraute Chaussee von Magdeburg nach Calbe mit meinem Vater entlangfuhr. Zu Hause angekommen, stieg ich wie immer zuerst in die Badewanne, und dann kam die Freude darüber zurück, wieder in der Familie, in der Geborgenheit zu sein.

5.

Einmal hatte mir Herbert bei einem Grenzgang von Schierke ein verlobtes Paar geschickt, die mich in Braunlage abholten. Als wir durch eine Schonung gingen, die etwas über mannshoch war, standen wir plötzlich vor zwei Russen. Wir hatten nichts gehört. Sie müssen direkt dort auf uns gewartet haben. Ich mußte mein Gepäck öffnen, das natürlich gründlich durchwühlt wurde. Ich bat: »Lassen Sie mich nach Hause, meine Kinder verhungern!« Und nach vielem Palavern haben sie uns wirklich laufengelassen. Aber an demselben Abend erschienen sie im »Dachsbau« des Hotels Heinrich Heine, um sich die von mir versprochenen Flaschen Schnaps abzuholen. Und wieder kam ich gut davon und mußte nicht putzen, wie so viele andere Frauen, die an der Grenze erwischt worden waren und dann zum Saubermachen in die Räume der Soldaten geschickt wurden.

6.

Einige Male konnte ich sogar offiziell hinüber, es war wirklich ein Kuriosum. Ein russischer Offizier in Calbe, der sehr gut Deutsch sprach und die deutschen Klassiker, allen voran Goethe und Schiller, zum Teil auswendig hersagen konnte, ermöglichte mir diese Reisen. Er wäre so gern mal in den Westen gefahren, weil er eine ganz bestimmte Uhr haben wollte. So bot er mir an: »Wenn Sie mir diese Uhr besorgen, dann bekommen Sie von mir einen Paß!« Und wirklich, er brachte ihn mir, und ich konnte unbehelligt mit der Bahn nach Hannover fahren. Diesen Paß habe ich sogar aufgehoben. Ein anderes Mal erhielt ich einen Paß und konnte mit meinem Vater in den Westen fahren. Aber das waren Ausnahmen.

7.

Es war Ende Januar 1950, Herbert war schon im Westen, und ich reiste mit Bodo für zwei Wochen nach drüben. Für den kleinen Kerl war es ein großes Erlebnis, für mich natürlich auch.

Mit dem Wagen brachten meine Eltern und Warnstedt uns an die Grenze bei Helmstedt. Dort wartete wiederum ein Führer, ein Berliner, der nur »Icke« genannt wurde. Ich zahlte den vereinbarten Betrag, und er gab mir folgende Instruktionen:

Ich mußte mit ihm und Bodo an der Hand, einem Koffer mit der Kleidung über die Grenze gehen, meinen Paß bei den Russen lassen und Bodo bei einem Kiosk abgeben. Dort sollte ich sagen, daß die Großeltern ihn abholen würden. Ich erklärte Bodo: »Bodo, bleib hier ganz still sitzen, Mutti kommt gleich wieder, und so lange wird der Herr Schulz hier auf dich aufpassen!« Bodo nickte ernst und verständig und fügte sich. Ich ging mit »Icke« wieder zurück, erhielt auch meinen Paß, und wir waren wieder im Osten, wo meine Eltern noch standen.

Nun sagte er zu mir: »So, junge Frau, jetzt fasse ich Sie am Handgelenk, holen Sie noch einmal tief Luft, dann laufen wir los!« Ich tat, wie mir geheißen, er rannte mit mir los, so wäre ich in meinem ganzen Leben nie gelaufen, wenn mich nicht der eiserne Griff des Mannes vorwärtsgerissen hätte. Die Böschung hinunter, die nächste Böschung wieder hinauf, ich glaubte, die Lunge sollte mir zerspringen. Und schon waren wir im Westen!

Die Russen hatten uns gesehen, aber »Icke« hatte ja vorgesorgt. Womit, das war mir nicht ganz klar, entweder mit dem Geld oder mit Alkohol.

Bodo und ich hatten dann Glück. Ein Lastwagen nahm uns mit bis nach Frankfurt, und wir konnten in der Kabine sogar ein wenig schlafen. Wir fuhren die ganze Nacht. Am anderen Morgen ging unser Zug von Frankfurt nach Marktredwitz, wo wir im Laufe des Tages ankamen. Von dort aus fuhren wir für herrliche acht Tage nach Garmisch, wo wir beide uns erholen konnten. –

8.

Als meine Mutter ihren 70. Geburtstag feierte, war sie in Calbe. Sie wollte diesen Tag feiern, und ich wußte, sie würde sich freuen, wenn ich mit allen vier Kindern zu diesem Tage von Marktredwitz aus zu ihr käme. Herbert konnte nicht mit, denn es war sehr gefährlich damals für ihn. Ich wollte das auch nicht, denn ich hatte einen Mann dort drüben verloren, ein zweites Mal – nein! Von Hof aus hatten wir ein Abteil fast ganz für uns. In die Innentasche seines Trenchcoats hatte Hans-Jürgen Zeitungen gesteckt, die er für meine Cousins in Calbe mitbringen wollte. Aber das war ja verboten. Ihm schlug das Herz bis in den Hals, seine Miene war ernst, beinahe schon tragisch. Bodo mußte darüber lachen. Angelika war immer vergnügt, sie schlug vor, die Russen mit Grimassen aufzuheitern, sie sähen gar zu grimmig aus. Ich wies das mit Entsetzen zurück, wie leicht hätte es mißverstanden werden können! Hussi, der Jüngste, schaute mit ganz großen Augen auf Bodo und sagte streng zu ihm: »Bodo, lach nicht, sonst verhaften uns die Russen!« Aber es ging alles gut, und sogar die Zeitungen kamen in die richtigen Hände.

Die Atmosphäre bei einem offiziellen Grenzübertritt unterschied sich nicht allzu sehr von den »schwarzen« Grenzgängen. Man wußte nie, wann wer warum zu einer genaueren Kontrolle aus dem Zug geholt wurde, und jeder war froh, wenn sich nach gründlicher Untersuchung der Abteile, Befragung der Reisenden und Kontrolle des mitgeführten Gepäcks der Zug endlich wieder in Bewegung setzte. Je näher man der Grenze kam, um so gedrückter wurde die Stimmung in den Abteilen, und erst einige Zeit, nachdem man die Grenzstation hinter sich gelassen hatte, atmete man wieder auf.

HERBERT

»den 2. 8. 1948

Wonach ist die Sehnsucht geblieben?
Jetzt weiß ich, wonach, und welche Wonne, welches Glück, sie hat sich erfüllt und erfüllt sich immer wieder neu. Nicht nur in den Stunden und Tagen, wenn wir beisammen sind und einander sprechen, anschauen, fühlen – auch während unserer Trennung. Dann sind es die Herzen, die sich trotzdem verbunden fühlen, und die Gedanken legen ja weiteste Strecken in Windeseile zurück.

Glücklich bin ich, grenzenlos glücklich! Und Du, mein Wolfi, Du bist es, Du – heute abend erwarte ich Dich noch. Um halb zwölf wird der Zug mit Dir in Calbe-Ost sein, und ich mit meinem Vater per Auto an der Bahn, um Dich, Geliebter, abzuholen. Die Zeit des Wartens fülle ich nun mit meinen Gedanken, die ich hier zu Papier bringe. Fast ein Jahr lang öffnete ich dieses Büchlein nicht. Seltsam, es drängte mich häufig, meinem übervollen Herzen auf diese Weise Luft zu machen. Denn wenn man ein so großes und tiefes Glück darinnen hat, möchte man auch anderen viel Liebes geben, allen Menschen, gleich wem. Doch bedenke, dummes Herze, um mit den Worten Bachs aus dem entzückenden Lied, das er seiner Anna Magdalena dichtete, zu reden, ›der Neid hat viele Tücke auf unser Bund gericht, Du mußt die Brust verschließen, halte Deine Neigung ein, die Lust, die wir genießen, muß ein Geheimnis sein.‹ So ist es auch noch bei uns. Ich habe schon zu spüren bekommen, der Umwelt darf man nicht immer zeigen, wie glücklich, wie tief froh man wieder ist. –«

»Schierke, den 9. August 1948

Liebe Edith!

Deinen lieben Brief vom 1. August habe ich erhalten und mich ganz besonders darüber gefreut. Ich hatte ja eigentlich damit gerechnet und ihn erhofft. Nachdem Du weg warst, wurde es wieder etwas leer in mir, und ich wußte auch nicht recht, was ich mit mir und der Welt anfangen sollte. Es gibt Momente im Leben – und in meinem Alter ist man bekanntlich etwas vorsichtig, wie ein alter Rehbock, der die Ricken zuerst antreten läßt und selbst erst nach dem Büchsenlicht erscheint, damit er nicht abgeschossen wird. Dafür lebt er dann länger, und seine Ricken und Schmalrehe danken ihm das. Damit soll nicht gesagt sein, daß ich Dich mit einer Ricke vergleiche.

Um es kurz zu machen, liebe Edith, der Ton, den Du angeschlagen hast, ist der richtige und findet sein Echo bei mir. Wir wollen gute Freunde werden, und ich glaube, daß es uns beiden helfen wird, die schwere Zeit zu überstehen.

Für die Einladung herzlichen Dank. Wie ich es einrichten kann, hängt von meiner Praxis ab. Vor einigen Tagen kam ein Brief meines Kollegen Dr. Boettcher, der mich vertreten will. Er wird in dieser Woche in Halberstadt sein und anschließend nach Schierke fahren. Wenn seine Andeutungen stimmen, müßte er Ende dieser Woche eintreffen. Ich habe ihm sofort geschrieben, daß ich ihn dringend erwarte. Somit wäre meine Reise nach dem Jenseits für die Zeit vom 15. – 21.8. vorgesehen. Du hast Dich für den 28.8. eingerichtet. Zu diesem Termin bin ich bestimmt zurück und kann Dir dann auch mit Rat und Tat zur Seite stehen. Solltest Du allerdings ab dem 15. schon können, so kannst Du Dich mir auch anschließen.

Es wird Dir aber etwas kurz sein mit den Vorbereitungen. Außerdem habe ich noch keinen definitiven Bescheid von meinem Vertreter. Für alle Fälle kann ich Dich ja anrufen, wenn alles klar ist.
Käthe und Lisl, die 12jährige, habe ich heute für einige Tage nach Nordhausen zur Oma geschickt. Ich bin also ›Strohwitwer‹, komme einmal zu Arbeiten, die sonst liegenbleiben, und im übrigen muß ich organisieren, denn die Kartoffeln sind alle, und mit dem Gemüse ist es auch bald so weit. Wir liegen schon sehr abseits, und wenn man keinen Wagen hat, ist es besonders schwierig. Na, wenn meine Beziehungen zu Calbe erst ausgebaut sind, wird es vielleicht besser! –

Nun will ich schließen. Es ist der erste Brief an Dich, und ich hoffe, daß ich Dir öfters schreiben darf. Ich schreibe gern Briefe und würde mich freuen, wenn das entzündete Feuer kein Strohfeuer wäre. In diesem Sinne, meine liebe Edith, einen recht herzlichen Gruß und hoffentlich auf baldiges Wiedersehen

Dein Herbert

Empfiehl mich bitte Deinen lieben Eltern.«

»Schierke, den 10. Oktober 1948

Liebste Edith!

Hab recht herzlichen Dank für Deinen lieben Brief und die mitgeschickten Sachen! Sie haben große Freude ausgelöst, vor allem hat sich heute Hansl an seinem Geburtstag besonders gefreut. Das süße Engelchen ist ganz reizend. Du verstehst überhaupt zu schenken und weißt, wie man anderen eine Freude machen kann. Du hast mich schon ordentlich verwöhnt und ich fühle mich in Deiner Schuld. Wie kann ich das eigentlich wieder gutmachen? Vielleicht später einmal! Für Deine Einladung recht herzlichen Dank. Ich hatte fest vor, in dieser Woche zu kommen. Nun ist mir aber etwas dazwischengekommen. Ich muß unbedingt am Freitag zu meiner Mutter fahren auf einige Tage. Es sind da unten sehr wichtige Sachen zu erledigen, die sich nicht hinausschieben lassen. Ich werde am Freitag, den 15. losfahren und am Donnerstag, den 21. früh zurück sein. Kannst an mich denken und mir Daumen drücken! Wenn ich dann zurück sein werde, kann ich natürlich nicht zwei Tage später wieder weg, da ich keinen Vertreter habe. Somit werde ich meinen Besuch auf die letzte Oktoberwoche verlegen müssen. Würde Dir das passen? Es tut mir leid, daß ich Dich enttäuschen muß, aber es läßt sich nicht anders einrichten. Dein alter Herr war gestern auch bei uns und hat die Hirschgeweihe besichtigt. Er hat mir sehr gefallen und erinnert mich an einen früheren Lehrer von mir – einen Universitätsprofessor Bock aus Erlangen, der es immer so gut mit mir meinte. Deine Frau Mutter habe ich gestern abend kurz begrüßt im Heine. Sie erholt sich und geht immer schön brav um 1/2 11 ins Bett, wie sich das gehört für einen soliden Kurgast.

Und nun muß ich Dir noch ein Geständnis machen. Die Begegnung mit Dir hat mich ordentlich aus meinem seelischen Gleichgewicht gebracht. Die anfängliche Annahme, daß es für mich nur ein vorübergehendes Erlebnis gewesen ist, hat sich als irrig erwiesen und das innere Erdbeben hält immer noch an, und ich fürchte, auf sehr lange Zeit. Doch darüber sprechen wir demnächst mündlich. Du hast es jedenfalls fertiggebracht, mein Herz zu erobern, was sonst nicht so leicht ist, vor allem auf die Dauer. Seit Du fort bist, fehlt mir etwas, und ich habe keine innere Ruhe mehr. Telefonantrag habe ich auch wieder einmal gestellt. Dann könnte ich Dich doch abends einmal anrufen.

Bis zu meiner Abreise habe ich in der Praxis noch viel Arbeit und werde wohl nicht mehr zu einem längeren Brief kommen. Ich werde aber vorher noch anläuten bei Dir und mich von Dir verabschieden.
Wie gehts Dir sonst? Hast sicherlich viel Arbeit vorgefunden und steckst mittendrin in der Arbeit. Haben sich Deine Kinder recht gefreut, daß Du zurückkamst? Heute war ein herrlicher Tag. Dunkelblauer Himmel und den ganzen Tag Sonne. Allerdings ist es nachts schon ordentlich kalt (-3). Ich möchte gerne einmal mit Dir einen großen Spaziergang machen (– aber nicht in die Sperrzone).

Nun laß mich schließen. Ich geb Dir ein herzliches Gutenachtküßchen und denke lieb an Dich! Tust Du das auch?

In herzlicher Liebe
Dein Herbert«

»Schierke, den 2.11. 1948

Meine liebe Edith!

Endlich habe ich ein Stündchen gefunden, wo ich ungestört mit Dir plaudern kann. Es sind noch keine 36 Stunden, daß ich wieder hier bin, und trotzdem kommt mir die Zeit so lang vor und ich habe solche Sehnsucht, daß ich ganz durcheinander bin. Drum, liebes Herzchen, laß Dir vor allem erst einmal einen dicken Kuß geben!

Wie ich heimgekommen bin? Danke, gut und fahrplanmäßig. Um halb acht war ich in Halberstadt bei Frau Müller, meiner Lieferantin, die mich erwartete. Ich habe dort Abendbrot gegessen und noch eingekauft. Um 12.00 Uhr nachts war ich in Wernigerode. Weißt Du, da wollte ich doch eigentlich bei dem Chauffeur schlafen, der morgens den Omnibus rauffährt. Ich habe mich dann aber doch entschlossen, ins Goethe-Haus zu gehen, wo ich sonst immer wohne. Ich hatte Glück, denn es war eine nette Gesellschaft da, und ich habe den Omnibus gerade noch erreicht. Natürlich machte ich erst nachmittags Praxis. Die Kinder haben sich sehr gefreut über die mitgebrachten Süßigkeiten. Tante Edith ist ihnen bereits ein Begriff, der mit Verwöhntwerden zusammenhängt.

Sonst war auch alles in Ordnung, so daß ich nichts versäumt habe. Nach getaner Arbeit setzte ich mich gestern abend ans Klavier und habe meinen Gefühlen anscheinend so starken Ausdruck verliehen, daß Käthi sagte: ›Na, Du – Du bist wohl noch ganz bei Deiner Edith!‹ – Und so ist es auch. In Gedanken bin ich noch bei Dir, und alles, was ich tue, mache ich nur automatisch. Mein Sinnen und Denken ist auf Dich eingestellt. Ich habe das bestimmte Gefühl, daß es bei Dir auch so ist, und finde in diesem Gedanken ein inneres Glück, das mir keiner nehmen kann. Du hast mich so liebevoll aufgenommen und verwöhnt, daß ich gar nicht weiß, wie ich das wieder gutmachen soll. Jedenfalls danke ich Dir nochmals herzlich für die liebevolle Aufnahme und die schönen Stunden, die Du mir geschenkt hast. Schade, daß ich so weit von Dir bin. Ich möchte so gern mal rüberspringen zu Dir, Deine kleinen und großen Sorgen teilen. Es ist aber doch nicht weit, wir können doch bald mal wieder zusammenkommen.

Zunächst werde ich Dich heute abend mal anrufen, und dann steht im Laufe des November Dein Besuch bei uns auf dem Programm. Käthi fährt am Mittwoch auf einige Tage nach Nordhausen. Ob ich am Samstag nach Magdeburg fahre, weiß ich noch nicht. Wenn ja, dann rufe ich vorher an. Vielleicht kannst Du dann am Sonnabend nachmittag mal schnell zur »Schneiderin« fahren. Das wäre jedenfalls schön. Wenn Du mir schreibst, dann bitte an meine Praxisanschrift, der Briefträger kommt sowieso immer zuerst hierher.

Gestern abend wurde hier der Skiklub neu gegründet. Ich mußte also schon wieder mal ausgehen. Nun laß mich schließen, ich habe noch viel Arbeit. Meine liebe Edith, ich lebe nur noch für Dich und gebe Dir einen ganz lieben Kuß.

In herzlicher Liebe Dein Herbert«

»Schierke, den 4.12.48

Liebe Edith,

Endlich komme ich dazu Dir zu schreiben. Alle Tage wollte ich es schon, aber ich kam nicht dazu, weil immer was anderes los war. Nun habe ich Dich endlich telefonisch sprechen können, und wir sind uns einig geworden. Also Du bist herzlich eingeladen zu unserer Weihnachtsfeier nach Wenigerode am 18.12. Beginn 19.00 mit einem Abendessen. Ich glaube es wird sehr nett und das Gothische Haus ist auch die richtige Stätte dafür. Da Du schon am Freitag kommst, weil Du zu Dr. Kiel willst, bestelle ich Dir im Hotel Gothischer Hof ein Zimmer für Freitag. Teile mir bitte Deine Ankunft mit, damit ich Dich in Empfang nehmen kann! Ich muß sowieso runter, weil ich nach Osterwick zu meinem Zahnarzt muß.
Jedenfalls freue ich mich auf ein Wiedersehen, wenn es auch nur kurze Zeit ist. Vielleicht kann ich die Skier für Jürgen gleich mitbringen. Draußen ist richtiges Frühlingswetter, nur nachts ist es kalt. Schnee liegt keiner, auch kein Nebel wie unten im Land.
Bis Silvester wird hoffentlich dann ein gutes Skiwetter

sein. In diesem Winter ist hier ja allerhand los: Landesskimeisterschaften, Meisterschaften im Eiskunstlauf, Eishockey, da gibt es Abwechslung im Dorf. Die ersten Kurgäste sind auch wieder da. Es ist Zeit, sonst wird es zu langweilig im Ort.

Mittwoch 8.12.48
Heute Fortsetzung. Inzwischen ist Dein Brieferl angekommen. Recht herzlichen Dank. Ich freue mich, daß Du kommen willst. Hoffentlich kommt nichts dazwischen. Teile mir bitte bald Deine Ankunft mit, da ich es doch mit meiner Reise nach Osterwick vereinen muß! Käthi hat sich ordentlich erkältet und liegt nun auch im Bett. Wenn sie so weitermacht, werde ich sie nicht mitnehmen können nach Wernigerode. Da mußt Du dann die Stelle meiner Frau vertreten. Wie kommst Du Dir da vor? Na, ich hoffe doch, daß sie sich erholt. Jedenfalls habe ich ihr das Bett unten im Warmen aufgestellt, wo sie mit Hansl schläft.
Die Skier habe ich bestellt und versprochen bekommen. Daß Du uns Zwiebeln und einen Zentner Kartoffeln besorgt hast, ist lieb von Dir. Hoffentlich kriege ich eine Wagen. Aber ich hoffe, daß meine Lieferantin aus Halberstadt einmal vorbeikommt. Na, da reden wir persönlich drüber. Die beiden Briefe aus der Quelle bringe ich Dir auch mit.

Ich freue mich sehr auf ein Wiedersehen und hoffe, daß alles klappt. Bitte richte Deinen Eltern freundliche Grüße aus und sei Du selbst und Deine Kleinen recht herzlich gegrüßt von Deinem Herbert.«

»Schierke, den 24.12.48

Meine liebe Edith!

Es drängt mich, Dir heute am Heiligen Abend einen Gruß zu schicken und Dir ein recht frohes Weihnachtsfest zu wünschen. Wenn ich unter dem Lichterbaum stehe, werde ich besonders Deiner gedenken! Der Gedanke, daß Du bald herkommst, macht mich glücklich und hilft mir über manches hinweg, was mich seit unserem letzten Treffen bewegt.

Ich habe vor dem Fest noch tüchtig gearbeitet. Gestern arbeitete ich pausenlos durch von 9 – 19.00, bis alles fertig war. Es war aber ein Glückstag, denn die vielen Brücken und Kronen und auch die sieben Jacketkronen, die ich meinen Patienten einsetzte, paßten alle so fabelhaft, daß ich selber stolz war. –
Die Weihnachtsvorbereitungen sind bald fertig. Gestern abend habe ich die elektrische Eisenbahn noch in Schwung gebracht und dann kann's bald losgehen. Es ist 11.00 Uhr vormittags. Gegen 16.30 werden wir das Christkind kommen lassen. Um 18.00 ist Kirche – Christmette. Ich gehe mit den Kindern hin, sie führen dort ein Weihnachtsspiel auf.
Denk Dir, am Mittwoch war ich im Westen in Braunlage und habe die Weihnachtspakete aufgegeben und abgeholt. Trotz bester Verabredungen und Vorsicht haben die Hunde doch scharf geschossen, direkt an meiner Nase vorbei! Das erzähl ich Dir mündlich!

So, nun schnell einen dicken Weihnachtskuß und ein herzliches Gedenken

in heißer Liebe Dein Herbert.

In Eile geschrieben.

Hast Du mich denn noch lieb? Ich habe Dir so vieles abzubitten, hoffe aber, daß Du ein gnädiger Beichtvater bist. (Es sind aber keine neuen Sünden!)«

»3.1.49

Meine liebe, gute Edith!

Wenn Du wieder zu Hause bist, so sollst Du von Deinem Wolf gleich einen Gruß erhalten und einen süßen Kuß, damit Dir das Eingewöhnen etwas leichter fällt. Der Gedanke daran, daß ich Dich nun länger nicht in meine Arme schließen kann, macht mich etwas traurig und doch bin ich so glücklich, weil ich weiß, daß auch Du mich liebst. Wir haben uns in den kurzen Tagen zwar oft gesehen, aber es war zu wenig, und es waren immer zu viele Menschen um uns herum. Wenn unser Wunsch in Erfüllung geht, daß wir im Juli zusammen verreisen werden, wirst Du Deinen Wolf ganz allein haben und darfst dann alles mit ihm machen, was Du gerne tust! Du darfst ihn meinetwegen anziehen, wie Du willst, darfst ihn verwöhnen wie sonst was! Ich stelle mir das himmlisch vor! Du bist ja so ein guter Mensch und hast Dich so tief in mein Herz eingeschlichen, daß ich Dich nicht mehr herauslassen kann (oder Du mußt mein Herz auseinandersprengen mit Dynamit!). Weißt Du, am Anfang wurde es mir oft etwas schwer, mich in Deinen Ideenkreis einzufügen, denn er ist doch in vielem anders als der meinige. Jetzt, wo ich Dich immer mehr kennenlerne und schätzen gelernt habe, fällt mir das viel leichter, und zu der bekannt charmanten Frau ist noch eine Edith hinzugekommen, die mir das geben kann, was mein Innerstes immer ersehnt hat. Du hast mir Dein gutes Herz offenbart und mir den guten Kern Deiner Seele gezeigt. Mit einem Wort, Edith, ich bin verliebt bis über beide Ohren in Dich! Du kleine süße Frau, warum hast Du Dein Herz an den Wolf gehängt? Wirst Du das nicht bereuen? Ich hoffe nicht, denn ich bin ein Mensch, der innerlich ohne Komplikationen ist und mit sich selbst in keinem Widerspruch steht. Was mir bis heute gefehlt hat, ist eine Frau, die mich versteht und zu betreuen weiß, wie Du das kannst. Wenn ich nach außen oft um meine ›gute Ehe‹ beneidet worden bin, so war das oft ein Produkt jahrelanger Entsagung – oft auch Theaterspielen. Wie oft kam ich in Urlaub mit großer Freude und Erwartung und bin bitter enttäuscht gewesen. Nimm es mir bitte nicht übel, wenn ich Dir mein Herz etwas ausschütte, aber mir kommt jetzt so vieles erst wieder einmal zum Bewußtsein, was durch jahrelange Gewohnheit bereits erstickt war. –

Ich habe immer Zuflucht in meiner Arbeit gefunden und mich eigentlich mit meiner Frau nur unter dem Einfluß des Alkohols vertragen. Das hört nun auf. Ich habe ein neues Lebensziel, und wenn es bis jetzt auch nur eine Liebe auf Entfernung sein kann, so werden wir uns noch länger prüfen, und dann wird auch der Tag kommen, wo wir über ernstere Sachen sprechen werden. Nun komm her, mein goldiges Blondköpfchen, leg Dein Köpfchen in meine Arme und laß Dich recht herzlich küssen. In 4 Wochen wirst Du wieder hier sein, und vorher hoffe ich, Dich einmal in Magdeburg treffen zu können. Gespannt bin ich ja, ob wir zu Frau Förster gehen und wie es dort sein wird. Sie wird uns, glaube ich, nicht enttäuschen, wenn auch die Menschen im Urlaub immer anders sind als in ihrem Heim. Ich habe da schon manche Enttäuschung erlebt. Bei dieser Gelegenheit muß ich Dir ein Kompliment machen. Mir hat so Verschiedenes in Deinem Heim gefallen und ich habe den heimlichen Wunsch gehegt, ich könnte auch in Deiner treusorgenden Obhut stehen! Ob Du mich da auch so verwöhnen würdest?

Nun laß mich schließen. Ich habe mir die Zeit zum

Schreiben in der Nachmittagssprechstunde gestohlen und muß immer etwas aufpassen.
Nimm einen recht lieben Willkommensgruß und Kuß von mir entgegen und laß Dir die Arbeit nicht so sauer werden. Wenn's nicht mehr schön ist, dann denke an mich. Ich hab Dich ja so lieb und denke immer an Dich.

Vergiß mich nicht und bleibe auch Du, was ich dir bin

Dein lieber Wolf«

»Calbe, d. 5. 1. 49 abends

Geliebter Mensch Du, glaubst Du wohl, es ist mir leichtgefallen, Deinen Brief, der mir ein Gruß von Dir für daheim sein sollte, so lange ungeöffnet bei mir zu tragen? Anfangs ja, denn weißt Du, es beruhigte mich unbeschreiblich. Doch als ich endlich in Gusten war und erfuhr, daß kein Zug mehr nach Calbe ging, fuhr ich weiter nach Bernburg, wurde aber so kribbelig während der Fahrt, daß ich dachte, es müßte für mich geradezu Medizin sein, jetzt ein Wort von Dir zu hören. So öffnete ich denn den Brief und las, las ganz langsam mit klopfendem Herzen, wobei mich ein wohliges Glücksgefühl überkam, bis zum Ende der ersten Seite. Es war gerade ein Satz zu Ende, jedoch ein beunruhigender, nämlich der mit Dynamit, und alles, was mit Sprengungen zu tun hat, ist bekanntlich gefährlich!! In Bernburg holte mich mein guter Vater, der aus Halle kam, mit dem Wagen ab, so daß wir um 1/2 zehn glücklich daheim landeten. Mutti hatte noch für uns Abendbrot bereit und braute uns einen ganz steifen Grog, so daß ich bald meine Glieder wieder zu spüren begann.

Wir klönten dann noch bis 1/2 12 Uhr, ich mußte doch

erst erzählen von Schierke, und es gelang mir nur mit Mühe, nicht allzu häufig den »Wolf« zu erwähnen, um nicht gar zu sehr aufzufallen. Umgekehrt berichtete mir Mutti von den Spatzen, die übrigens alle drei in den Betten meiner Eltern lagen, denn sie hatten doch auf Mutti warten wollen. Die Kleinen waren ganz schlaftrunken, und wir trugen sie hinauf, während Jürgen unten auf der Couch blieb.
Weißt Du, als ich dann endlich in mein Bett sank, mußte ich erst Gott danken für die Liebe meiner Eltern, die ich so rührend zu spüren bekam gestern abend, dann, daß ich meine Kinder wiederhabe, und dann, daß ich Dich gefunden habe, daß Du mir geschenkt wurdest. Herbert, und dann kam das Schönste! Ich holte Deinen Brief hervor und las ihn noch einmal von vorn beginnend ganz durch und weinte und schlief ein. Heute morgen erwachte ich mit dem ersten Gedanken an Dich, las noch einmal, schickte meine Spatzen, nachdem sie erst alle ein Weilchen bei mir im Bett waren, hinunter und schlief bis 11 Uhr. So – und dann war ich halbwegs wieder vernünftig.

Ich bestellte nun heute morgen auch die vom Onkel Wolf an meine Kinder aufgetragenen Grüße und gab Bodo das Taschenmesser, da doch dieses ein unerfüllter Weihnachtswunsch von ihm war. Aber welch Unglück. Jürgen meinte nun, er wäre doch der Ältere, und Du hättest bestimmt gesagt, er sollte es haben, und so ein kleiner Knirps würde noch lange keins brauchen, und so fort. Es wurde mir von beiden Seiten zuviel, so daß ich das Messer wieder an mich nahm und sagte, ich besorge noch ein zweites, und dann hat jeder eins. Ja, meinst Du, es hörte nun auf? Nein – denn jeder meinte, ich kriege aber das von Onkel Wolf. Angelika, die sich den Streit ruhig anhörte, fragte auf einmal: ›Und was, Mutti, bekomm denn ich von dem Onkel?‹ Mir kam gleich ein guter Gedanke: ›Du kriegst einen Schlitten geliehen von Onkel

Wolfs Hansl oder Liesl, wenn Du in Schierke bist mit Omi.‹ –

Jetzt mußt Du Dir aber erst mal einen ganz langen Kuß geben lassen, stell Dir vor, 1 1/2 Tage bin ich schon wieder fort von Dir. Aber weißt Du, wenn ich allein bin, so wie jetzt, und Stille um mich ist und ich die Augen schließe, dann sehe ich Dich ganz deutlich vor mir und fühle, daß Du mir nah bist. Innig danke ich Dir auch für Deinen Brief. Ihn an jenem Tage zu schreiben, war ja wirklich ein Kunststück. Du schreibst darin auch, ich solle es Dir nicht übelnehmen, wenn Du mir ein wenig Dein Herz ausschüttest. Du Liebster, wie sollte ich denn? Wenn nicht zwei Liebende sich ihre Herzen offenbaren, welche Menschen könnten es sonst! Das Wesen der Liebe sollte doch wohl darin bestehen, daß man Glück und Freude und Leid des geliebten Menschen wie sein eigenes empfindet, meinst Du nicht auch? Allerdings muß ich Dir gestehen, daß es gerade mir unendlich schwerfällt, das, was mich zutiefst bewegt, in Worte zu fassen. Ich kann es wohl, habe aber eine große Scheu davor, das Innerste zu zeigen, denn ich habe bisher die Erfahrung machen müssen, daß man dann um so einsamer im Leid ist und solche Stunden bitter weh tun. Ist nicht auch ein Tier in seinen Weichstellen am leichtesten verwundbar! So ist es auch mit den Seelen der Menschen. Aber Du, ich glaube, wir beide können uns gegenseitig noch viel erschließen, und dieser Gedanke macht mich glücklich, auch wenn ich augenblicklich traurig bin. Ob Du das wohl verstehst? Wohl nicht ganz, gell!

Wolf, Du mußt sehr lieb mit Deiner Edith sein, dann wird sie ihre durcheinanderwirbelnden Gedanken schon aufgeben. Und ob ich Dich verwöhnen würde, fragst Du einmal. Ich fürchte, zu doll, und dann würdest Du schließlich gleichgültig werden, was meinst Du? Nun, unsere Reise wird unsere Probe sein. Hast Du nicht Angst davor? Ich sehr. Weißt Du, manchmal habe ich Angst vor mir selber, ich entdecke da Tiefen, die ich selbst noch nicht ganz kenne. Ich weiß, Du bist da ganz anders, und das ist gerade das Wunderbare und Beruhigende an Dir, das ich so liebe. Ach, ich muß es Dir noch schnell sagen, daß Du und wie Du von Deiner Arbeit und Deinem Beruf sprichst, gefällt mir so gut. Doch nun, ich könnte Dir gerade darüber noch einen ganzen Bogen füllen, so viele Gedanken fallen mir ein, muß ich schließen. Denn eigentlich sollten Puttchen und Regine noch mit einem Brief bedacht werden, doch dazu ist es zu spät. Sie kommen morgen dran. Außerdem geht es morgen ins Büro, und am Nachmittag kommt Inge, sie ist gespannt wie ein Regenbogen, sagte sie heut am Telefon. Bücher, die Dir Mutti mitbringt, habe ich schon heute herausgesucht. Auch für Liesl eins.

Jetzt schläfst Du nun ganz allein, und im Augenblick wirst Du wohl auch noch aufsitzen und Deine Kassenabrechnung besorgen, oder hat es Deine Frau noch gestern abend beendet?

Liebster Herbert, laß Dich fest umarmen von mir (kannst Du Dir's vorstellen?) Und schreibe bald Deiner sehr darauf wartenden Edith.
Und noch einen Kuß!«

»Mittwoch, 12.1.49, 23.00 Uhr

VORSICHT – Liebesbrief!

Meine herzliebste Edith!

Heute fehlst Du mir besonders. Es gibt so Tage im Leben, wo ich besonders liebebedürftig bin, und das ist heute der Fall. Ich möchte Dir in die Augen sehen und Dich dann in die Arme nehmen und ganz lange so bei Dir sein. Du bräuchtest mir gar nichts zu sagen. Ich möchte nur Deinen Atem hören und Dich zwischendurch einmal ansehen und küssen dürfen! Warum eigentlich diese entsetzliche seelische Qual, nicht zusammen leben zu dürfen? Ist es wirklich nur eine Verliebtheit, Rausch, Verblendung? Nein, es ist mehr. Es ist eine Fügung Gottes, daß ich Dich kennenlernen durfte! Du hast in mir Saiten angeschlagen, die ich lange nicht mehr gekannt habe, und plötzlich kommt mir mein Dasein ohne Dich so leer vor, und ich weiß nicht warum. Du bist die einzige Frau, die mich nicht langweilt, wenn ich länger mit ihr zusammen bin. Ich kann mich mit Dir stundenlang begeistert unterhalten, wenn ich mit Dir allein bin. (Das konnte ich sonst nie mit einer Frau allein, und ich empfand dann meist die Frau langweilig oder mir wesensfremd.) Ich möchte auch gern mal in ein Theater, ein anständiges Kinostück, ein Konzert. Trotzdem liebe ich die Häuslichkeit und würde so manchen teuren Abend sparen, wenn ich die passende Frau dazu hätte.

Mit Dir möchte ich weiterleben dürfen, mit Dir ganz allein Tag und Nacht beisammen sein! Meinst Du, daß uns das langweilig würde? Ich glaube, mich so weit zu kennen, daß es uns beiden leicht gelingen würde, die toten Punkte zu überwinden und gemeinsam unser Schicksal zu meistern. Ach, man müßte einen Zaubertrank haben, der einen alles Vergangene vergessen ließe, und ein neues Leben wie im Märchenland müßte anfangen!

Unser Hausmädchen fährt nächste Woche auf 8 Tage nach Hause. Ich kann es ihr nicht abschlagen, sie hat es wirklich nicht leicht in dem verlotterten Haushalt. Voriges Jahr hatte ich immer zwei Mädchen, aber das kann ich finanziell nicht durchhalten. Momentan ist sowieso die übliche Nachfeiertagsebbe, und alle Büchsen und Schubladen sind leer, bis wieder was reinkommt. Weißt Du, ich muß eben für alles sorgen. Ich muß die Lebensmittel besorgen und organisieren, muß mich um die Praxis und Steuern kümmern, muß auf Deutsch gesagt, jeden Dreck allein machen. Dabei schlucke ich so manchen Ärger herunter, wenn ich z.B. 6 Hemden nacheinander aus dem Schrank hole, und keines ist in Ordnung. Warum schreibe ich Dir das eigentlich? Nein, bitte, laß mich das tun, denn ich weiß, daß Du es mir nicht übelnimmst. Kannst Du glauben, daß ich das nicht einmal meiner Mutter sage, weil ich weiß, daß sie sich maßlos darüber ärgern und kränken würde. Ich habe zu Hause nie eine Schwäche in meiner Familie zugegeben, nur um den Frieden zu wahren und meiner Mutter keine Sorgen zu machen. Sie hat sowieso ein schweres Leben hinter sich, das sie dennoch mit so viel Liebe zu den Kindern und mit einem göttlichen Humor gemeistert hat. Wenn wir mal wieder allein zusammen sind, erzähle ich Dir auch aus meiner Kindheit und Familie. Weißt Du, es war so schön, als wir in Deinem Wohnzimmer uns gegenübersaßen, Hand in Hand, und uns etwas erzählten.

Du kannst auch so lieb erzählen, läßt Dir dabei etwas in das Herz gucken, und man fühlt dabei, daß Du dort doch noch so kleine Verstecke hast, wo Du so schnell keinen hineingucken läßt. Und das soll auch so sein. Was ich nicht sehen und hören kann von Deinem Wesen, habe ich längst gefühlt! Ich bin ein viel zu guter Menschenkenner, als daß ich nicht wüßte, daß wir auch kleine Teufelchen in uns haben. Wir müssen sie nur gut festhalten und einsperren, daß sie nicht loskommen, und das wird uns bei gegenseitiger Hilfe auch gelingen. Weißt Du, Du schreibst in Deinem Brief von dem Glücksgefühl, das Dich beim Lesen des Briefes überkam. Du, das ist mir auch so gegangen, und mein Herz klopfte mir wie einem Kinde, und wenn man dann nicht enttäuscht wird, wenn man das in Worte kleidet, das einen beseelt, ist das nicht ein großes Glück – ein Sonnenschein im Herzen? Du bist mir dann ganz nah, und das macht mich so froh, genau als wenn Du mit mir tanztest und Deine Hände plötzlich in einer überglücklichen Gefühlsaufwallung an meinen Armen emporwandern und Du mich fester an Dich drückst.

Es ist wirklich schade, daß wir uns nicht schon vor zehn Jahren kennengelernt haben. Aber wahrscheinlich wären wir da nicht zusammengekommen. Du kleine Prinzessin mußtest eben auch erst durch die harte Schule des Lebens gehen! Jetzt, wo wir beide die nötige Erfahrung und Reife des Lebens haben, wissen wir einander vielleicht auch besser zu schätzen und genießen unser Glück doppelt. Als ich heute abend mit Dir telefonierte, hätte ich am liebsten alles verwünscht, weil ich Dich zwar sprechen hörte, aber doch so weit weg von Dir war, und dabei habe ich solche Sehnsucht! Du wirst es mir angemerkt haben, aber weißt Du, ich war im Hotel König, und von dort aus muß man immer etwas vorsichtig sein, weil die Zelle nicht so dick ist.

Es ist übrigens zum Schreien, Du kennst doch sicher Herrn Richter, den alten Oberkellner. Ich meldete zuerst Nordhausen an, weil ich das hinter mir haben wollte. Das Gespräch kam auch ganz schnell, und ich sprach nur eine halbe Minute mit meiner Schwiegermutter. Dann sagte ich: ›Und nun, Herr Richter, habe ich noch ein Gespräch.‹ Er meinte nur: ›Calbe 328.‹ Da fiel ich doch bald vom Stengel!

Gestern abend hatten wir Versammlung vom Sportverein. Hinterher gab es noch ein geselliges Beisammensein im Hotel König. Da haben sie mich zu vorgerückter Stunde doch auch ganz mächtig angepflaumt mit der schönen Frau von Silvester und dem Foto, und einer fing auch noch von Gurken an! Ich bin ja zum Glück nicht auf den Mund gefallen und habe keinen Hieb unpariert gelassen. Aber lachen mußte ich doch! Im Grunde genommen habe ich die Leute ja auf meiner Seite, denn sie kennen mich und wissen, daß ich sie nicht im Stich lasse. Ich habe auch noch nie einen Patienten weggeschickt, der nachts oder sonntags mit Schmerzen zu mir kam; die wissen schon, was sie an mir haben. Das habe ich jetzt auch gemerkt in der Wohnungsfrage, wo man sich wirklich bemüht, mir etwas Gleichwertiges zu bieten. Wahrscheinlich bauen sie mir hinter dem Rathaus in dem Garagenhaus eine 8-Zimmer-Wohnung aus. Das mußt Du Dir mal mit ansehen, wenn Du kommst!

Gell, Du kommst am 28. Januar? Am 30. ist der große Sportlerball, und vorher sind doch die Meisterschaften. Gehst Du auch mal mit mir auf den Brocken? Am kommenden Sonntag ist die Brockenabfahrt. Da werde ich wohl auch mitmachen. So, nun ist es 24.00 Uhr! Ich war vorhin etwas traurig. Nun habe ich mich wieder gesund geplaudert mit Dir! Hast Du mich auch so lieb wie ich Dich? Du, ich möchte Dich ganz arg verwöhnen, Dich jetzt in meine Arme schließen und ganz fest drücken! Ach, Edith, mein goldiges, einen ganz süßen Kuß von Deinem Wolf!

Schreib mir bitte bald und viel. Ich brenne schon auf den zweiten Brief. Der erste ist schon mindestens 20mal gelesen worden.«

»Calbe, den 15.1.49

Mein liebster Herbert!

Es ist Sonnabendabend. Die Jungen sind im Bett, Vati noch nicht zurück, und so bin ich allein. Da ich friere, äußerlich und ein wenig auch innerlich, habe ich eine Flasche Mokka-Likör vor mir stehen und hoffe, daß sie ihre Pflicht tut und mich wärmt.

Meine Gedanken gehen im Augenblick so stark zu Dir, daß Du mich jetzt eigentlich anrufen müßtest. Es wäre sehr schön, denn da ich allein bin, könnten wir mal all das sagen, was wir auch denken. Darum schon habe ich mir heute abend niemanden eingeladen. Hast Du meine zwei Briefe, die ich direkt an Deine Adresse sandte, erhalten? Einen warf ich am Montag ein und den anderen am Mittwoch. Und ob Du jetzt meine Bücher mit Briefchen schon von meiner Mutter geholt hast? Du, ich glaube, der Brief von gestern abend ist sehr dumm ausgefallen, ich habe so das Gefühl.

Übrigens hast Du mir heut schon eine Freude gemacht. Kurz vor vier Uhr, ich kochte gerade Kaffee, kam der Briefträger und brachte mir einen grünen Brief! Rate mal, von wem! Der Mann liebt sehr die grüne Farbe, scheinbar verliert er nie die Hoffnung. Doch wie denkst Du eigentlich darüber, ist es schön, sein ganzes Leben nur hoffend zu leben? Niemals in beglückter Erfüllung? Ich möchte mich mit Dir über so vieles unterhalten, Frage reiht sich an Frage, und Thema an Thema. Ob wir beide wohl einmal dazu kommen werden?
Doch ich will Dir erst weiter erzählen, als der grüne Brief kam, der am Mittwochabend geschriebene. Also, ich bekam schon beim Kaffeekochen Herzklopfen. Ilse brachte alles hinauf und wir deckten den Kaffeetisch auf dem kleinen Tischchen vor meiner Couch. Ich zündete die Tischlampe an, die alles noch intimer wirken ließ. Die Heizung strömte viel Wärme aus, das Radio spielte leise, und so setzte ich mich mit meinen beiden ›Männern‹ Jürgen und Bodo zu Kaffee, neben mir Dein Brief (schon geöffnet, aber noch nicht gelesen), der zweite, der gekommen war, obenauf. Die Jungen fanden es sehr schön,

mal so ganz als erwachsen zu gelten. Wir unterhielten uns sehr angeregt, wie bei einer Tee-Einladung. Ich immer mit der Freude auf Deinen Brief im Herzen. Dann durfte mir Bodo eine Zigarette anzünden, und nun las ich endlich! Jetzt liegt Dein Brief aufgeschlagen vor mir. Deinen Kopf möchte ich dafür zwischen meine Hände nehmen, die Augen müßtest Du schließen, und ich würde Dein Gesicht ganz mit Küssen bedecken. So sehr hat mich dieser Brief bewegt.

Weißt Du auch, daß mir manches, was Du in diesem Brief geschrieben hast, wehgetan hat! Ich weiß nicht, ob Du erkennst, was ich meine, aber würde ich Dir das jetzt brieflich erklären und darauf eingehen, müßte ich eben eine wunde Stelle bei Dir anrühren, und das – oder soll ich doch? Eigentlich sollte ich nicht, denn ich bin ein wenig nervös, da ich auf jedes Geräusch achte und immer noch denke, es muß doch ein Anruf kommen.
Aber einmal hätte wohl auch ich von allein diese Frage gestellt, die Du heute schon von selbst, eigentlich auch neulich schon mal in einen Brief angeschnitten hast. Warum bis Du so lange Jahre mit Deiner Frau zusammengeblieben? Bereits in der ersten Stunde unseres Kennenlernens habe ich gewußt, dieser Mann paßt niemals und kann nie gepaßt haben zu dieser Frau, oder Du siehst ganz etwas anderes in ihm, als er wirklich ist. Ich hätte nicht erst zu Euch kommen müssen, um es dort zu sehen. Was hat Dir nur die Kraft gegeben, das alles so zu ertragen, wie Du es hast und heute noch tust. Du bist darin geradezu vorbildlich. Allein schon die Tatsache, als ich bei Euch wohnte und an jenem Tag so früh heraus mußte und Du aufstandet. Ich war natürlich schon damals sehr froh, daß Du das tatest, aber an sich wäre dies doch auch Sache der Hausfrau gewesen. Auch so vieles, was Du besorgen und erledigen mußt, so etwas und vieles, vieles mehr, das kenne ich nur als Sache der Frau. Nicht nur von Achim her, sondern auch von zu Hause, al-

so von meinen Eltern. Und wie Du das trotzdem tust, ist zu bewundern. Du hast ja geradezu eine Engelsgeduld. Ob die Geduld wohl auch die Zerreißprobe besteht?

Eigentlich müßte es unausdenkbar schön sein, wenn zwei Menschen zusammenleben, von denen jeder versucht, dem anderen alles Schmerzliche fernzuhalten, soweit es in seiner Macht steht, ihm nur Liebe zu geben und alles Schwere gemeinsam zu tragen. –
Du Wölfchen, kannst Du mich anschauen jetzt – nein – aber wenn, dann würdest Du sicher auch ein Teufelchen in meinen Augen blitzen sehen! Denn Du sagst selbst, jeder wird manchmal von einem, und wenn es auch nur ein Teufelchen ist, geritten. Ich hätte jetzt Lust, Dich mal ganz aus dem Häuschen zu bringen ..... brrrr -Telefon!

Eben habe ich mit Dir gesprochen, Deine Stimme gehört – mit Inge hast Du getanzt – schreiben wollte ich Dir nicht mehr, ja, und nun tu ich's doch! Du, meine 6 Liköre wirken, ein ganz winzig kleines Schwipslein hab' ich nun und noch dazu die Melodie ›Ein Walzer muß es sein‹ aus der Rose von Stambul! Schüttelst Du schon Dein liebes Haupt über diesen Sprung von dem ernsten, schweren Thema in die leichte Muse? Tue es nicht, es hilft Dir doch nichts. Und schau, wenn man sich unterhält, kann man sich alles sagen, ist aber der eine hier, der andere dort, so wie jetzt, und ein Gespräch wie eben kommt dazwischen, ist es schwer, im Konzept zu bleiben, und jeder Gedanke, sei es auch nur ein Gedankenblitz, liegt schriftlich fest. Jetzt tanzt Du sicher! Rufst Du mich in den nächsten Tagen wieder einmal an? Morgen hast Du ja einen toll besetzten Tag vor Dir.

Die ersten im Garten geschnittenen und im Zimmer erblühten Boten des Frühlings, Forsythien, stehen in einer Vase vor mir. Eben habe ich davon einige Blüten abgenommen und lege sie Dir im Brief bei. Sie bringen Dir

Grüße, sehr liebe von mir und mindestens fünf Küsse. Sie, ich meine die Blüten, haben einen so süßen, unbeschreiblich zarten Duft, ich möchte wissen, ob Du ihn noch spürst, wenn sie Dich erreichen. Schreibst Du mir das?

Gute Nacht, Liebster!

Edith«

»Berlin, den 6.2. 49

Mein einzig geliebter Wolf – Du, je länger ich von Dir entfernt bin, um so mehr liebe ich Dich! Seit gestern bin ich in Berlin. Wir sahen in der Komödie ›Lady Windermeres Fächer‹, ein entzückendes Gesellschaftsstück. Am Abend war ich mit meinen Verwandten eingeladen. Eine komischen Gesellschaft: 4 Damen (alles Witwen), 4 Herren (alle ledig). Es wurde verrückt getanzt und getrunken, und stell Dir vor, Schlagsahne gab es, und das in Berlin!

Doch Du ›Böser‹, das bist Du! (Denn wie oft haben wir uns jetzt schon verabredet, und Du zogest immer im letzten Augenblick alles zurück). Du hast mich nicht eine Minute verlassen – Du saßest im Theater neben mir, Du gingst neben mir auf der Straße – doch besser gesagt, alles, was ich erlebe, das erlebe ich nur noch mit Dir, und nie verläßt mich der Wunsch, Dich bei allem und für immer bei mir zu haben. Du, ich komme fast um vor Sehnsucht. Aber es muß wohl so sein. Wenn alles gut geht, komme ich am 23. oder 24. nach Schierke. Aber, du liebster Mensch, da mußt Du viel und nur Zeit für mich haben! Ich schreibe in Hast, denn gleich fahren wir zum Kino, ›Ninotschka‹, mit der Garbo.

Übrigens, gestern sagte der Lord Darlington in dem Stück ein Wort, ein ganz kleines nur zwar, das mir so gut gefiel – es bestätigte das, was ich Dir von mir auch mal erzählte, – nicht auf das klare Denken in entscheidenden Momenten kommt es an, sondern mehr auf das klare Fühlen! Ist es nicht tatsächlich so, daß beides oft im Widerstreit steht? Und nur allzu oft entscheidet man sich für ersteres, nur um die falsche Meinung der Welt, nicht wandelbar zu sein, aufrechtzuerhalten. –

Wirst Du wohl schon zum Eisplatz sein heute? (Es ist kurz vor 1 Uhr). Anrufen kann ich Dich leider nicht heute abend, denn dort, wo wir sind, ist kein Telefon. Gestern abend wäre es gegangen, doch erstens kamen wir dort erst um 10 Uhr an, und zweitens wußte ich nicht, ob Du da warst. Rufst Du mich nächstes Wochenende mal an? Nicht zu oft, bitte!

Einen innigen Kuß, viel Liebes

von Deiner Edith«

»Dienstag, 8.2.49
23.30 – 1.30

Geliebtes Meiniges,

wenn ich Dich jetzt hier hätte, würde ich Dich erst einmal ganz arg drücken, Dir ein Küßchen geben und dann sagen: ›So, jetzt setz Dich mal hin mir gegenüber, nimm meine beiden Hände in die Deinen und nun wollen wir uns mal etwas aussprechen.‹ Dann würde ich Dir sagen: ›Edith, warum bist Du eigentlich in manchen Augenblicken so verschlossen? Du hast mich schon so oft glücklich gemacht und ich weiß, daß Du mir gehörst, und trotzdem liegen zwischen uns noch gewisse innere Spannungen, die zu lösen sind.‹ Wenn ich Dir das jetzt schreibe, so faß das bitte nicht falsch auf. Du gibst Dir Mühe, sie zu überbrücken, und trotzdem fühle ich das und werde bei unserem nächsten Zusammensein hoffentlich auch Gelegenheit haben, darüber mit Dir zu sprechen. Die inneren Spannungen betreffen nicht unser Seelenleben, das sich sehr schnell angeglichen hat, sondern sie betreffen mehr, glaube ich, unsere Umgebung und die daraus resultierende äußere Einstellung. Wenn ich da zunächst von mir sprechen darf, so stehe ich schon auf Grund meines Berufes mit beiden Füßen im Leben und komme mit allen Schichten der Bevölkerung in engste Berührung und genieße ihr Vertrauen. Das ist heute wichtiger denn je. Weißt Du, in dieser Beziehung glaube ich, Achim etwas ähnlich zu sein, der auch mit jedem Oberkellner und Dienstmädchen sich verstand, wenn es darauf ankam. Mitbestimmend ist auch das Metier, in dem sich der Mensch bewegt. Meine Sprechstundenhilfen sagten früher schon zu mir, sie würden mich bewundern, daß ich so viele Sprachen beherrsche. ›Kommt ein Arbeiter, reden Sie ihn mit alter Freund Schorsch an, zwei Minuten später geben Sie der gnädigen Frau einen Handkuß und dabei hat man gar nicht den Eindruck, daß Sie ein Schauspieler sind!‹ Ich habe durch den Krieg an materiellem Gut verloren. Abgesehen von 8 Räumen, die mir ausgebrannt sind, und den 12 Anzügen und sonstigen liebgewordenen Sachen, die mir geplündert wurden ganz zu Ende des Krieges, habe ich auch meine Heimat verloren, meine Wahlheimat, das Rheinland. Es wäre mir wohl auch nicht eingefallen, nicht wieder dorthin zurückzukehren, wenn mir nicht sehr häßliche Erinnerungen meiner damals jungen Ehe geblieben wären. Wärst Du mir damals zur Seite gestanden, wäre ich heute nicht hier. Doch darüber wollte ich nicht reden. Nach dem Krieg habe ich mir aus dem Nichts mit 500 M angefangen, wieder eine neue Existenz aufgebaut, auf die ich heute wirklich wieder stolz sein kann, habe immer nur an den Aufbau und Ausbau meiner Praxis gedacht und dadurch auch mit Leichtigkeit jede Krise überwinden können. Ich war sogar schon 1945 in der Lage, eine ganze Reihe von Verwandten zu unterstützen und ihnen über die schwersten Monate hinüber zu helfen. Darauf bin ich besonders stolz. An mich habe ich zuletzt gedacht. So langsam aber muß ich dies nun doch tun, und dazu hast Du mir Auftrieb gegeben. Bisher sagte ich mir oft: ›für wen‹? Durch Dich hat mein Leben wieder Sinn bekommen. Ich weiß wieder, daß es jemanden gibt, der sich für mich interessiert, der Freude an mir hat und der mit mir in selbstloser Weise in die Zukunft blickt. Werden wir es schaffen, werden wir die unendlich hohen Berge zwischen uns überwinden? Wird mir das Schicksal auch dieses Mal gnädig gestimmt sein? Ist es nicht bloß ein Rausch, der mich blind macht?

Nein – denn ich kenne mich selbst zu gut und weiß, daß diese Art von ›Räuschen‹ bei mir sonst nicht so lange dauerten. Außerdem sehe ich trotz allem die ganze Angelegenheit viel zu nüchtern an, als daß ich von einem Selbstbetrug reden könnte. Ein Beweis dafür liegt eigentlich in der Tatsache, daß unsere Liebe in den Wochen, wo wir getrennt sind, nicht nachläßt. Im Gegenteil, ich fühle auch bei Dir, daß die Trennung uns nur näher bringt. Letzten Endes bist Du ja auch kein Anfänger mehr (entschuldige bitte diese Kühnheit) und hast es absolut nicht nötig, ausgerechnet auf mich zu warten. Ich kann mir jedenfalls vorstellen, daß Du nicht nur ›im Notfall‹ ganz leicht einen anderen Mann finden kannst, der Dich begehrt. Daß Du ausgerechnet mich ausgesucht hast, ist nun Dein persönliches Pech – oder Dein eigener Wunsch. Man kann es ausdrücken, wie man will. Du bist frei und kannst machen, was Du willst – ich noch nicht. D.h. ich tue auch, was ich will, das wirst Du schon gemerkt haben. Ich muß ja selbst damit fertig werden und auch letzten Endes ausfressen, was ich mir einbrockte. Nun, das tue ich auch und bin glücklich dabei, weil ich weiß, daß Du mir zur Seite stehst. Wirst Du Dich ganz auf mich umstellen können? Auf mein Arbeitsgebiet, auf alles? Auf der anderen Seite gibt es keinen Menschen, der so anpassungsfähig ist wie ich. Und daß ich mich in Deiner Umgebung wohl fühle, wirst Du schon gemerkt haben. Der innere gute Kern paßt zu Dir – die äußere Schale ist nur eine Frage der Zeit und läßt sich leicht ergänzen. Ich werde Dich auch demnächst einmal ordentlich ärgern, damit ich Dich von dieser Seite auch kennenlerne. Nebenbei bemerkt habe ich so was schon gemacht. Oh, ich kenne Dich schon so genau, wenn Du die Nase hochziehst und kleine Äugelchen machst, aber das wird mich nie aus der Ruhe bringen, wenn Du mir innerlich nicht weh tust. Im übrigen habe ich eine glückliche Natur. Der schlimmste Ärger ebbt bei mir nach 1 1/2 Stunden ab. Ich würde nie schlafen können, ohne mich nicht vorher mit Dir wieder ausgesöhnt zu haben! Wenn ich Unrecht habe, so würde ich das jederzeit zugeben, und ich halte Dich mindestens für ebenso klug.

Somit bin ich eigentlich schon lange bei Dir gelandet mit meiner Liebesphilosophie. Weißt Du, Du bist in einem Heim aufgewachsen als einzige Tochter, hast die strenge Zeit des Internats gut verdaut und dadurch einige gesunde Prinzipien mit ins Leben gerettet, die nicht alle haben. Deine kurze Ehe ist Dir eigentlich nur ein Erlebnis gewesen mit großartigen Erinnerungen, die wie ein Film schnell abliefen, im übrigen eine Ehe, aus der Du sehr viel gelernt hast, was ich immer wieder feststellen muß. Dann stehst Du, wenn auch noch in sicherer Obhut, aber doch im Grunde genommen allein mit Deinen Kindern auf der Welt, und wir wissen alle noch nicht, was uns die Zukunft bringen wird. Wenn uns das Schicksal zusammenfügt, was ich herzinnigst ersehne und wofür ich kämpfen werde, so stelle ich mir unseren gemeinsamen

Lebensweg harmonisch vor. Du kannst mir das geben, was ich immer ersehnte, eine seelische Gemeinschaft und auch ein trautes Heim, in dem ich mich wohlfühlen werde. So gerne ich ausgehe und auch Gesellschaften habe, so sehr bin ich für internen Familienkreis. Ich habe trotz äußerer vorhandener Bedingungen nie ein Zuhause gehabt, obwohl ich das so liebe. Eine Wohnung mit persönlicher Note, einen Abend mit Dir zu Hause – es muß bei weitem nicht immer Alkohol sein – eine nett servierte Tasse Tee mit etwas Gebäck – oder sonst eine kleine Überraschung – ach Edith, Du weißt ja gar nicht, mit wieviel ganzen Kleinigkeiten Du mich glücklich machen kannst.

Ich weiß es und habe es schon so oft gefühlt, daß Du einen Menschen glücklich und froh stimmen kannst, weil Du eben eine Seele von einem guten Kerl bist. Wenn ich Dich dann in manchem ergänzen kann und darf, soll es mir eine Freude sein. Ich kann das, das habe ich schon gemacht. Bin ich erst mal länger bei Dir, so sollst Du mich erst richtig kennenlernen, und dann werden Dir auch die letzten Zweifel schwinden und die letzten Teufelchen werden von selbst verschwinden, weil sie sich schämen bei uns.

So soll es werden, nun laß mich schließen. Ich danke Dir innigst für Deinen Brief vom 1., den ich heute morgen erhielt! Bist eben doch mein Gutes, ich werde Dich auch nicht mehr lassen.

Bleib weiter in meinem Herzen und hab mich so lieb wie ich Dich.

In inniger Liebe und Umarmung Dein Wolf.«

»Samstag, 12.2.49 abends 1/2 10

Mein lieber Schatz!

Heute nachmittag um 5 Uhr bin ich gut angekommen. Wir fuhren um 3/4 3 weg, machten unterwegs noch einmal Halt, wo ich einem Kurgast noch was mitbrachte und dabei noch 3 Pfund Mehl und 3 Pfund Grieß erbte. Die Fahrt durch das Selketal war etwas vereist, aber gut, und wir kamen ohne Schneeketten über Elend hoch. Meine Kinder freuten sich sehr, daß ich schon zurück war, und ich bekam Bohnenkaffee und Kuchen, was mir gut tat, denn ich hatte mich etwas erkältet. Nach Tisch habe ich mir einen heißen Tee mit Schnaps eingeflößt und eine Tablette genommen. Nun geht's mir wieder besser. Ich werde jedenfalls heute abend nicht ausgehen, denn ich bin etwas müde. Außerdem hast Du mir gestern einen Blick und 4 Worte zugerufen (so ganz nebenbei), Du, die saßen! Kannst Du Dich noch erinnern, wir sprachen, bzw. ich sprach von einem Motorrad und vom Sparen?

Weißt Du, Du kannst es schon ganz schön mit Deinem Wolf, vor allem machst Du es richtig und wendest die richtige Taktik an! Eins zu Null für Dich! Übrigens habe ich eben 1/2 Stunde lang eine Patientin aus dem Heine verarztet. Die Ärmste war in Halle falsch behandelt worden, heute vormittag in Schierke bei meinem alten Kollegen furchtbar geschunden worden – alles ohne Erfolg. Nach längerer Behandlung habe ich den Fehler gefunden und der kleinen Frau geholfen. Sie wäre mir beinahe um den Hals gefallen. Es ist ein so schönes Gefühl, wenn man jemandem helfen kann. Ich habe aber auch nicht locker gelassen, bis ich es fand. Das ist oft nicht leicht bei uns, zumal, wenn schon 3 Leute drumherum gepfuscht haben. So war ich also froh, daß ich doch schon zu Hause war. Außerdem – was sollte ich denn noch in Magdeburg? Ich bin doch nur Deinetwegen hin.

Auf dem Heimweg ging ich beim Kluth vorbei und holte mir meinen Berliner Brief, über den ich mich sehr, sehr gefreut habe. Lachen mußte ich doch nebenbei, daß Du mir neben den lieben und netten Ausführungen auch den leisen Vorwurf machst, ich ziehe meine Verabredungen immer in letzter Minute zurück. Du Ahnungslose vom vorigen Sonntag! Der böse Wolf hat es diemal andersrum gemacht und Edith überrumpelt. Ich muß Dir ja meine Anerkennung aussprechen, daß Du so prompt funktioniert hast und meinem Rufe folgtest. Hab nochmals herzlichen Dank dafür und sei mir bitte nicht bös! Hätte ich gewußt, daß Du so lange in Berlin und unterwegs warst, hätte ich meine Reise doch verschoben. Du sahst auch wirklich etwas schlecht aus gestern, und ich machte mir Sorgen und Vorwürfe. Hoffentlich kannst Du Dich ausschlafen morgen und bist auch von der allgemeinen Erkältung verschont. Schone Dich bitte auch, wie ich es tun will. Wir haben noch viel vor und brauchen noch viel Kraft!

Meine Besprechungen heute vormittag bei Frau Goede verliefen rein geschäftlich. Ihr Chef scheint sehr viel Interesse an ihr zu haben und verkehrt im Dienst sehr vertraulich mit ihr. Ich habe meine Rechnung dort bezahlt und einige seltene Medikamente gekauft. Dann war ich noch bei dem anderen Dentaldepot. Ich erzählte Dir doch, daß es der bewußte Mann ist, der was sucht da unten in Bayern.
Mit dem bin ich prima zurechtgekommen, und ich glaube, daß da was zu machen ist. Doch darüber am 24., wenn Du kommst. Ich werde da meinem Bruder schreiben. Gegen Mittag war ich noch bei unserem Bankdirektor Niemann, meinem Freund Willy, der mich herzlich empfing und mit mir über die Lage praktisch und wirtschaftlich sprach. Weißt Du, man muß zwischendurch auch mal mit solchen Menschen reden, damit man den Anschluß nicht verpaßt. Es wäre mir ja zu lieb gewesen, wenn ich heute

abend all meine Eindrücke mit Dir persönlich hätte besprechen können. Deshalb freu' ich mich schon auf Dein Kommen. Übrigens liegt mir an dem ganzen Faschingszauber gar nichts. Mir genügt die Tatsache, daß Du kommst und in meiner Nähe bist. Du goldiges Du! Ich werde auch ganz lieb zu Dir sein und sehr viel Zeit opfern für Dich! Was täte ich auch lieber!

Ich glaube, ich fange jetzt an, noch eiserner zu sparen. Meine Januarbilanz ist übrigens ganz groß, und ich bin stolz, daß ich meinen Dezemberumsatz halten konnte. Du, da kennst Du mich noch nicht von dieser Seite. Wenn ich zu wühlen anfange bei der Arbeit, vergesse ich oft das Mittagessen und oft sogar das Frühstück. Es ist ja auch das Schönste und Höchste im irdischen Dasein, wenn man Erfolg in der Arbeit hat, die einem Freude bereitet. Wenn es einem darüber hinaus auch noch beschieden ist und werden könnte, daß man einen Lebenskameraden findet, der das anerkennt und durch Liebe und Treue belohnt, so bedeutet das eigentlich das Glück auf Erden.

Möge es uns, wenn auch nach hartem Kampf, beschieden sein!

Nun laß mich für heute schließen! Ich schließe Dich in meine Arme und habe Dich recht herzlich lieb!

Mein liebes Goldengelchen, sei recht herzlich gegrüßt und geküßt, in Liebe Dein Wolf.

Schreibe bitte bald, ich habe schon wieder Sehnsucht!«

»Calbe, den 13.2.49

Liebster – wenn ich jetzt bei Dir wäre, würde ich Dir so viel erzählen und zu sagen haben, daß es Dir wahrscheinlich zuviel werden würde. Oder – was noch schöner wäre, Du schlössest meinen Mund mit einem Kuß, jedoch müßtest Du mich dann schon unendlich lieb haben, um auch meine im Augenblick ziemlich wirbelnden Gedanken auszuschalten. Nichts wäre schöner als das!

Nicht nur die Frage in Deinem mir übergebenen Brief muß ich Dir beantworten, sondern ich glaube auch, nach unserem letzten Zusammensein würdest Du sie stellen. Ja – warum bin ich in manchen Augenblicken so verschlossen? Dazu muß ich Dir einmal sagen, daß ich mich darum so unendlich auf ›unsere Reise‹ freue, weil wir dann endlich mal länger als immer nur begrenzte Stunden zusammen sein werden, unbekannt und daher auch unbeachtet. Von allem, was sonst hindert, also losgelöst. Was man tun und sagen will, ist nicht auf die bestimmte Zeit beschränkt, sondern hat Zeit, viel Zeit sogar. Du, das stell' ich mir wunderbar vor, hoffentlich mache ich da nicht zuviel Dummheiten!
Andererseits hatte und habe ich bei Dir auch noch Angst, Wolf, aus dem einfachen Grunde, schau, wie kann ich Dir's erklären? Je inniger wir zusammensein würden, je fester sich unsere Seelen umschließen, und je tiefer einer im anderen ruht, um so schmerzlicher wäre eine Trennung. Du schreibst, in meiner Ehe hätte ich viel gelernt; wie Du das meinst, mußt Du mir demnächst in Schierke erklären. Denn um gesellschaftlicher Formen willen brauchte ich keine Ehe. Und was die Liebe angeht, so habe ich noch immer nicht gelernt, sie leicht genug zu nehmen. Ich habe in den Jahren unendlich gelitten, d.h., niemand verlangte es je von mir, darum mache ich niemanden dafür verantwortlich, auch Achim nicht, denn er konnte gar nicht anders sein, als er eben war. Das je-

doch begriff ich erst sehr viel später. Jahrelang glaubte ich, daß mein Glaube an ihn und meine Liebe ihn ändern müßten. Doch kann man aus einer roten Rose keine weiße machen oder umgekehrt – nie, nur eine Veredelung läßt sich vornehmen, doch die persönliche Note von Grund auf, die bleibt.

Jetzt will ich hiermit aber abbrechen, denn ich habe nicht vor, eine Abhandlung über meine Ehe zu schreiben. Noch einmal würde ich nicht soviel Mut und Opferbereitschaft aufbringen. Dieses Thema wollen wir überhaupt zwischen uns beiden in Verbannung tun.
Trotz allem sehne ich mich mal wieder nach einer ungestörten Plauderstunde, so wie es einmal bei mir war, weißt Du noch? Weißt Du auch, daß ich mir oft überlege, warum liebst Du eigentlich Wolf? Doch warum hat Gott die Welt so schön erschaffen und gleichzeitig so grausam und hart? Dem Menschen sind so viele Möglichkeiten gegeben, sein Leben nach seinem Willen zu gestalten. Dennoch sind wir völlig ohnmächtig, da wir dem Herzen nicht gebieten können. Dazu kommen noch die äußeren Einflüsse, d.h. besser gesagt Umstände. Wie oft verspricht die Ernte gut zu werden, und ein plötzliches Gewitter mit Hagelschlag, auch schon ein lang anhaltender Regen kann alles vernichten. So ist es auch im Leben. Dennoch – ich kann Dir versichern, daß mein Glaube an meine Ideale immer noch nicht vernichtet wurde. Es würde mir Spaß machen, wenn Du erraten oder erfühlen könntest, worin der Schlüssel dazu liegt. –

Was das Verwöhnen betrifft, Herbert, so laß ich mir tatsächlich nichts lieber gefallen als dies, doch muß es ohne Berechnung geschehen, nur aus dem Gefühl heraus, dem anderen etwas Liebes zu tun, ihn froh und glücklich zu sehen. Ich finde, es macht dankbar, und aus dankbarer Stimmung kann doch wiederum nur Liebes entspringen. –

Du, eben wird ein sehr schönes Lied gespielt ›Es gibt Träume, die einmal wahr werden‹. Träumst Du eigentlich viel? Geht da auch manchmal etwas in Erfüllung? Ich freue mich sehr auf die Tage, die wir in Schierke zusammen sein werden – ganz schrecklich doll.

Wie bist Du gestern heimgekommen? Bei mir ging alles planmäßig. Nur hatte ich, solange wir noch in M. waren, große Angst, daß Du uns in den Weg liefest, auch fürchtete ich die Fragen meiner Mutter. Es ging aber alles gut.

Heute zum Sonntag habe ich lange geschlafen, und dann gehörte der Tag ausschließlich meinen Spatzen. Ich machte mit allen dreien einen Spaziergang über die Felder, auch Hoppel fehlte nicht. Unsere Schuhe waren vollkommen verschmutzt, aber trotzdem war es herrlich. Die Erde, die schwarzbraun glänzte, strömte schon einen so frühlingsmäßigen Duft aus, der mich ganz selig und stark zugleich machte. Ich mußte unwillkürlich denken, daß doch alles nichts ist ohne die Erde, den Boden, der uns Menschen alles gibt, was wir zum Leben brauchen und aus dem alles kommt, was sich Menschenhirne ausdachten. Kohle, Gold, Erze – ich sagte dies auch den Kindern. Angelika wollte am liebsten gleich buddeln, doch die Jungen verstanden es schon besser. Auch die Frage, woher die Keimkraft des Kornes kommt, wenn er im Schoß der Mutter Erde liegt, beantworteten sie richtig.
Nach dem Kaffee haben wir getanzt und geboxt. Und jetzt schreibe ich einem gewissen Dr. Wolf. Dazwischen ist auch mein Vater mit dem Auto gekommen, der gestern nachmittag noch nach Belzig fuhr.
So, nun weißt Du ungefähr alles vom heutigen Tag. Morgen muß ich nach Aschersleben, übermorgen nach Magdeburg und Mittwoch Inge besuchen. Gestern abend haben wir mindestens 15 min. telefoniert. Wenn sie auch flattert von Blume zu Blume, so wie ein Schmetterling, so

ist sie doch im Grunde ein goldiger Kerl. Heinz kommt jedoch gleich mit uns. –

Übrigens wolltest Du mir noch einmal mehr von Deiner Kindheit erzählen und von Deiner Mutter! Ich erinnere Dich daran, Wölfchen. Ich muß in Gedanken eine Pause machen und Dir erst einmal einen langen Kuß geben. – Schreib nur bald mal nach München an Deine Freunde. Als Ausgangspunkt und Hauptaufenthalt ist es wohl das Beste, da Du Dich auch einmal nach Stadtluft sehnst, wie mir scheint, mit Theater und Konzert. Und ich wiederum finde nichts schöner, als das einmal mit Dir zu erleben.

Schläfst Du schon, Geliebter? Wenn ja, müßtest Du eigentlich erwachen oder von mir träumen, so stark denke ich zu Dir hin. Weißt Du, daß ich so sehr Dein Kinn liebe, dort wo es zum Hals übergeht – dort gebe ich Dir viele Küßchen und sende Dir innigste Grüße

Deine Edith

Beiliegender Brief ist erst für den Geburtstagsmorgen bestimmt.
Also nicht vorher öffnen. Doch dann gleich beim Waschen!«

»Sonntagabend, d. 13.2.49
(24 Uhr)

Mein lieber, guter Wolf –

wenn Du diesen Brief in Deinen Händen hältst, ist Dein Geburtstag. Für mich ist schon heute so weit, möchte ich doch die Erste sein, die Dir Glückwünsche überbringen darf. Da ich leider nicht persönlich an diesem Tag bei Dir sein kann, so soll doch wenigstens der schriftliche Gruß der erste an diesem Tag sein. Könnte ich doch in Worten ausdrücken, was mein Herz Dir sagen möchte, was es für eine Fülle von innigsten Wünschen für Dich hegt, wieviel Liebes es Dir zutun und wieviel Schönes es Dir geben möchte und wie glücklich es dich wissen will.

Könnte ich bei Dir sein an Deinem Geburtstagsmorgen! Mit Blumen, Flieder oder Maiglöckchen müßten es um diese Jahreszeit sein, würde ich vor Dir stehen. Allerdings würde ich den Strauß beiseite legen, denn beide Hände möchte ich Dir geben, Dir tief in die Augen schauen, ›Wolf!‹ sagen und dann Dich ganz sachte und behutsam küssen, Augen, Kinn, den Hals und nun den Mund. Doch Du dürftest den Kuß im Augenblick nicht erwidern, denn ich muß Gott dabei bitten, daß er Dich behüten möge und, soweit es der göttlichen Fügung gut erscheint, die Wünsche sich erfüllen läßt. Dabei wäre der Duft der Blumen um uns und meine Seele wäre im Augenblick die Deine und Dir ganz zu eigen.
Dann würde ich Dich wieder anschauen und mich wahrscheinlich ein wenig abwenden von Dir, da durch den Gleichklang unseres starken Gefühls unsere Hände ein wenig zitterten, und – ja schließlich bist Du auf der Welt nicht nur für einen Menschen da, Dir wollen noch mehr gratulieren. Du sollst wissen, daß meine Gedanken am kommenden Sonnabend fast ausschließlich bei Dir sein werden und daß es mir ein bißchen weh tun wird, daß ich selbst es nicht kann. Wie gern würde ich in Deiner Nähe sein und Dich auf jedem Gebiet an diesem Tag verwöhnen und unendlich lieben. (Wohlgemerkt doch nur an diesem Tage!) Den Menschen, die man liebt, macht man große Geschenke, meine jedoch sind klein. Allerdings – das größte siehst Du ja nicht, Du kannst es nur fühlen, es ist mein Herz. Verrate es nicht, das große und die kleinen Geschenke, hörst Du!

Das Busch-Album ist nicht neu, drum wundre Dich nicht über den zerrissenen Umschlag. Ich glaube, ich hätte ihn besser herunternehmen sollen. Damit niemand weiß, von wem es ist, schrieb ich auch nichts hinein. Ich hätte Dir lieber eine neue Ausgabe geschenkt, aber ich bekam sie nicht, darum sei nicht erstaunt über die gebrauchte. Hoffentlich vergißt es Hannelore nicht. Wenn doch, erinnere sie nur ruhig.

Nun laß mich schließen! Wenn Dir jeder nur so lange gratulieren wollte wie Edith, würdest Du an einem Tag ja gar nicht durchkommen. Denk an mich wie ich an Dich, laß Dich innigst küssen, diesmal dürfte es schon ganz wuschelig sein, begleitet von den herzlichsten Wünschen, und laß Dich noch einmal fest umarmen und drücken, daß es fast ein wenig schmerzt, bevor Du für die Menschen dasein mußt, die Dich auch noch lieben und die Deine Umgebung ausmachen.

In tiefer Liebe
Deine Edith«

»Freitag, 4.3.49 20.00

Meine herzliebste Edith!

Noch ist es der Abschiedsschmerz, der mein Herz leise zittern läßt, wenn ich an Dich denke, und das war den ganzen Nachmittag der Fall. Ich ging durchs Elendstal zurück. Der Weg war schlecht und ich war froh, daß wir hinwärts obenrum gingen in der herrlichen Sonne. Als ich zu Hause ankam, trank ich zur Stärkung einen Bohnenkaffee – unterwegs aß ich Dein Brot, obwohl ich keinen Hunger hatte, aber irgend etwas mußte ja getan werden, und es lenkte etwas ab. Der Film, der nochmals in meinem Hirn ablief, war öfters gerissen, und noch ist nicht alles eingeordnet und sortiert. Bald erscheint mir Grünseidenes – bald ist es ein roter Pullover, ein kleines Schmalzgebackenes, ein roter Mund, zwei süße blaue Äugelchen – dann ist es eine erweiterte Pupille – das Gespenst des klopfenden Werners..Liebe, Haß,...drei Schritte vor, drei zurück. Zukunftspläne und der hoffentlich bald kommende Frühling mit Veilchen, Flieder und Orchideen, Deinen Lieblingsblumen. Oh, ich mußte mir so vieles merken, hab meine Edith so lieb, noch lieber als zuvor, wenn das überhaupt möglich ist.

Nun zurück zum heutigen Nachmittag. Komisch, so lange Du da warst, wollte die Arbeit gar nicht schmecken, und heute nachmittag stürzte ich mich wieder voll hinein. Hannelore wurde gar nicht fertig, so schnell ging es!

Jetzt ist es kaum 20.00 vorbei, Du bist wahrscheinlich noch nicht ganz zu Hause. Hoffentlich war die Reise nicht zu beschwerlich. Ich habe den ganzen Tag an Dich gedacht. Wenn Du dann zu Hause bist, wirst Du Deine lieben Kinderchen in die Arme schließen, und das Familienleben nimmt wieder seinen Fortgang. Du wirst auch viel Arbeit gefunden haben und alles dabei vergessen – das sollst Du auch, nur einen darfst Du nicht aus der Erinnerung verlieren, Deinen Wolf, der Dich ganz innig liebt und ohne Dich nicht leben kann.

Mein Herz klopft noch leise. Schließe ich meine Augen, sehe ich Dich, mein Lieb, vor mir, schaue Dir tief in die Augen, und dann schließt auch Du sie, wenn ich Dir einen heißen Kuß gebe. Ich drücke Dich an mein Herz und sag Dir ganz leise ins Ohr: ›Ich hab Dich lieb!‹

Wie schlicht und einfach drückt es das Volkslied aus:
›Ach wie ist's möglich dann, daß ich Dich lassen kann,
hab Dich von Herzen lieb, das glaube mir!
Wäre ich ein Vögelein, flöge ich schnell zu Dir!‹

Noch dürfen wir nicht immer zusammensein, aber unser Sinnen und Denken ist aufeinander abgestimmt, und so ist diese Zeit auch nicht verloren.
Laß mich für heute Schluß machen! Noch einmal schließe ich Dich in meine Arme und geb Dir in heißer Liebe einen innigen Gutenachtkuß!

Dein Wolf«

»6.3.49 abends

Teure Geliebte!

Heute nachmittag habe ich Dir schon einen Brief geschrieben und in den Kasten gesteckt. Ich habe aber so das Gefühl, daß der Brief nicht alles enthält, was ich Dir sagen wollte, und nachdem nun meine Spatzen im Bett sind und ich eben allein bei einem Beethovenkonzert sitze, drängt es mich wieder, wie so oft, zu Dir, und ich will vor allem Deinen großen Brief beantworten, der mir so vieles gegeben hat.

Ja, Du hast richtig gemerkt, daß ich Dich mit meinem ganzen Sein liebe und auch brauche. Die Gemeinschaft mit meiner Frau war nie die harmonische Liebe, die ich brauche, und wenn ich oft sehnsüchtig von einer Reise voller Erwartungen zurückkam, fühlte ich oft eine innere Leere und Enttäuschung. Anders ist es bei Dir. Deine Art, mit mir umzugehen, macht mich immer glücklich, und die Harmonie unserer Seelen wächst mit jedem neuen Zusammensein. Dein Vergleich mit der Blume, die immer tiefere Wurzeln treibt, ist wohl mehr als treffend und hat mich tief beeindruckt. Die Zweifel, die ich noch hege, sind nicht seelischer Art. Ich habe nur manchmal Angst, daß ich Dir, vor allem in erster Zeit, wirtschaftlich das nicht bieten kann, was Du gewöhnt bist. Du bist z.B. gewöhnt, ein Auto zu besitzen, all Deine Garderobe in Berlin arbeiten zu lassen, kennst keine finanziellen Sorgen, machst gern und oft große Reisen...alles Sachen, die ich Dir von Herzen gönne, aber werde ich Deinen Lebensstil aufrechterhalten können?

Mit Deiner Hilfe werden wir es schaffen. Es ist nur die Frage, wirst Du in erster Zeit nicht darunter leiden, wenn wir noch andere Sorgen haben? Wohl sage ich mir, Du hast ja Zeit, lieber Wolf, schaffe Dir erst eine entsprechende Existenz und dann ist alles gut. Dann kommt die innere Stimme und sagt mir, daß wir damit viel länger getrennt sein werden, denn sich in einer Großstadt durchzusetzen, dauert bekanntlich zwei Jahre! Ich hoffe ja auch hier auf mein Glück, aber was kann in dieser Zeit alles passieren, und vor allem verlieren wir zwei unsere besten Jahre. So ganz jung sind wir beide nicht mehr, vor allem ich. Hast Du Dir darüber auch Gedanken gemacht? Willst Du Dir Dein Leben schwerer machen, als Du es hast? Über allem steht die große Liebe, die uns verbindet. Wird sie so groß sein, daß sie alle Hemmungen des Alltags überschatten wird? Vor allem: wird sie so tief bleiben?

Und da weichen plötzlich meine Zweifel; die Tage, die ich mit Dir zusammen war, haben mir in dieser Beziehung eine Bestätigung gegeben, daß unsere Liebe und Treue zueinander sich durch Widerwärtigkeiten nur festigen kann und alle Proben bestehen wird. Ich glaube daran, daß ich die Kraft besitze, Dir ein nie versiegender Born zu sein, aus dem Du immer neu schöpfen kannst. Auf der anderen Seite weiß ich, was Du mir bist und daß nur Du allein auf der Welt es bist, die mir den seelischen Halt geben wird, meine guten Eigenschaften mehr zu entwikkeln als ich bisher konnte. Meine Mutter, ich sage Mama zu ihr, hat uns Jungens immer gesagt: ›Ihr Buben werdet spät reif, aber dann werdet ihr um so besser.‹

Ist es nicht eine merkwürdige Ironie des Schicksals, daß mein Bruder, der 10 Jahre älter ist, genau in meinem Alter auch Schluß mit seiner ersten Ehe machte? Jetzt ist er glücklich, obwohl es ihm noch finanziell schlecht geht, aber die beiden halten zusammen und lieben sich heute noch so wie am ersten Tag. – Um nochmals auf die wirtschaftliche Seite zurückzukommen. Ich weiß natürlich, daß Du mir da im Notfall helfen kannst, wenn die Verhältnisse so bleiben, aber gerade das widerstrebt mir im Innern, denn ich möchte nicht den Eindruck erwecken, daß ich mich durch eine zweite Heirat verbessern will. Weißt Du, von einer Frau finanziell abhängig zu sein, bin ich nicht gewöhnt, und es würde mich auch seelisch sehr belasten. Wenn sie zusätzlich ihren guten Lebensstandard noch durch ihr eigenes Geld erhöht, ist das ja ihr Privatvergnügen und erhöht bekanntlich die Sicherheit. Das wollte ich Dir als meinen prinzipiellen Standpunkt einmal schreiben, und ich hoffe, daß wir darüber auch mündlich noch sprechen werden, wenn es an der Zeit ist. Wenn ich Dich als meine Lebensgefährtin heute schon betrachte, so macht mich das nicht nur glücklich, sondern direkt stolz. Deshalb bin ich dem Schicksal auch dankbar, daß es uns zusammengeführt hat. Das ist nun das, was ich in Beantwortung der wenigen Worte, die Du mir schriebst »Du fürchtest, daß ich Dich mit meinem ganzen Sein liebte und brauchte« empfinde. Weiter schreibst Du, Du hast das Gefühl, es kann Dir jetzt nichts mehr passieren an meiner Seite. Dafür bekommst Du einen Extrakuß, und das hast Du verdient, denn es liegt in den wenigen Worten so viel Vertrauen drin, ein Geborgensein, das ich äußerlich gesehen , nur in ein Bild prägen möchte, nämlich das:

Edithlein hat sich ganz eng an mich geschmiegt in ihrem Bett, ihr Kopf liegt in meinem Arm. Meinen rechten Arm habe ich um Deinen Körper gelegt und presse Dich ganz lieb an mich. Ganz lieb, daß ich Deinen Herzschlag höre.

So verharre ich glücklich ein Weilchen, dann drehe ich ganz leise meinen Kopf zu Dir, sehe Dir in die Augen, küsse Dich erst ganz zart und stürmisch, reiße Dich an mich...und sage Dir hinterher ganz was Liebes ins Ohr! Klopft Dir das Herz jetzt auch so? Fühlst Du, welche unendliche Liebe ich für Dich empfinde, wie sie wie ein Fluidum zu Dir hinüberströmt, von Mund zu Mund, von Herz zu Herz? Soll und kann ich Dir noch mehr sagen? Nein, es ist mir nicht möglich, und ich werde mich jetzt mit dem Gedanken an Dich ins Bett legen, Dich in mein Gebet einschließen und den lieben Gott bitten, er möge unsere Liebe segnen und so rein erhalten! Gute Nacht, mein Herz, meine Geliebte! In 8 Tagen bin ich wieder bei Dir. Bis dahin freue ich mich auf Dich und küsse Dich innig!

Dein Wolf.«

»Calbe, d. 10.3.49 (21 Uhr)

Mein geliebter Wolf!

Glaubst Du, daß ich schon krank danach bin, Dir endlich schreiben zu können und ein wenig mit Dir zu plaudern! Die ganzen Tage, seitdem ich hier bin, waren aber auch ausgefüllt von morgens bis abends. Ich will versuchen, Dir ein wenig davon der Reihe nach zu erzählen. Wärest Du augenblicklich bei mir – halbtot würde ich Dich küssen. Du – ich hab überhaupt einen schrecklichen »Wolfshunger«. Dein erster Brief, den Du am Freitagabend geschrieben hast, war schon am Montag hier, wofür ich Dir schon neulich ganz schnell abends im Bett dankte. Der zweite kam heute von Inge. Beide Briefe haben mich so glücklich gemacht, Du! Weiß Du, es ist überhaupt so wunderbar, seit ich weiß und fühle, daß Du mich wirklich mit Deinem ganzen Sein liebst und brauchst, bin ich innerlich bei allem so ruhig und glücklich, daß ich denke, nichts, einfach gar nichts kann mir mehr passieren, denn ich habe ja Dich. Ich muß Dir ehrlich sagen, daß manchmal noch ganz leise Zweifel in mir waren, wie soll ich Dir's erklären, ich habe Angst vor mir selber, aber von einem Zusammensein zum anderen wächst meine Liebe zu Dir immer mehr, höher und tiefer. Es ist wie eine schöne Blume, die immer tiefere Wurzeln schlägt in mir. Herrlich muß es sein, wenn unsere Liebe sich auch nach allen Seiten entfalten kann. Errätst Du, was ich meine? Ich denke an ein tägliches Zusammenleben. Es ist so komisch, auch gestern, den ganzen Tag in Leipzig, immer warst Du dabei, alles mußte ich Dir erzählen. Und bei der Wäsche, auch da standest Du mit dieser im engen Zusammenhang. Ich glaube, Dich jetzt lachen zu sehen? Ja, tust Du's?

Als ich mit Vati gestern abend um halb elf landete, erzählte mir Mutti von Deinem Anruf. Im Auto auf der Rückfahrt dachte ich schon immer, wenn das dumme Wölfchen bloß heute nicht anruft, sondern erst morgen. So einen tollen Autoverkehr in Leipzig habe ich überhaupt noch nie erlebt. Im ganzen war es natürlich recht anstrengend. Wir bekamen noch Karten zu der Modellmodenschau im Schauspielhaus, ganz groß!! Und aßen sehr gut, besonders abends im Hotel Astoria. Karpfen mit unheimlich viel Butter, Kalbssteaks mit Blumenkohl, Mokka mit Sahne und Zucker und Blätterteiggebäck und Buttercremetorte – also Du kannst Dir gar nicht vorstellen, was es alles für herrliche Sachen gab. Und mein Vater war so spendabel!

Ach, weißt Du, ich habe Euch zwei da so in Gedanken in Zusammenhang gebracht und glaube, Ihr würdet Euch gut verstehen. Und, Herbert, was glaubst Du wohl – Orchideen, meine Lieblingsorchideen, ein ganzes Fenster voll, dazwischen weißer Flieder – traumhaft schön.

Heute nun habe ich den ganzen Tag gebügelt und Wäsche gelegt, daß mir meine Füße vom Stehen richtig weh tun. Mutti sagte mir, daß sie Dir schon von unserer toten Ziege und Ilse im Krankenhaus erzählte. Wann wirst Du wohl wieder anrufen?

Übrigens – bevor ich es vergesse, für mich lagert schon seit dem 2. Februar ein kleines Paket in der Quelle in Braunlage, beziehungweise für Dich, also mit Deiner Adreßangabe. Kannst Du das nicht einmal abholen lassen? Dem Schneider habe ich gleich Montag einen Brief geschickt wegen des schwarzen Anzugstoffes und ihm gesagt, Du kämest nächste Woche. In den nächsten Tagen rufe ich bei ihm noch einmal an, damit es auch wirklich klappt. Bitte benachrichtige mich doch rechtzeitig, wann Du nach Magdeburg fährst, denn selbstverständlich komme ich dann, und wir gehen mal zusammen hin. Vielleicht machen wir es auch so, daß Du einen Abend mit nach Calbe kommst und morgens wieder rein fährst. Bitte komme aber nicht in der nächsten Woche Mittwoch oder Donnerstag nach Magdeburg, denn da schlachten wir, und an diesen zwei Tagen habe ich keine Zeit. Wie wäre Freitag, der 18.? Auch Sonnabend u. Sonntag paßt gut. Du, ich bin so froh, eine Aussicht zu haben, Dich bald wiederzusehen. In Deinen Briefen hast Du vieles ausgedrückt, was ich ebenso empfand und was mir beweist, wie eng wir verbunden sind. Aus diesem Grund erkläre ich mir auch, daß ich gar nichts mehr fürchte. Und was Dich bedrückt, wenn wir die politische Lage betrachten, so schaut es wohl recht bös aus, aber ich will und mag den Glauben nicht aufgeben, daß wir trotzdem in gar nicht allzu ferner Zeit zusammen sein werden, und auch an unsere Reise glaube ich noch immer. Sollte es trotzdem anders kommen, so ist es im Augenblick noch immer schwer und schlimm genug, aber, Herbert, wir dürfen uns deswegen nicht verlieren, das wäre das Schrecklichste!

Für die Adressen hab Dank, ich werde sie auf alle Fälle gut aufbewahren. Anbei drei Adressen, von mir, wo ich auch etwas habe
– Du verstehst mich schon! –

Ich habe noch so viel auf dem Herzen und könnte noch stundenlang und endlos erzählen, doch langsam fallen mir die Augen zu. Ich schreibe bald wieder und hoffe, vielleicht morgen in einer Woche meinen Wolf zu sehen. Eben fällt mir ein, daß ich Dir noch gar nichts von meinen Spatzen erzählte! Weißt Du, ich spreche öfters zu ihnen von Dir und bin immer ganz glücklich, wenn ich merke, daß sie viel Sympathie für Dich empfinden. Am Sonntag haben wir ausgelassen getobt und getanzt, es war so schöne Musik. Da begann ich, ihnen den Schritt ›drei vor – drei zurück‹ beizubringen. Ilka sagte: ›Mutti, das ist ja wie Ringelreihen!‹ Du, da kam ich aus dem Lachen gar nicht heraus, denn vor meinem Auge sah ich uns beide am letzten Abend –«

(Ende des Briefes fehlt)

»Montag, 28.3.49

Meine heißgeliebte Edith!

Es drängt mich, Dir schnell eine Ankunftsmeldung zu schicken, damit Du auch weißt, daß ich wieder heil zu Hause gelandet bin. Ich hatte wie immer, wenn es sich um Dich dreht, Glück. 20 min. vor Abgang des Zuges war ich am Bhf. Ost, unterwegs fingen die ersten Lerchen an zu singen und gaben mir die letzten Grüße von Dir mit. Sogar einen Rebhahn hörte ich locken – eine ganz seltene Erinnerung an bessere Zeiten. Im Zuge mußte ich stehen, es war fast etwas kalt. Wolf hatte natürlich seinen

Schal in Ediths Handtasche liegen lassen. In Buckau erwischte ich den Zug, der zum Glück schön warm war. Meist setzte ich mich auf meinen Koffer, bekam aber dann schön Platz in Aschersleben und konnte sogar etwas schlafen bis Halberstadt. Von dort hatte ich auch bis Wernigerode einen Stehplatz und landete bereits um 10.15 dort. Instinktiv löste ich noch keine Karte bis Elend, sondern machte erst einige Besorgungen und traf auch unseren Gemüsemann, der mich mit dem Wagen mit nach Schierke nahm. Ankunft 13.30. Meine Frau war noch da, sie fuhr erst um 16.00 nach Nordhausen. Ich erzählte ihr von allem, was ich wollte, und verteilte im übrigen meinen bzw. Deinen Kuchen unter die Kinder mit den herzlichsten Grüßen von Tante Edith! Lisl meinte: ›Bei dem guten Kuchen kann ich mir vorstellen, daß Du da gerne hinfährst!‹ Dann besprach ich mit meiner Frau das Geschäftliche und eröffnete ihr gleich mein Programm bei der weiteren Zahnbehandlung. Am 9.4. ist in Wernigerode eine Zahnärztetagung, die ich auf der Rückreise mit Falken evtl. noch besuchen kann. Hier ist am 9.4. ein großer Ball der Volkssolidarität im Hotel Heine. Dieses Mal ohne mich! Ich habe jetzt beschlossen zu sparen und habe an Tanzveranstaltungen kein Interesse mehr, wenn Du nicht dabei bist. Meine Edith sagte zu mir: ›Weißt Du auch, daß Du von jetzt an keiner anderen Frau gehören darfst?‹ Und da habe ich ja gesagt. Alles andere reizt mich komischerweise auch gar nicht mehr!

Der Schnee ist bedeutend weniger geworden. Die Straße ist in der Mitte bereits trocken und wenn das Wetter so bleibt, wird wohl in einigen Tagen der Schnee weg sein, vor allem drüben. Hier bei uns wird er noch etwas bleiben. Hansl hat auch Frühlingsgefühle bekommen, seine Lederhose mit Kniestrümpfen an, zieht er Gräben im Hof und rührt den Schnee um, damit er schneller schmilzt. Sonst haben die Kinder eine herrliche Bräune und rote Backen von der Märzsonne, das ist allerdings das einzige hier, denn je mehr ich Fühlung mit anderen Orten und Gegenden nehme, um so mehr sehe ich ein, daß ich auf die Dauer doch hier fehl am Platz bin und es höchste Zeit wird, wenn ich hier nicht langsam vertrotteln will. –

Meine Spatzen sind im Bett, und ich habe mich nach Tisch neben den Ofen in den Sessel gesetzt und bin todmüde eingeschlafen. Jetzt, 3/4 10 Uhr, erwachte ich und wußte gar nicht, wo ich war. War es in dem schönen Bett in der ›Hindenburgkammer‹ oder auf Ediths warmem Sofaeckchen? Alles zieht noch einmal in meinem Geiste vorüber. Die Erinnerung ist noch so lebhaft, daß ich Dein Bild naturgetreu vor mir sehe: im hübschen blauen Mantel und Hut – im bunten Rock mit Bluse – im Pepitakleid, dazu den Gegensatz im Fahrradkostüm mit der Milchkanne auf der nächtlichen Nachhausefahrt – es war doch zu schön! Du hast mir wieder einmal einige goldene Tage meines Lebens geschenkt, und ich danke Dir nochmals von ganzem Herzen für Deine aufopfernde Liebe und Fürsorge! Glückliche, sorglose Stunden waren es, die ich in Deinem Hause verleben durfte. Wie mag es erst sein, wenn Edith allein in einem Heim regiert, schaltet und waltet? Trotz aller Fürsorge Deiner Eltern und der damit verbundenen Erleichterungen wirst Du Dich doch manchmal danach sehnen. Dein persönliches Ich wird dann noch mehr zum Durchbruch kommen, und das stelle ich mir so schön vor! Hoffentlich kommt bald der Tag, wo ich Dir dazu verhelfen kann. Ich habe den Glauben daran, und der macht mich stark. Mein ganzes Sinnen und Denken ist auf Dich eingestellt. Ich will und darf Dich nicht mehr verlieren. Du, das wäre, glaube ich, das Schlimmste, was mir passieren könnte! Die Tage unseres jetzigen Zusammenseins haben mich noch mehr an Dich gekettet, und ich kann mir nicht denken, daß die heiße Liebe zu Dir nur ein Strohfeuer sein kann. Du hast es ja auch empfunden, und wenn uns noch äußere Umstände trennen, so sind doch die inneren Bande bereits so fest, daß von einem vorübergehenden Glücksrausch nicht mehr die Rede sein kann. Empfindest Du das auch so? Du hast das in Deinem ersten vertraulichen Brief einmal schön ausgedrückt, indem Du mir schriebst, es käme Dir vor als ob wir beide uns schon sehr lange kennen würden und Du Vertrauen zu mir hättest. Uns verbindet eine seelische Harmonie, wie ich sie bisher noch bei keiner Frau empfand – eine innere Verbundenheit, die mich glücklich und zufrieden macht! Laß Dir dafür schnell einen lieben Kuß geben und Dich herzlich an mein Herz drücken. Du – Edith, Geliebte, – schau mir in die Augen und gib mir einen süßen Kuß zurück zum Zeichen, daß Du mich liebst.

Es freut mich besonders, daß Deine lieben Kinderchen so an mir hängen. Ich glaube, Hans-Jürgen wird sich bald an mich anschließen, und er wird sich weiter bessern. Im übrigen halte ich seinen Zustand absolut nicht für pathologisch. Eine andere Umgebung mit netten Gleichaltrigen im H.L.-Heim wird ihn bald zum Selbstvertrauen bringen und seine Hemmungen beseitigen. Wir müssen nur mit den Lehrern und Erziehern vorher eingehend sprechen und uns oft um ihn kümmern, vielleicht kann ich das auch tun.

Was die beiden Kleinen anbetrifft, habe ich keine Angst. Denen werde ich bald ein zweiter Vater sein. Sie sind ja noch in einem Alter, wo sie das noch nicht empfinden. Die Herzen der beiden glaube ich schon gewonnen zu haben. Kein Wunder bei der Mutti!

Die vor mir liegenden Wochen werden für mein weiteres Leben entscheidend sein. Ich bin mir dessen bewußt und habe den festen Entschluß, keine Minute ungenutzt zu lassen. Es gibt noch manche schlaflose Nacht, und ich bin dabei, mir einen Plan auszuarbeiten. Keinen Zwei-Jahresplan, das ist zu lange, und ich glaube, ich muß erst mit viel Arbeit anfangen, damit es schneller geht. Unsere Reise wird dabei eine entscheidende Rolle spielen. Ich überlege, was zunächst das Wichtigste ist. Mein Freund Dr. Asshoff, Rechtsanwalt in Wernigerode, war leider heute morgen nicht anwesend, ich hätte gern einiges mit ihm besprochen. Durch die Abwesenheit meiner Frau habe ich ja nun Zeit und Ruhe genug, alles zu ordnen, und ich werde mir den guten Benno, so heißt er, einmal hierher einladen und um seinen Rat bitten. Weißt Du, er hat Praxis in solchen Sachen, und es ist gut, wenn man sich den einen Weg vorzeichnet, den man am sichersten geht.

Du, ich könnte Dir noch stundenlang schreiben. Mein Herz ist noch so voll – hoffentlich langweile ich Dich nicht! Wenn ich abends nach der Praxis recht müde bin – und heute nachmittag hatte ich unglaublich viel Arbeit (20 Patienten), ruhe ich mich meistens ein Stündchen aus, und dann bin ich wieder munter und frisch.- Würdest Du mich da immer lieb betreuen, mich fürsorglich hinbetten und mir ein Küßchen geben? Wenn ich, wie heute, nach einigen Tagen Arbeitsruhe wieder Sprechstunde halte, habe ich immer wieder so viel Freude an meinem Beruf, und mir ging trotz großer Müdigkeit heute die Arbeit von der Hand, daß es nur eine Freude war. In solchen Augenblicken kommt mir dann auch zu Bewußtsein, daß es grundverkehrt wäre, wenn ich meinen Beruf aufgäbe. Ich bin eben ein passionierter Zahnarzt, und es ist ja auch etwas Herrliches, wenn man in seinem Beruf aufgeht. Kannst Du das verstehen?
Das war es ja auch, was mich seelisch immer gehalten hat, sonst hätte ich schon lange einmal dreingehauen und mit allem, was mich förmlich hinderte, Schluß gemacht. Nun ist das anders. Jetzt weiß ich, für wen ich in Zukunft arbeite, und ich habe das Vertrauen zu mir und meinem Können, daß ich es in kurzer Zeit schaffen werde, wieder hochzukommen. Das eine steht jedenfalls unwiderruflich fest: Hier muß ich fort! Inwieweit ich dabei Deine Hilfe brauche, wird sich erweisen. Hoffentlich

überhaupt nicht. Auf der anderen Seite weiß ich, daß ich im Notfall eine Hilfe habe, und das gibt mir auch ein moralisches Rückgrat. Letzten Endes gibt es ja nur ein Ziel, das ich erreichen will, und das ist meine Edith! Du sollst das Ziel meiner Wünsche sein – eine Vereinigung mit Dir! Möge uns unser Herrgott die Kraft geben, daß wir es bald schaffen!

In diesem Sinne werde ich in Zukunft alle meine Kräfte einsetzen, und es wird mir nicht schwerfallen, wenn Du weiterhin so lieb zu mir bist. Ich leide unendlich darunter, daß ich Dir jetzt noch so wenig Liebes antun kann, verspreche Dir aber, daß ich das alles nachholen werde! Du sollst später in Flieder und Orchideen gebettet werden, und ich werde Dir jeden Wunsch von den Augen ablesen. Mein höchstes Glück ist doch, wenn ich jemanden verwöhnen und ihm Liebes antun kann. Vielleicht bin ich doch der Mann, der Dir zu dem äußeren Glück, das Du früher genießen durftest, auch das noch geben wird, was Dir damals gefehlt hat.- Im Radio wird eben der »Walzer der Freude« gespielt. Den mag ich so gern. Wenn Du da wärest, würde ich Dich dazu auffordern. Ich bin glücklich, meine liebe kleine Edith!

Heute in einer Woche (Montagabend) rufe ich Dich an, und am Freitag sind wir wieder beisammen. Grüße bitte Deine lieben Eltern und laß ihnen nochmals Dank sagen für die Gastfreundschaft.

Sei herzlich umarmt und geküßt in treuer Liebe Dein Wolf.«

Brief von Herberts Kriegskameraden und Freund

»Hans Günter Meier Elmshorn, den 2.April 1949

Mein lieber Herbert!

Für Deinen letzten Brief möchte ich Dir meinen ganz besonders herzlichen Dank sagen und zugleich für das Vertrauen danken, das Du mir durch die darin gemachten Mitteilungen geschenkt hast. O ja, lieber alter Junge, so etwas kann einem passieren, und ich möchte Dir und allen Beteiligten von Herzen wünschen, daß alles zur Zufriedenheit abläuft. Leicht wird es wohl nicht sein, eine Entscheidung zu treffen, aber Du bist ja nun auch nicht der Mann, der sich leichtsinnig in ein Abenteuer stürzt. Wenn die Verhältnisse so liegen, wie Du sie schilderst, dann bleibt einem nur die Wahl des Entweder – Oder! Und es wird sich wohl auch nicht vermeiden lassen, daß Du Menschen, die Dir nahestanden und -stehen, großen Schmerz zufügen mußt. Es ist wohl so auf dieser Welt: Das Glück des einen ist Kummer und Not des anderen. Des Lebens ungetrübte Freunde ward keinem Sterblichen zuteil!

Wenn Du irgendeine Hilfe oder sonstige Unterstützung brauchen solltest, dann entsinne Dich bitte meiner. Ich hoffe, daß Du weißt, daß Du Dich in jeder Beziehung auf mich verlassen kannst, und ich möchte gerne Dir meine Freundschaft und Verbundenheit auch durch die Tat beweisen. Es bedarf keiner weiteren Worte, daß diese Angelegenheit selbstverständlich unter uns bleibt. Von mir wird niemand, auch nicht unser enger Kreis, ein Sterbenswörtchen davon erfahren.

Ich darf Dir auch sagen, daß ich aus meiner Korrespondenz mit Frau Bestehorn den allergünstigsten Eindruck von ihr gewonnen habe, so daß ich schon oftmals bedauert habe, sie noch nicht persönlich kennengelernt zu haben. Achim hat an ihr wohl nicht so gehandelt, wie er hätte sollen, und ich bin heute wie damals davon überzeugt, daß die Schuld an ehelichen Zwistigkeiten (die er manchmal andeutete) wohl immer bei ihm selbst zu suchen gewesen ist. Deshalb gönne ich Frau Edith Bestehorn von Herzen ein großes und dauerhaftes Glück, und Dir traue ich schon zu, es ihr zu schaffen. Schließlich ist sie ja noch zu jung, um ihr ganzes Leben zu vertrauern. Ich habe Achim als Kameraden und Freund immer sehr gern gemocht, und damals haben wir uns um die familiären und häuslichen Verhältnisse der Kameraden nicht viel gekümmert. Ich habe ja auch so manches Blümlein am Wege gepflückt. –

Schönsten Dank für das beigelegte Bildchen und für den Brief von unserem guten Dr. Haugk. Er hat doch mit dafür gestrebt, daß unsere Wawolo-Bastelabende einen gewaltigen Auftrieb erfuhren. Ich möchte ihm eigentlich auch mal gelegentlich schreiben. Von unserem Fritz, der jetzt auch schon über ein Jahr verheiratet ist, fehlt immer noch jegliche Erfolgsmeldung. Sollte er so ein Stümper sein? Mit mangelndem Training kann er sich doch nicht herausreden! Reiber, der schon andere, allerdings unfreiwillige Beweise seines Könnens geliefert hat, ist ebenfalls bis jetzt von Nachwuchssorgen verschont geblieben. –

Ich habe vor einiger Zeit einen Antrag auf Einstufung in die Kategorie V eingereicht und hoffe, damit auf keine Schwierigkeiten zu stoßen. Danach wird meiner Wiedereinstellung bei meiner alten Behörde wohl nichts mehr im Wege stehen. Das kann noch einige Monate dauern, doch habe ich bis jetzt noch nichts von meinem Optimismus eingebüßt.

Ich schließe meine Epistel nicht ohne ein dreifaches kräftiges ›Wa-Wo-Lo‹! Zur Mitte!

Sei sehr herzlich gegrüßt! Ich wünsche Dir in allen Dingen viel Glück und Erfolg.

Stets Dein Hans.«

»Sonntag, d. 3. 4. 49

Du, lieber Geliebter!

Weißt Du eigentlich, wie lieb Dein letzter Brief war? Bei unserem letzten Beisammensein wollte ich es Dir eigentlich schon mal sagen, ob Du weißt, was Du mir oft gibst und was Du mir bist! Doch bin ich gar nicht dazu gekommen. Vielleicht liegt es auch an der Scheu, die ich manchmal noch habe, Dir zu zeigen, wie glücklich und froh Du mich machen kannst und ja auch machst. Und nun dieser Brief, den Du Montagabend geschrieben hast und der mich Freitag erreichte. Ich las ihn im Garten im Liegestuhl. Wir waren beide ganz allein beim Lesen. Du und ich! Mein Wolf, so viel, wie Du mir mit diesem Brief gegeben hast – Du, ganz innig und stürmisch zugleich muß ich Dich dafür küssen.

Wenn ich mir die Frage vorlege, ob wir wohl immer so glücklich miteinander sein werden, dann kann ich es mir selbst immer nur wieder mit ja beantworten. Es mag merkwürdig scheinen, aber es muß wohl daran liegen, daß ich Dich verstehe in all Deinem Tun und Handeln und daß ich mir nicht vorstellen kann, daß Du überhaupt etwas tätest, was ich nicht verstünde und mißbilligen würde. Ich kann nur immer Gott danken für die Harmonie, die zwischen uns beiden schwingt, und bitten, daß sie so bleiben möge.

In Deinem Brief ist so viel enthalten, daß ich wohl fast auf jede zweite Zeile extra eingehen könnte, was aber meine Zeit im Augenblick nicht erlaubt. Denn heute nachmittag kam ich erst um 3/4 4 aus Hadmersleben zurück, und jetzt ist bald Abendbrotzeit. Ich möchte doch gern den Brief nachher noch in den Briefkasten werfen, daß Du ihn noch vor Freitag erhältst. Und dann, dann sind wir ja wieder für fast 24 Stunden beisammen.
Morgen wirst Du anrufen! Ob Du noch mal geschrieben hast? Ich kann im Augenblick nicht mehr viel zu Papier bringen, denn mein Herz ist so töricht, so übervoll von seinem Wolf zu sein, daß Edith nur wünschte, er könnte bei ihr sein – und auch dann würde ich im Augenblick nicht viel sagen können, weil, ja weil ich Dich eben nur so schrecklich liebhaben müßte und mich das so glücklich macht und mein Herz weiß, daß es auch Dich glücklich macht. Weiß Du, jetzt schüttele ich selbst über mich den Kopf! Wer traute Edith wohl zu, daß sie so viel von Liebe schreibt? Du, aber nur Du ganz allein. –

Es ist schon gleich halb sieben Uhr und noch hell, und die Vögel zwitschern noch im Garten. Ob sie wissen, daß ich meinem Liebsten schreibe? Diesem liebsten Mann tausend Küsse von seiner

Edith«

»den 11. 4. 49
Montagabend, 22.00 Uhr

Lies ihn erst, wenn Du Zeit hast!
Er reißt Dir nicht aus, der Brief!

Herzallerliebste Du!

Es war schade, daß ich mich eben nicht telefonisch mit Dir unterhalten konnte. Deine Mutter, die sehr lieb war am Telefon, hat mir ja das Wichtigste erzählt, aber ich hätte doch gern Deine Stimme gehört! Noch einmal anzurufen erschien mir zu albern, außerdem war ich bei Kluth zum Telefonieren und saß so lange in seiner kalten Bude, und an sich war ja auch nichts Wichtiges. Ich habe zur Kenntnis genommen, daß meine Edith morgen wohl auch nicht da ist, am Mittwoch in Bernburg – na, vielleicht habe ich am Donnerstagabend Glück. Genau weiß ich noch nicht, ob ich da bin, denn ich will vor den Feiertagen noch einmal rüber zu Kosanke, wenn es klappt. –

Vorhin habe ich das bewußte Paket geöffnet und den Anzug aufgehängt, natürlich auch anprobiert. Prima Arbeit auf Seide, es wäre wirklich schade, wenn Du den zertrennen würdest. Er paßt mir, nebenbei bemerkt, sehr gut. Dicker dürfte ich aber nicht sein! Es war höchste Zeit, daß ich da reinguckte, denn es waren natürlich auch verderbliche Sachen drin, zwei Zitronen mußte ich wegwerfen, und den Zucker muß ich trocknen.

Deine Skistiefel sind schön gemacht. Sie standen in der Praxis mit einem Zettel drin: ›Liebe Hannelore, Dir zuliebe habe ich sie geholt – Dein Hansl.‹ (Sie sind nämlich angeblich von Hannelore, es braucht ja niemand zu wissen, zumal ich das Leder dazu gegeben habe. Ich will doch jeglichen Ärger vermeiden.) Hannelore war in Berlin und hat ihre heißgeliebten, selbst verdienten braunen

Halbschuhe mit Gummisohle mitgebracht. Nun ist sie glücklich. Sie hat überall Glück gehabt und war heute morgen auch pünktlich zur Stelle. Nach den zwei bzw. drei Feiertagen, die wir gemacht haben, war natürlich der Praxisbetrieb groß, und wir sind erst abends um 19.00 h fertig geworden. Da noch allerhand Arbeiten vor Ostern fertig werden sollen, hat mein Techniker alle Hände voll zu tun, um die Kronen, Brücken, Prothesen usw. fertig zu bekommen. Mir hat die Arbeit auch wieder Spaß gemacht. Es waren auch einige schwierige Fälle dabei, und wenn man das alles spielend hinkriegt, so befriedigt das sehr.

Meinen Seelenfrieden habe ich ja, Gott sei Dank, durch Dich wiedergefunden, denn wenn man so ein stilles Glück im Herzen tragen darf, soll man seinem Schöpfer danken. Unsere Liebe zueinander ist ja mehr als eine erste oder Backfischliebe. Wenn sich zwei reife Menschen innerlich verbunden fühlen und auf Tod und Verderben zusammenhalten, so mag der Teufel persönlich kommen – mit dem werde ich auch noch meine Klinge kreuzen. Der Weg, der mir und uns bevorsteht, ist steinig und steil. Ich weiß es sehr genau, aber eine innere Stimme weist mich immer wieder dorthin, wenn mir Zweifel kommen, und ich nehme den Kampf mit der düsteren Zukunft auf, weil ich weiß, daß ich es schaffen werde. Die innere Kraft dazu gibt mir der Glaube, und nicht zuletzt bist Du es auch, die mich stärkt.

Hast Du eigentlich schon bemerkt, daß auch in Dir eine Wandlung vorgegangen ist? Ich kann sie Dir nicht beschreiben, aber ich fühle sie jedesmal mehr, wenn wir beisammen sind. Wir haben uns schon in der kurzen Zeit so harmonisch angeglichen, daß ich oft meine, wir kennten uns schon lange Jahre. Nehmen wir eigentlich viel Rücksicht aufeinander, oder sind wir wirklich so wesensgleich, daß wir keine Differenzen kennen? Dabei sind wir doch beide willensstarke Naturen. Du bist eine Frau – sie verlangt einen Mann, der stark ist, zu dem sie aufblicken kann. Er soll ihr Vorbild sein und doch will sie ihm Liebe schenken wie einem Kinde und ihn bemuttern, will ihn verwöhnen und ihm gut sein. Und wie wenig Männer gibt es, die das zu schätzen wissen! Wie oft wird ein zartes Blümchen, das eben aus der Knospe kommt, durch einen plötzlichen Hagelschlag zerschmettert! Liebste, gute Edith, noch habe ich Dich nicht restlos ausschöpfen können, was mir wohl nie gelingen wird, denn Du bist ein unerschöpflicher Born von Liebe, aber das eine kann ich Dir heute schon sagen: Wenn es Dir weiter so gelingt, Deinem Wolf so viel Vertrauen und Herzensglück zu schenken, wirst Du an seiner Seite in eine bessere Zukunft gehen. Es sind nicht die irdischen Güter, an die ich denke. Wohl gehört zum äußeren Glück auch ein entsprechender Rahmen, aber gerade wir beide haben am eigenen Leib erlebt, wie unglücklich man trotz aller irdischer Schätze sein kann, und wer sich erst einmal diesen Tatsachen gestellt hat, dem kann nichts mehr passieren. Ich habe schon zweimal aus eigener Kraft angefangen und mich in kürzester Zeit durchgesetzt, und ich werde es auch ein drittes Mal schaffen!

Ich schätze so viele Eigenschaften an Dir, die ich Dir nicht aufzählen will, und habe bei Dir und in Deiner Umgebung so vieles gesehen, was vielleicht nur mir aufgefallen ist – angenehm aufgefallen. Ich kenne auch schon kleine Schwächen von Dir und freue mich diebisch, wenn ich eine neue entdecke. Aber wir sind ja alle keine Engel, und ich muß auch ein Äquivalent haben gegen die Minuspunkte, die Du bei mir notiert hast! Dein veredelnder Einfluß hat schon goldene Früchte getragen, und in vielen Kleinigkeiten, die ich Dir nicht aufzuzählen brauche, merkst Du es am allerbesten selbst. Zum Beispiel trinkt der Wolf keinen Schnaps mehr, und ich entbehre ihn auch gar nicht. Die Schierker wissen nicht, was mit mir los ist. Die einen reden von Ehescheidung, die anderen glauben, ich habe meinen Brunftplatz woandershin verlegt. Die dritten meinen, ich habe kein Geld mehr; zu diesen halte ich. So wurde schon übel vermerkt, daß ich nicht am Samstag auf dem großen Ball war. Ich habe offiziell erklärt, daß mich dies mindestens hundert Mark gekostet hätte, die ich nicht besäße! Ist das nicht großartig bei den schlechten Zeiten? Heute habe ich damit bei einem Patienten in der Praxis so großes Mitleid erregt, daß er gleich seine Rechnung bezahlt hat.

Zur Zeit genieße ich das Alleinsein mit Dir. Das Gefühl der Einsamkeit, die Budenangst, wie man sagt, kommt bei mir gar nicht zum Durchbruch. Im Gegenteil, ich freue mich auf die Stunden der inneren Einkehr und auf Dich, und wenn es nur in Gestalt eines Briefes ist. In Gedanken nehme ich Dich in meine Arme, halte Dich geborgen und gebe Dir einen Gutenachtkuß, der so viele Wünsche enthält. Behalte mich lieb, meine Edith, ich verspreche Dir auch, daß ich ganz lieb zu Dir bin und auch bleiben werde. Lange werden wir es doch nicht aushalten, bis wir uns wiedersehen. Denk Dir schon mal aus, was wir dann anstellen!

Dein Dich treu liebender Wolf.«

»Schierke, den 26.4.49
Dienstagabend

Mein liebes, gutes Herzel!

Wenn ich auch keinen Brief an Dich schreiben muß, weil wir uns bald wieder treffen, so drängt es mich doch, mit Dir zu plaudern und Dir mein übervolles Herz auszuschütten. Einmal sind es die Eindrücke und Nachkläge unseres Beisammenseins, und auf der anderen Seite finde ich es schön, wenn man auch ein Brieflein hat, das man mit sich herumtragen kann.

Diesmal haben wir ja vieles miteinander besprochen, und ich danke Dir für das große Vertrauen, das Du mir entgegenbringst. Du, ich muß Dir jetzt was gestehen. Weißt Du, ich habe Dich kennengelernt, liebgewonnen und bin Dir immer mehr ein Freund und Geliebter geworden, weil Du eben so ein süßer Käfer bist und so ganz zu mir paßt. Um etwas anderes habe ich mich, offengestanden, nicht gekümmert. Ich wußte zwar, daß Du keine Dahergelaufene bist und in ordentlichen Verhältnissen lebst – aber allmählich hast Du mich so tief in die Karten schauen lassen, daß ich mir ernste Gedanken um mich selbst mache. Ich hoffe aber, daß Du weißt, daß ich Dich nicht irdischer Güter wegen liebe, und ich bin froh, daß Du mir das alles erst jetzt offenbart hast, sonst hätte ich berechtigte Hemmungen gezeigt. Verstehst Du mich, meine liebe Edith?
Hoffentlich brauchen wir diese Reserven jetzt nicht, sie mögen Dir für später das bieten, was ich Dir anfangs nicht geben kann! Immerhin hat es mich aber doch beruhigt, weiß ich doch, daß wir dadurch nicht in Situationen geraten können, die oft eine schwere Belastung für den Bestand der Liebe werden können. Du weißt ja, daß ich es aus eigener Kraft wieder schaffen will, und ich habe mir vorgenommen, daß ich im Notfall mir höchstens etwas borgen würde von Dir (gegen ... na, das sage ich Dir mal mündlich, es soll ja kein Geschäftsbrief werden). Ich will Dir nur meine Gedanken schreiben und mir ein gewisses Gefühl von der Seele schreiben. Letzten Endes hast Du ja auch drei Kinder, und für diese will ich doch auch mitsorgen. So, nun hat es einen Plumps getan, und dieser Stein ist auch vom Herzen.

Heute bist Du in Berlin. Seit ich von Dir weg bin, denke ich dauernd an Dich. Ich horche im Radio nach dem Wetter in Berlin, habe Dich auf Deiner Reise in Gedanken begleitet und freue mich nun schon auf das nächste Telefongespräch und das Wiedersehen. Ich mußte mich sehr beherrschen, Dein liebes Brieferl erst in Schierke aufzumachen. Vor meinem kurzen Mittagsschlaf habe ich es gelesen und danke Dir recht herzlich dafür, meine Süße. In den wenigen Zeilen liegt so viel Liebe und Fürsorge, daß ich mich richtig gefreut und innerlich daran erwärmt habe.

Am Montagnachmittag hatte ich sehr viel Arbeit, 15 Patienten und alles große Arbeiten. Abends um 7.00 Uhr war ich endlich fertig. Da kam zu meiner großen Überraschung Hansl an – er war ganz allein von Nordhausen hergefahren! Es wollte verschiedenes holen, da unten wäre es etwas langweilig, und ob sein Fahrrad schon repariert sei. Der kleine Kerl ist zu goldig. Heute nachmittag ist er wieder zurückgefahren. In Schierke erzählen sie sich mal wieder, der Dr. Wolf ginge weg von hier, wohin, das wissen sie nicht. Anscheinend ist das Gerede von der Ehescheidung mal nicht mehr akut.

So, nun habe ich Dir mal wieder etwas erzählt, und nun habe ich auch Zeit und Ruhe, meinen anderen schriftlichen Arbeiten nachzugehen. Zum Schluß möchte ich Dir, meine liebe Edith, noch mal Dank sagen für die wirklich herzliche Aufnahme bei Dir und die schönen Stunden, die ich bei Dir verleben durfte! Du weißt ja gar nicht, was Du mir dadurch gibst und wie glücklich ich an Deiner Seite bin. Ich habe aber auch das Gefühl, daß Du mich gerade jetzt brauchst, und ich meine, daß ich Dir Dein leicht erschüttertes Herzchen wieder ins Gleichgewicht gebracht habe. Dein Wolf wird Dir immer ein Seelenarzt sein und bleiben, und wenn Du ihn weiter so lieb hast, wird er Dir den Himmel auf Erden bereiten. An mir soll es nicht liegen.

Jetzt möchte ich Dich schnell ganz lieb drücken und küssen und Dich überhaupt nimmer hergeben.

In herzlicher Liebe immer Dein Wolf«

»Donnerstagabend, d. 4.5.49

Herzliebster – Du, ich weiß nicht recht, wo beginnen beim Schreiben meines Briefes, so übervoll ist mein Herz noch von Dir und von dem, was ich Dir sagen will und worüber ich mit Dir gern sprechen würde.

Wie Du gestern heimgekommen bist, wird mir sicher Dein nächster Brief berichten. Du Liebes, bei der Wärme! Immer mußte ich an Dich denken, abends um 7 Uhr atmete ich dann erleichtert auf und dachte, jetzt hat's Dein Wolf geschafft! Weißt Du, was ich vergaß? Für Lisl ein kleines Geburtstagsgeschenk mitzugeben. Ich schikke ihr morgen daher ein Päckchen, allerdings wird es nicht bis Sonntag da sein.

Gestern abend lag ich schon um 1/2 9 Uhr im Bett. Und Du warst bei mir. Nicht nur das, sondern ganz um mich. Weißt Du, schloß ich die Augen, so hörte ich nur noch ganz den Klang Deiner Stimme, sogar in ganzen Sätzen. Ich hörte das Klopfen Deines Herzens, meinte Deine Lippen und Hände zu fühlen – ja, mir war – wie soll ich es nur sagen – als atmete ich Deine Seele und Du die meinige! Mich überrieselte das Gefühl unserer Liebe so tief und mächtig, daß ich erschauerte, noch einmal Licht machte und mir Deinen Brief holte, den ich mir eigentlich bis heute aufheben wollte.
Du – Du mein geliebter Wolf, was ist es eigentlich, was uns beide so glücklich macht? So überlegte ich dann weiter gestern abend. Zuerst natürlich einmal die Liebe,

und dann wohl das wunderbare Gefühl des gegenseitigen Verstehens, des ineinander und aufeinander Eingehens, einfach weil man fühlt und weiß, was der andere gerade will. Ob es das wohl ist? Ich weiß es nicht mit Bestimmtheit, ich weiß nur, daß es so unsagbar schön ist und wohl gar nicht für alle sterblichen Menschen immer so ist, ich meine, so gewaltig schön, und daher, weißt Du, Liebster – ich nehme es, ›unsere Liebe‹ so, wie man sehr kostbare Geschenke nimmt, mit übervollem, dankbaren Herzen gegen Gott. In letzter Zeit kann ich gar nicht mehr viel oder lange beten, ich kann nur immer danken und denken, unser Himmlischer Vater und Christus müssen uns Menschenkinder doch sehr liebhaben, daß sie ein solches ›Fühlenkönnen‹ in uns legten.

Doch nun erst mal zu Deinem Brief! Einen dicken, langen Kuß dafür. (Schriebe ich ›viele‹, dann würde das nicht wahr werden, denn wann sollten wir nur je alle aufholen? Da doch wohl die, die wir uns in den Tagen unseres Beisammenseins schenken, immer dem Augenblick entspringen und nicht nachgeholte oder vorweggenommene Briefküsse sind).
Ich finde Deine Erklärungen und Ausführungen darüber, daß ich keine ›Dahergelaufene‹ bin, über ›ordentliche Verhältnisse‹ usw. und so fort direkt großartig, ganz mein Wolf, wie Du denkst und fühlst, aber gerade deshalb liebe ich Dich ja so. – Ist es nicht großartig, daß ab Montag die Blockade aufgehoben wird? Du, da lockern sich auch die Zonengrenzen und fallen vielleicht bald ganz! Hast Du schon an Marie und Jochen geschrieben, und haben Du und die Kinder den Spargel schon verzehrt? Ach nein, sie kommen ja erst morgen.

Ob Du mir wohl heute abend auch schreibst? Es ist schon gleich 11 Uhr! Ich war nämlich erst noch von 8 bis 9 in der Kirche zu einem Vortrag, aber Dir darüber zu schreiben, würde zu weit führen heute abend, mündlich dann einmal. Hast Du Dich über den Brief Deiner Mutter inzwischen wieder beruhigt? Du, Herbert, jetzt wirst Du aber keine Langeweile haben, gell! Einmal kannst Du dann jetzt immer ›Bianca Maria‹ lesen, und dann weißt Du doch, daß es jemanden gibt auf der Welt, der Dich ganz schrecklich doll lieb hat und dem Du immer auch in Briefen viel und alles erzählen kannst und dadurch Dich und den ›Jemand‹ glücklich und froh machst. –

Morgen fahre ich mit Mutti nach Magdeburg, aber nur kurz, denn Waltraud ist jetzt allein, Ilse hat 12 Tage Urlaub. Der bewußte Mann, von ich etwas erhoffe, ist heute noch nicht auf Urlaub eingetroffen, vielleicht morgen. Übermorgen schreibe ich wieder, bitte paß auf die Post auf, bitte!

Jetzt gehe ich schlafen. Gute Nacht, Liebster! Vielleicht schläfst Du schon, darum küß' ich Dir nur ganz behutsam und zart den Mund – so, und nun die Augen, und dann – da plötzlich wirst Du doch noch wach, und ich war doch sooo leise.

In herzlicher Liebe

Dein Edithlein«

»Montag, 9.5. 1949

Meine Edith!

Was für ein Glück bedeutet es doch, eine Frau ›sein‹ nennen zu dürfen, einen Menschen zu haben, einen Freund, Kameraden, und ihn darüber hinaus noch so von Herzen zu lieben, daß kein äußerer Anwurf die Festigkeit des Vertrauens erschüttern kann. Wenn ein Leben in

dem anderen verrinnt, wie der Bach im Strom – ist dieses Glücksgefühl nicht wunderbar? Fast erscheint es mir zu gewaltig, um von Dauer zu sein, und doch habe ich das innere Gefühl, daß wir allen Stürmen zum Trotz als Sieger hervorgehen. In dem Buch Bianca Marie steht ein Spruch, den ich mir gemerkt habe: ›Hüte Dich, zuviel vom Glück zu borgen, denn es nimmt Wucherzinsen!‹ Haben wir schon zuviel davon geborgt?
Jedenfalls war ich heute überglücklich, als ich Deinen Brief bekam, Liebste. Er kam gerade recht, denn ich war etwas mitgenommen von äußeren Einflüssen und brauchte einige tröstende Worte. Wie gut hat mir da Dein Brief getan – Edith, es ist ein Brief, wie Du ihn mir lange nicht mehr geschrieben hast! Du mußt das öfters tun, denn ich brauche Deine Liebe, damit ich die bösen Teufelchen, die mich manchmal nicht schlafen lassen, besser vertreiben kann. Habe innigen Dank!
Schön war es, daß ich Dich heute abend wieder einmal sprechen konnte. Die Verständigung war so gut wie noch nie, ich hörte Dich sogar atmen. Der 9. und der 17. sind immer Glückstage bei mir. Wenn der 13. auf einen Freitag fällt, so wie diesmal, ist es immer besonders schön. Ich bin zwar nicht abergläubisch, freue mich aber immer, wenn es eintrifft!

Nun will ich Dir schnell berichten, wie ich das Wochenende verbracht habe. Am Samstagnachmittag ruhte ich mich aus, bis die Kollegen aus Halle kamen, mit denen ich dann abends im Hotel König zusammensaß. Als ich dort ankam, spielten sie Skat. Ich setzte mich gleich als 4. Mann dazu. Das war mir sehr angenehm, denn die Herren fachsimpeln sonst zu viel, und was ich wissen wollte, erfuhr ich auch so nebenbei. Am Sonntag früh führte ich sie zum Schierker Bahnhof, wo Ende Juni der bewußte Kameradschaftsabend der Hallenser stattfinden soll. Es klappte alles, und so war ich die Gesellschaft auch los. Nachmittags war das Wetter schlecht,

und so verbrachte ich den Nachmittag und Abend ›bei mir‹, erledigte noch einige kleinere Arbeiten und war ganz froh in dem Gedanken an Dich.
Heute am Montag ging es schon früh los in der Praxis – Hannelore kam erst um halb elf, der Bus hatte eine Panne – und wir arbeiteten pausenlos durch bis halb zwei. Um drei Uhr ging es weiter, bis sieben Uhr abends. Wir wollen es doch schaffen in 14 Tagen. Um 19.00 Uhr sollte Hansl aus Nordhausen kommen. Ich ging ihm entgegen und traf den süßen kleinen Spatz auch am Eingang des Elendstals. 300 m hinter ihm kam dann zur Überraschung auch noch Lisl an, die eigentlich erst Ende der Woche kommen sollte. Beide fielen mir so lieb und herzlich um den Hals, daß ich ganz glücklich war. Sie erzählten mir vom Geburtstag und Jahrmarkt und hatten gar keine Zeit zum Essen. Ganz traurig waren sie, daß ich um halb neun wegging ins Hotel Heine, wo ich eine Verabredung hatte, außerdem wollte ich doch auch telefonieren.

Nun wieder zu uns, zu Deinem lieben Brief.
In Deinen Zeilen spüre ich Deine sorgende, führende Hand. Du hast Dich in mein Inneres und auch Äußeres bereits so eingefühlt, daß Du genau weißt, was mir fehlt und was ich fühle. Ich bin im Bewußtsein Deiner Liebe noch ruhiger und ausgeglichener geworden als zuvor. An sich bin ich ja ein Mensch, der so ausgeglichen ist, daß er keine inneren Hemmungen und Launen kennt. Das ist viel wert, und deshalb kann ich anderen so viel abgeben und ausgleichend wirken. Und doch hat mir bisher noch das letzte gefehlt, das Du mir gibst: Du hast es fertiggebracht, daß ich mich wieder selbst gefunden habe, mir meiner inneren Werte bewußt wurde. Du hast mir auch die Achtung vor dem Weibe, der Frau wiedergegeben, die ich beinahe zu verlieren drohte. Wenn Du unsere Liebe dankbar als kostbares Geschenk Gottes bezeichnest, so ist das wohl eine Auffassung, die der meines Herzens entspricht. –

Heute in vier Wochen werden wir weiter sein. Da werden unsere Ferien zu Ende gehen, und ich bin überzeugt, daß wir diese Wochen der Prüfung mit der gleichen Liebe überstehen werden und nur noch gefestigter aus diesem Zusammenleben hervorgehen. Ich freue mich ganz unbändig auf diese Zeit und kann sie kaum mehr erwarten. Wenn wir die ersten Tage hinter uns haben und frei sind und ganz für uns allein – ich glaube, ich werde Dich noch viel mehr liebhaben.

Noch gibt es aber viel Arbeit, und wir müssen hart sein. »Dein tägliches Quantum Sonnenschein mußt Du Dir selbst verdienen!« Das war immer mein Wahlspruch. Ich habe übrigens anhand meiner April-Abrechnung festgestellt, daß ich in den letzten Wochen recht fleißig war und meinen Umsatz von April 48 erreicht habe. Das ist viel in der heutigen wirtschaftlichen Lage und beruhigt mich sehr.
Nun aber Schluß, es ist halb zwei Uhr nachts, und ich gehe jetzt ins Bett, nicht ohne vorher Deinen lieben Brief zum xten Male gelesen zu haben, und dann bitte ich den lieben Gott noch, daß er unsere Liebe segnen möge.

Einen innigen Kuß in herzlicher Verbundenheit

Dein Wölfchen«

»Calbe, d.16.5.49

Mein liebster Herbert!

Heute in einer Woche! Du, Du, ich bin genau so ungeduldig wie Du und kann es kaum mehr erwarten. Ob wir dann alles schon gut überstanden haben? Wenn es gut

geht, ist es zu schön, um es sich auszudenken.
Es wird aber auch Zeit, daß Du mal wieder bei mir bist. Gestern abend war ich so weit, daß ich plötzlich weinte, es war um die Zeit des Dunkelwerdens, so gegen 9 Uhr. Ich hatte eine schrecklicke halbe Stunde. Dann schalt ich mich selbst, warum eigentlich? Denn wenn ich weiß, daß Du mich liebhast und mich brauchst und Dich nach mir sehnst, warum hatte ich Grund zu solchen Depressionen? Ich weiß es selbst nicht, es kam einfach über mich, und wenn Du bei mir gewesen wärest, es wäre nicht so gekommen. Du geliebter Wolf, ich freue mich ja sooo doll!

Heute nachmittag erhielt ich Deinen lieben Brief von Freitag, wofür ich Dir herzlich danke. Ebenso Lisl, die ja eine sehr gleichmäßige, runde Schrift hat. Dies wird heute nun mein letzter Brief sein. Ich nehme an, daß Du ihn Freitag hast, und stell' Dir vor, dann sind es nur noch 3 Tage!

In Liebe
Deine Edith«

»Bayreuth, Pfingstsonntag
5. 6. 49 19.30

Du, meine Geliebte!

Länger halte ich es nicht mehr aus – ich muß Dir heute schreiben, wenn ich auch wenig Ruhe (von außen her) habe. Als wir uns gestern trennten, trank ich noch eine Portion Kaffee und aß ein Stück Kuchen, ging zum Bahnhof zurück und wartete auf meinen Zug. Die Reise verlief planmäßig, um halb zwölf nachts war ich zu Hause bei Muttern. Unterwegs kam ich mir recht einsam und verlassen vor, und in meinen Ohren klang immer noch ein liebes ›Wolfi‹. So ist es auch noch, und ich bin recht glücklich in dem Gedanken an Dich und an uns.

Die hohen Berge vor uns scheinen auch nicht mehr so unüberwindlich zu sein, und ich habe bereits eine längere Aussprache mit meinem Bruder und meiner Schwägerin hinter mir. Bei dieser Gelegenheit ist so manches herausgekommen, was wichtig ist und ich Dir selbst erzählen muß. Nun werde ich noch mit meiner Lieblingsschwester Marie die entscheidende Besprechung halten. Meine alte Mutter wollen wir lt. Familienrat vorläufig nicht aufregen, da ihr Herz ziemlich krank ist und mein Besuch sie innerlich sowieso erregt. Du kannst aber zuversichtlich sein, wir werden es schon schaffen. Geld ist auch noch da für mich, und so werde ich den Rest der Reise schon meistern. Ich sorge mich noch um Dich, hoffentlich bist Du gut angekommen und es ist alles in Ordnung.

Ich habe Dich so unbeschreiblich lieb, mein liebes Herzel, und kann mir ein Leben ohne Dich nicht mehr vorstellen.

Laß uns für heute schließen. Herzliche Grüße und Küsse in Liebe und Treue

Dein Wolfi.«

»Calbe, d. 8.6.49

Mein einzig geliebter Wolfi!

Wie entsetzlich lang ist es her, daß ich Dir in die Augen schauen durfte, daß Du mich geküßt hast und daß ich mich an Dich schmiegen konnte und nichts als glücklich war. Glücklich bin ich allerdings auch heute, denn weiß ich doch nun, daß es nichts gibt, was mich von Dir wieder trennen könnte, Menschen ebenso wenig wie Dinge oder äußere Umstände. Komisch ist es, daß jede Trennung von Dir dazu beiträgt, mich immer fester an Dich zu schmieden, soweit das überhaupt noch möglich ist.

Geliebter Mensch, endlich finde ich Zeit, mit Dir zu reden – brieflich –, gedanklich geschieht es ja stündlich, ich möchte sagen, ununterbrochen. Geht es Dir auch so, Liebster? Doch jetzt will ich Dir berichten von da an, wo wir uns voneinander auf dem Bahnhof in München verabschiedeten. Das Letzte, was ich sah, war Deine winkende Hand und der immer kleiner werdende Hut, bis alles ein verschwommenes Bild vor meinen Augen war.
Der ratternde Gleichklang des Zuges tat mir unendlich wohl. Ich schloß die Augen, lehnte mich in meiner Ecke zurück, und meine Gedanken reisten schneller als der Zug, trotzdem sie doch kreuz und quer und hin und rück fuhren. In Ansbach stieg endlich der mir unangenehme Mensch gegenüber aus, denn schon nach der ersten Station war ich mit ihm allein gewesen.
Es kam dort ein junges Ehepaar mit einem kleinen, aber sehr artigen Jungen hinzu, mit denen ich bis Börßum das Abteil teilte. Auf der Holzbank konnte ich mich ausstrekken, da mir jedoch Deine weiche Schulter fehlte, mußte ich des öfteren mal wieder aufstehen, denn es war nicht nur hart, sondern auch kalt.
Kurz nach 6 Uhr landete ich schon in Hedwigsburg. Es war ein herrlicher Pfingstmorgen, die Lerchen sangen, als wüßten sie es. 15 Minuten nur, und schon war ich in Kissenbrück, wo mich Frau Brückner schon erwartete. Ich konnte noch bis zum allgemeinen Familienfrühstück (14 Personen) um halb elf schlafen.

Nachdem ich nun nicht mehr bei Dir sein konnte, wollte ich auch möglichst bald ganz nach Hause. So fuhr ich denn am 2. Pfingsttag um viertel vor zehn dort ab und war bereits nachmittags um viertel vor vier zu Hause. Die Freude war natürlich groß, und jeder wollte neben Mutti sitzen beim Kaffee. Ich mußte denken, so wird es in Bayreuth wohl auch sein und sah Dich in Gedanken zwischen Deiner Mutter und einer Nichte oder einem Neffen. Du, denke nur, es wurde richtig hohe Zeit, daß ich kam, wir ernteten 55 Pfund Erdbeeren an diesem ersten Tage, gestern 32, heute 47 Pfund. Ich lebe jetzt fast ausschließlich davon, doch schmeckt mir alles nur halb so gut, weil mein Liebster nichts davon hat. Auch an Hansl und Liesl muß ich oft denken, denen doch Obst dort oben auch nur eine Seltenheit ist. Vielleicht geht es doch einzurichten, daß, wenn Mutti Ende Juni nach Schierke fährt, der Bub wenigstens für 10 Tage mit dem Auto zurückkommt? Denk mal darüber nach und gib mir Bescheid.

Für heute mit aller Liebe

Deine Edith«

»Montag, den 13. Juni 1949

Meine herzliebste Edith!

Es ist furchtbar schwer, mich wieder einzugewöhnen, ohne Deine Nähe zu spüren. Alles um mich herum ist so fremd, und selbst meine Kinder können mir die Liebe Ediths nicht im geringsten ersetzen. Das gestrige Telefongespräch mit der langen Störung hat uns nur den Entschluß gebracht, daß wir uns möglichst bald treffen wollen. Wenn Du wüßtest, wie einsam ich mich fühle, welche Sehnsucht ich habe! Dreimal war ich schon bei Kluth und habe nach ihm und Deinem Brief geguckt. Aber er ist auswärts und wird erst spät heimkommen. Wenn er Deinen Brief schon hat, trägt er ihn sicher mit sich in der Tasche herum.

Käthi ist heute früh nach Nordhausen abgereist. Ich habe das Gefühl, daß sie sich langsam, aber sicher von mir absetzt, wofür ich ihr ja genug Grund gegeben habe. An äußeren Anzeichen konnte ich nur bemerken, daß jeden Sonntag eine Kiste mit ihr abwandert. Dieses Mal hat sie sogar ihre Kassette, den größten Teil ihres Silbers, einen Teppich u.a. mitgenommen. Außerdem war Käthi beim Anwalt in Wernigerode wegen ihrer Erbschaftsangelegenheit in Nordhausen und ließ sich dort alle Möglichkeiten ausarbeiten, die ihr väterliches Erbe betreffen, wenn ihre Mutter stirbt. Ihr Bruder ist doch nach dem Westen abgehauen, und es kann der Fall eintreten, daß mit dem Tode der alten Frau der Fabrikanteil des Bruders kassiert wird. Jedenfalls interessiert sie sich sehr für diese Frage, was darauf schließen läßt, daß sie mit dem Ernstfall rechnet. Das kann mir ja nur recht sein. Zum offenen Angriff bin ich ja noch nicht übergegangen, aber die Lage wird immer gespannter und spitzt sich allmählich in einen verdeckten Kleinkrieg zu. Deshalb will ich am Samstag mal zu meinem Anwalt fahren, damit ich nichts verkehrt mache. Mein Bruder hat mir da wertvolle Hinweise gegeben, so kommt der Stein langsam, aber sicher ins Rollen.

Was Deinen Part dabei anbetrifft, so mußt Du mich innerlich stützen und recht lieb zu mir sein, damit ich die seelische Belastung leichter ertrage. Tust Du das, mein Herzel? Und dann müssen wir uns öfters treffen, damit wir uns über alles aussprechen können und alles nicht so schwierig wird. Ich habe mich sehr über die Haltung meiner Mutter und meiner Geschwister gefreut. Am Samstag vor Pfingsten kam ich doch heim, und am Montag hatte ich abends eine längere Aussprache mit meinem Bruder, wobei er mir seine Hilfe anbot. Als ich am Mittwoch zurückkam, hatte er alles geregelt. Käthi hatte zwei Fotos

geschickt von vor Weihnachten, wo sie mit den Kindern drauf ist. Sie sieht auf den Bildern sehr schlecht aus, und wir waren uns damals (vor Weihnachten) einig, daß diese Fotos zerrissen werden. Nun hat sie sie zum Geburtstag geschickt, sie wollte anscheinend Mitleid erwecken. Diese Fotos bildeten den Anlaß zur Aussprache, und ich habe ihnen reinen Wein eingeschenkt. Daraufhin hat meine Mutter die Fotos zerrissen und gesagt, daß der Fall für sie erledigt sei. Meine Mutter hat einen hervorragenden Charakter, und ich habe mich gefreut, daß sie sich auch nicht weiter aufgeregt hat. ›Geahnt habe ich es seit Jahren, daß da was nicht stimmt!‹ hat sie mir gesagt.
Jedenfalls ist bei meiner Familie alles in guter Ordnung, und meiner Schwester Marie wird die Aufgabe obliegen, die vermittelnde Rolle in dem Scheidungsprozeß zu spielen, damit nicht beide Teile vor lauter Prozessieren pleite gehen, wie es bei meinem Bruder beinahe geschah. Käthi hat gemerkt, daß es nun ernst wird, und hat auch heimlich einen Brief an meine Schwester geschrieben. In diesem Brief wurden Vermutungen angestellt, die sich auch bestätigt haben. Darüber werde ich Dir persönlich berichten.

Entschuldige, meine liebe Edith, wenn ich Dich mit all dem belaste, aber schau, ich habe niemanden außer Dir und muß mir das von der Seele schreiben. Hinterher ist es einem dann leichter!

Heute war der erste Arbeitstag, ich hatte 17 Patienten. Es hat sich schon herumgesprochen, daß ich wieder da bin, und alle wollten meine neuen Schuhe sehen. Ich habe sie gestern einmal durchs Dorf angehabt. Die sind eben zu schade für Schierke; ich habe sie selbst geputzt, eingespannt und verstaut. Morgen wird wohl mehr zu tun sein, und dann kommt der Mittwochnachmittag und der Donnerstagvormittag, den ich mir freigenommen habe und auf den ich mich sehr freue. Unser alter strenger Postenführer bei der Grenzpolizei ist wieder hier und macht alle verrückt. Gestern hat er 10 Frauen eingelocht, die verraten worden waren, daß sie über die Grenze gegangen sind. Jetzt traut sich keiner mehr über die Grenze. Eine Frau von Bernburg haben sie nachts um 12.00 Uhr vor ihrem Haus festgenommen! Wie kann man auch über die Grenze gehen, wo es doch hier alles gibt! Sonst gibt es keine Neuigkeiten, aber es wird doch allerhand geklatscht. Hannelore erfährt fast alles und erzählt es mir wieder. Da gibt es dann immer viel zu lachen für uns.

Ob Du wohl jetzt auch an mich denkst? Ich bin den ganzen Tag bei Dir in Gedanken, und kann mir ein Leben ohne Dich nicht mehr vorstellen. Woher kommt das nur? Und es wird immer schlimmer statt besser! Dabei diese schlechte Postverbindung und kein Telefon. Es ist nur ein Glück, daß ich wenigstens allein bin, d.h. ohne meine Frau, sonst wäre es für mich unerträglich. Am 9.11. werden es 20 Jahre, die ich es ausgehalten habe. Kaum glaublich, aber es mußte wohl so sein, sonst hätte ich Dich nicht gefunden. Das Schicksal geht oft seltsame Wege, und gerade bei uns beiden kann man das besonders behaupten. Ich habe Dich nun 14 Tage an meiner Seite erleben dürfen, und Du bist mir das gewesen, was ich erwartet hatte. Du hast mich keinen Augenblick enttäuscht, im Gegenteil, und das macht mich ordentlich stolz. Wenn ich erst ganz bei Dir bin – oder besser gesagt, Du bei mir, dann wirst Du auch in mir den Mann finden, den Du gesucht hast.
In herzlicher Liebe Dein Wolfi.«

»Samstag, den 9.7.49 nachmittags

Mein heißgeliebtes Sonnenkind!

Draußen ist es so schön warm, und das gibt auch mir Freude, Freude im Herzen und Gedanken an Dich. Jeder Tag, der vergeht, bringt mich Dir näher, und gerade heute habe ich wieder einmal einen Anlaß, dankbar zu sein. Denk Dir, der Kollege, der mich damals vertreten wollte, hat mir geschrieben. Ich bot ihm an, beim Wiederaufbau einer Praxis behilflich zu sein, nachdem er an Weihnachten aus russischer Kriegsgefangenschaft zurückgekommen ist. Er schreibt mir nun einen sehr netten Brief, der auf große Herzensbildung schließen läßt. Ich habe mit ihm folgendes vor: Er soll meine Praxis übernehmen und im Laufe der Zeit eine bestimmte Summe monatlich abzahlen, was ihm bestimmt ganz leichtfallen wird. Mit der Einrichtung kommen wir wohl auch zurecht, denn ich kann ja nicht alles mitnehmen, und was er sonst noch braucht, beschaffen wir auch. Er ist anscheinend noch Junggeselle, hat momentan Vertretungen und will im Herbst an die Poliklinik in Bleicherode. Das ist doch gerade meine Masche. Ich setze ihn hier herein, und ich übernehme dann 4 Wochen später eine Stelle als bezahlter Zahnarzt, komme dadurch gut hier weg und kann alles abwickeln. Ein Teil der Wohnung kann ans Wohnungsamt zurück, und ich behalte für mich noch einen Raum (ich dachte an das Schlafzimmer mit Bad), wo ich meine Sachen noch unterstellen kann. Vielleicht hast Du dann Gelegenheit, sie später nachzuholen. Ich denke da an die privaten Möbel usw. Meine Praxis kann ich dann öffentlich abtransportieren und laufe keine Gefahr, daß ich behindert werde.

Mit dem Kreisarzt und der Zahnärztekammer in Halle stelle ich mich auch gut und werde es wohl schaffen, daß ich mich abmelden und den Kollegen reinsetzen kann.

Dazu muß ich ihn bald einmal persönlich treffen, um ihn mir anzusehen. Ich bin froh, daß der Brief persönlich mitgenommen wird, da kann ich doch alles reinschreiben. Der Kollege ist zur Zeit auf einer Vertretung in Salzungen bei Eisenach. Er kann aber nicht weg, weil er noch eine Vertretung hat. Nun habe ich schon gedacht, daß ich heute in einer Woche dorthin fahre bzw. mich mit ihm in Eisenach treffe und das Nähere, vor allem den Termin, bespreche. Ich drücke auf den 15. September spätestens, was meinst Du? Er kann am 1.9. schon kommen und wird eingearbeitet. Wenn er jetzt kein Geld hat, so macht das nichts, denn er kann ja monatlich leicht einige hundert Mark einbringen und diese dann an Dich oder eine Bank überweisen, bis die Übernahmesumme bezahlt ist. Auf diese Weise schlage ich auch noch etwas Kapital heraus. Ich dachte, ihm die Praxis für 10 Mille Ost zu überlassen.

Wenn ich also in der nächsten Woche dorthin fahre, habe ich auch eine feine Ausrede, mich vor der Einladung zur Hochzeit zu drücken. Ich wäre sowieso nicht hingefahren und wollte das morgen Käthi telefonisch mitteilen, falls sie heute abend nicht kommt, womit ich nicht rechne. Überhaupt will ich sie gar nicht mehr sehen. Heute morgen habe ich mir ein Exposée ausgedacht, was ich alles gegen sie vorbringen kann und dabei festgestellt, daß sie nicht verdient, von mir weiter Unterhalt zu beziehen. Wenn die Kinder fort sind und sie bis dahin nichts unternommen hat, werde ich Anfang August einen Einschreibe-Brief an sie schicken, den ich vorher meinem Anwalt zeige. Falls sie eine gütliche Einigung nicht vorzieht, geht die ganze Geschichte durch den Anwalt.

Nun sind es doch wieder 4 Seiten geworden, daß ich Dir von dem ganzen Sorgenkomplex berichtet habe. Aber letzten Endes sind es ja auch Deine Sorgen mit. Einen Geschäftsbrief lege ich auch noch bei, da hast Du also genug zum Nachdenken und Organisieren. Hoffentlich klappt das mit Berlin und dem Transport. Vergiß es nicht!

Und nun zu uns. – Deine Angelika war heute mit Omi hier, und ich habe Omi noch einmal behandelt. Ich bin froh, daß sie so gut mit der neuen Prothese zurechtkommt. Sie sagte was von Rechnung schicken; darauf habe ich gar nicht reagiert. Vielleicht bist Du so freundlich und bringst ihr bei, daß ich das ›à conto der neuen Verwandtschaft‹ gemacht habe. Ich bin sowieso in Schulden bei Deinen Eltern, sie haben mich so oft eingeladen und verwöhnt. Das kommt also gar nicht in Frage, verstanden! – Angelika habe ich besonders ins Herz geschlossen, und wenn ich ihr in die Augen schaue, sehe ich immer mein liebes Edithlein!

Laß Dich recht herzlich umarmen und fest drücken und Dich ganz toll liebhaben. Schlaf viel, damit Du Deine Nerven schonst! Du warst dieses Mal wieder recht nervös, und ich sorge mich um Dich!

Innige Küsse

Dein Wolfi.«

»Samstag, 6. August 1949

Meine liebe, gute Edith!

Meine Gedanken sind wieder einmal so heftig bei Dir, daß ich Dir schnell einen lieben Gruß schicken muß. Wo Du wohl bist? Ob Du gestern abend Besuch bekommen hast, mit dem Du weggefahren bist, oder ob Du noch wartest? Heute wollte ich eigentlich nach Wernigerode, aber es wurde nichts daraus, denn ich habe verschlafen. Schuld daran war Buschi Schmid, die mich unbedingt gestern abend ins Heine haben wollte. Ich war erst um 19.30 mit der Praxis fertig und ging dann um 22.00 Uhr hin. Die Folge davon war, daß es später wurde, zumal ein großer Tanzabend der Kurverwaltung mit Lauchwitz aus Magdeburg als Ansager angesetzt war. Es war voll und viel gemischtes Volk, Du hast nichts versäumt. Mir macht das Ausgehen ohne Dich auch keinen Spaß mehr.

Heute habe ich schwer geschwitzt: 14 Kisten aus dem Keller geholt, sie ausgeräumt, an der Sonne getrocknet, ausgebürstet und die Deckel dazu verpaßt, hinterher habe ich die Veranda ausgeräumt und alles dort hingestellt. Übrigens sollte es anscheinend sein, daß ich den Zug versäumte, denn heute nachmittag lernte ich einen Kollegen kennen, der eine Praxis sucht und aus Oebisfelde stammt. Er wohnt nebenan und hat mich vorhin besucht. Bisher war er an der Klinik in Halle bei Prof. Reichenbach. Es ist nicht ausgeschlossen, daß er anbeißt. Der Fall wäre günstig, weil er eine Einrichtung hat. Der Kollege aus Salzungen bei Eisenach hat auch geschrieben. Mir scheint aber, daß er etwas wenig Unternehmungsgeist hat; vor allem kann er erst im Oktober abkommen. Ich meine, wenn ich so etwas angeboten bekomme, brauche ich doch auf meinen Chef keine große Rücksicht zu nehmen. Auf die Annonce ist noch nichts gekommen.

Am 20.8. fahre ich evtl. nach Münchberg, wenn ich Nachricht habe. Und so könnte ich dann doch eigentlich den nächsten Sonntag bei Dir verbringen. Darüber werden wir uns noch telefonisch unterhalten. Heute abend ist Paul Kluth wieder einmal hier. Er will mich besuchen. Dann werde ich ihn mit zu König schleppen zum Telefonieren. Ob ich Dich erreiche, oder ob Du schon bald am Strand bist mit Erich? Übrigens hat mich beruhigt, daß er verheiratet ist. So ganz geht er mir ja nicht aus dem Kopf, aber wir brauchen ihn doch noch. Am Mittwoch werde ich mal zu meinem Anwalt fahren, heute hätte ich ihn sowieso nicht angetroffen, weil er die Praxis samstags geschlossen hat.

Nun habe ich Dir meine Sorgen, unsere Sorgen, wieder etwas ausgeschüttet. Und Du, mein Herzerl? Hast mich noch lieb, Deinen Wolfi, Deinen Guten? Ich möchte Dich immerzu in die Arme schließen! Kommst Du auch recht bald zu mir?

Laß Dich innig umarmen und küssen von Deinem Wolfili.«

»Mittwoch, den 17.8.49

Mein herziges Schätzelein!

Heute nachmittag habe ich schon zweimal einen Brief an Dich geschrieben und wieder zerfetzt, was sonst nicht meine Art ist. Aber in dem einen hatte ich zu viel geschrieben, und der andere war auch Mist. Weißt Du, ich war etwas aufgeregt und wollte doch den Brief noch mit zur Post bringen. Schließlich gab ich es auf und schrieb zwei Briefe, einen an meinen Bruder und einen an Ekkert. Dann machte ich einen Spaziergang, und es wurde besser. Wenn ich längere Zeit nicht an die Luft komme, werde ich kribbelig und habe schlechte Laune. (Das mußt Du Dir merken.) Ich muß mich zwischendurch auslaufen und raus in die Natur. Da war die Jagd früher eine nette Entspannung. Später machen wir dann Wanderungen zusammen, gehst Du da mit mir?

Das Alleinsein macht mir ja nichts aus, aber an Tagen, an denen schwere Entscheidungen zu treffen sind, fühlt man sich so einsam und verlassen. Wenn Du nicht gar so weit weg wärest, käme ich wirklich zu Dir, mein Gutes!

Die eine Entscheidung hatte ich glücklich verdaut – es drehte sich um den Vertreter während meines Krankheitsurlaubs – schon kam der Brief von Eckert und brachte neue Probleme. Zur ersten Sache wäre zu sagen, daß ich mit dem jungen Kollegen besser zurechtkomme und er bessere Erfolgsaussichten bringt. Das Nähere werde ich Dir mündlich erklären.
Das zweite ist weit schwerer zu entscheiden, und da hätte ich Dich gern gehört. Ich habe mich aber entschlossen, meine Disposition in der Kindl-Angelegenheit nicht zu ändern, denn sonst kommt mir wieder was dazwischen. Mit meinem Geld werde ich schon hinkommen, ich muß aber sparsam wirtschaften; im übrigen hoffe ich, daß im Oktober das Holzgeschäft losgeht und mir auch was einbringt. Wenn uns die Trennung zu lang wird, so finden wir schon Mittel und Wege, um vielleicht irgendwo 8 Tage zusammenzusein, wo es nicht zu teuer ist. Das werde ich dann schon einfädeln. Im übrigen brauche ich vorher noch viel Zeit zu meinen verschiedenen Besuchen. Du wirst mich mit allen Adressen und Vollmachten ausstatten, und ich werde dann alles zusammenholen, was noch verstreut herumliegt, und irgendwo günstig unterbringen. Die Telefonnummer von Erich brauche ich auch.

Morgen kommt hoffentlich Hannelore wieder. Es wird auch Zeit, denn ich habe keine Vorräte mehr. Nur gut, daß Du mich so versorgst. Da muß Hannelore morgen auf die Marken alles kaufen. Am Sonntag kommt dann unser Mädchen wieder. Ich werde Dich demnächst anrufen und sehen, ob wir uns in Magdeburg treffen können. Weißt Du, es hat keinen Zweck, wenn wir uns irgendwie einladen, denn wir wollen ja unter uns sein und haben uns doch immer so viel zu erzählen. Ich denke, wir übernachten dann eben im Grünen Baum oder so. Hoffentlich klappt es so, wie wir es uns gedacht haben. Warum nicht, es ging bisher immer gut und muß auch diesmal gehen.

Vorhin habe ich zwei Kisten gepackt und mal alles überschlagen. Ich komme ganz gut zurecht und brauche auch nicht mehr viel zu ordnen. Das Wichtigste ist nun, daß ich zu meinem Anwalt fahre – vielleicht am Freitagabend, ich wollte ihn morgen anrufen, vielleicht kommt er mal rauf, er hat es schon lange vor.

Nun ist es doch halb zwölf geworden, und ich muß ins Bett. Vorher denke ich ganz lieb an Dich, schaue wie jeden Abend Dein Bild an und schließe Dich dann in mein Gebet ein. Schlaf recht gut, mein Liebling, und sorge Dich nicht zu sehr, ich schaffe es schon, und Du hilfst mir fest dabei.

Tausend liebe Küsse in heißer Liebe Dein Wolfili«

OBERFRANKEN

»Bayreuth, den 7.9.49

Mein liebes, gutes Herzerl!

Mein Herz ist noch so voll, daß ich gar nicht weiß, wo ich beginnen soll. Als ich gestern abend von Dir Abschied nahm, war mir noch recht wehmütig ums Herz – dann aber habe ich mir gesagt: Wolfili, nun geht es los, nun mußt Du hart sein und an Dein neues Leben denken, das Du mit Deinem Herzerl führen willst, und dann war ich auf einmal so glücklich und frei! Ich bekam bald genügend Platz im Zuge, konnte auch etwas schlafen. Um dreiviertel sieben war ich pünktlich in Nürnberg, ließ mich rasieren und mir die Haare schneiden, und dann frühstückte ich im Wartesaal. Ein Bummel durch Nürnberg erfrischte mich etwas. Nun war noch die Marktredwitzer Sache zu erledigen. Pünktlich um viertel vor zehn kam Dr. Etzel, der Corpsbruder und Anwalt mit der Witwe Schnappauf an, und wir gingen zum Bezirksverein der Zahnärzte. Es war in der Nähe des Bahnhofs, so daß ich um 11.00 den Omnibus nach Bayreuth noch bekam und um kurz vor eins in der Wohnung war. Hansl hatte mich als erster entdeckt und fiel mir um den Hals. Es geht ihm glänzend, und alle haben sich gefreut, daß ich da bin. Ein gutes Mittagessen, Mittagsschlaf und Kaffee stellten das seelische Gleichgewicht vollständig wieder her.

Nun zur Sache: also in der Marktredwitzer Angelegenheit kann es sich nur um eine Vertretung für Wochen oder Monate handeln, da die Witwe noch ein halbes Jahr die Nutznießung der Praxis hat. Vorläufig sitzt ein junger Kollege drin, der nicht viel kann. Ich soll mich morgen mal mit einem anderen Kollegen in Verbindung setzen, der den Nachlaß verwaltet. Voraussetzung für mich ist, daß ich dabei sehr viel Geld verdienen müßte – sonst hat es für mich keinen Zweck. Im übrigen gewinne ich durch die Angelegenheit sonst nichts, denn nach den Bestimmungen kann man mir von der Bezirksstelle in Nürnberg aus auch nicht helfen; d.h. meine Aufenthaltsgenehmigung bzw. Repatriierung in Bayern muß ich mir in München besorgen. Heute abend rufe ich den Treuhänder der Praxis Marktredwitz an. Im übrigen will ich bald nach München fahren, um nach Wohnung, Unterstellmöglichkeit Deiner Kiste usw. gucken. Ich habe richtigen Auftrieb und freue mich über mein Aufgabengebiet.

Herzerl, es muß alles schnell gehen, Du mußt bald zu mir kommen, ich kann ohne Dich nicht mehr sein. Das habe ich erst jetzt wieder empfunden. In Eichenburg wollten sie mich, weiß Gott, raussetzen, ich habe mich aber losgequasselt. Ich hatte mehr Angst um die Marken als um mich! Es ging aber gut, und ich lief dem Beamten so lange nach, bis er mir meinen Paß rücklings wieder zusteckte!

Morgen kriegst Du wieder einen Bericht. Das Paket aus Helmstedt ist auch da. Ich hoffe, Du bist wieder gut zurückgekommen. Ich halte Dir die Daumen und bin immer bei Dir. Ich freue mich schon auf Deinen ersten Brief.

In Gedanken umarme ich Dich herzinnig und gebe Dir recht viele liebe Küßchen.

Dein Wolfili.«

»Nürnberg, den 9.9.49

Beim Mittagessen im Bürgerbräu:

Rehbraten
Rotkraut
Preiselbeeren –
DM 2,30

Mein geliebter Schatz!

Du Goldengel scheinst mir doch Glück zu bringen: Ich bin seit meinem Hiersein noch nicht zur Ruhe gekommen. Nach Vorbesprechungen in Nürnberg und Bayreuth fuhr ich gestern früh um 8 Uhr mit dem Bus nach Marktredwitz, um mir die angebotene Praxis anzusehen. Direkt wundervoll, modernst eingerichtet, großes herrliches Wartezimmer, Bad, Warmwasseranlage, ein großes Zimmer (zunächst möbliert) für mich. Nachdem die Wiederzulassungsbedingungen und vor allem die Kassenzulassung jetzt äußerst schwierig sind und ich auf diese Weise gut hineinrutsche, werde ich die Praxis zunächst auf einige Monate auf eigene Rechnung übernehmen und der Witwe ein angemessenes Fixum geben. Denk Dir, es ist die beste Praxis in der Umgebung und hat einen buchmäßig festgestellten Reingewinn von über 20 Mille im Jahr. Das ist das, was ich suche.

Nun bin ich heute schon wieder auf Achse, war eben in Nürnberg beim Bezirksverein, und nun fahre ich um 14 Uhr weiter nach München, um mir eine Aufenthaltsgenehmigung zu holen und meine Gesuche einzureichen. Wenn alles klappt, fange ich bereits am 15.9. mit der Arbeit an, denn der Vertreter, der in der Praxis sitzt, ist dem Ansturm nicht gewachsen. Also, Herzel, ab 15.9. verdient Wolfi das erste Geld. Natürlich behalte ich München im Auge. Bei der Zulassung in Marktredwitz habe ich die Möglichkeit, später die Kassenpraxis auf München zu überschreiben. Ansonsten ist eine Kassenzulassung vor Jahren nicht zu erwarten. Also mal wieder Schwein gehabt, wenn alles klappt. Halt den Daumen! Ich bin jedenfalls sehr glücklich.
Übrigens gefällt mir Marktredwitz sehr gut, ein sauberes, urgemütliches Städtchen mit ca. 20 – 25.000 Einwohnern, viel Industrie (Porzellan). Die Praxis hat 70% Privatpatienten, eine Goldgrube! Marktredwitz ist die sog.

verkehrstechnische Drehscheibe Europas. Alle D-Züge fahren durch (München in 4 Stunden, Nürnberg in 2 Stunden). Von München aus schreibe ich mehr.

Herzliche Grüße und viele liebe Küsse Dein Wolfili«

den 14.9.49
»Mittwochabend, Bayreuth

Mein liebes Edithlein!

Nun ist schon wieder eine Woche vergangen, seit wir uns trennten. Ich sehe Deine Augen noch beim Abschied, ein letztes Winken. Die Sehnsucht nach Dir ist so groß, daß ich es nicht beschreiben kann. Gestern kam Dein Gruß mit den Papieren. Herzlichen Dank, mein Gutes.

Ich habe in der Zwischenzeit viel gekämpft und bin dauernd auf Achse gewesen. Am Montag war ich beim Stadtdirektor in München. Er hat stundenlang für mich rumtelefoniert, Gesetze und Bestimmungen herausgesucht. Aber es kam nichts weiter heraus, als daß er mir sagen konnte, an wen ich mich weiter wenden kann. Montag abend hat Max Eckert einen Abend nach altem Muster veranstaltet. Dienstag früh fuhr ich nach Marktredwitz, wo ich mit einem Empfehlungsschreiben beim Oberbürgermeister landete. Kurz gesagt, ich wurde dann dort dem Flüchtlingsamt zugewiesen und erhielt ein Schreiben, daß meinem Zuzug zwecks Übernahme einer verwaisten Praxis seitens der Stadt nichts im Wege steht. Aber ich komme nicht darum herum, mich beim Zentralflüchtlingsamt in Gießen (!) persönlich zu melden. Das ist bitter, aber nicht zu umgehen. Ich fahre also heute nach los und bin morgen früh um halb neun in Gießen. Dort hoffe ich, mit Hilfe zweier bekannter Ärzte, die viel-

leicht Beziehungen haben, in ein paar Tagen wieder loszukommen.
Ja, es ist wahnsinnig schwer, bis alles durchgepaukt ist. Wenn ich zurück bin, fahre ich noch einen Tag nach Hause, um dann hoffentlich um den 20. herum die Praxis zu übernehmen. Wenn ich dann dort bin, muß ich noch drei Gesuche nach München machen; da habe ich aber schon vorgearbeitet. Dann habe ich Zuzugsgenehmigung, Niederlassung und Kassenzulassung.

Ende des Monats fährt mein Bruder nach Braunschweig und holt die Koffer, die dort noch untergestellt sind. Ferner besorgt er schriftliche Unterlagen von einer Zeugin im Scheidungsprozeß. Er hat darin Erfahrung und ist mir sehr behilflich. Es werden noch schwere Wochen, mein Herzel, aber wir müssen und werden es schaffen. Hilfst Du mir auch dabei und schreibst mir recht oft, daß mir alles etwas leichter wird? Die ewige Rumlauferei und Eisenbahnfahrerei ist auch eine ziemliche Nervenbelastung. Ich freue mich schon, wenn ich wieder Arbeit habe und Zeit für mich und Dich.

In Marktredwitz hoffe ich dann auch, einen Platz für die Unterbringung von Kisten etc. zu finden, dann habe ich alles bei mir. Vorläufig brauche ich ja eigentlich nichts, denn ich habe fünf Anzüge und zehn Hemden hier. Und in Marktredwitz habe ich ja auch nur ein Zimmer. Hier bei Muttern schlafe ich auf einem Sofa im Zimmer meines Bruders. Hansl hat sich gut eingelebt und ist recht brav und fleißig. Ich freue mich, wie sich meine Schwester Marie um ihn annimmt. Sie erzieht ihn so nett, daß ich wirklich glücklich bin. In der Schule kommt er gut mit. Nur hat er oft Sehnsucht nach dem Wald. Wenn ich in Marktredwitz bin, darf er mich besuchen, und wir machen dann einen Ausflug in das Fichtelgebirge, das ist ja nur 8 km entfernt.
München hat mir wieder recht gut gefallen, aber allein

war es nicht so schön, ich habe an jeder Ecke an Dich denken müssen. Ich habe das Markenalbum und alles, was ich sonst noch dort hatte, mit hierhergenommen. Die Alben bringt mein Bruder morgen zur Bank in einen Tresor. Im übrigen sind die Preise noch sehr niedrig, so daß es noch keinen Zweck hat, etwa doppelte Einzelmarken zu verkaufen. Wenn ich erst 6 Wochen gearbeitet habe, ist das Geldproblem ja auch nicht mehr akut, und bis dahin komme ich leicht aus, obwohl ich schon viel ausgeben mußte mit der vielen Fahrerei. Soweit also der Bericht.

Wie wird es Dir wohl ergehen, mein Herzlieb? Mit Sehnsucht warte ich auf ein Lebenszeichen von Dir. Hoffentlich geht es Dir gut und es ist alles in Ordnung. In herzlicher Liebe denke ich an Dich und freue mich schon, wenn Du mich mal besuchen kommst. Über das Wie und Wo werden wir schon sehen. In Gedanken nehme ich Dich in meine Arme, drücke Dich ganz fest und gebe Dir ganz liebe Küßchen.

In inniger Liebe Dein Wolfili.«

»Bayreuth, den 18.9.49

Mein liebes Herzerl!

Heute ist Sonntag. Seit Mittwoch habe ich Dir nicht mehr schreiben können, weil ich in Gießen war. Es waren drei unschöne Tage, die viel Nerven gekostet haben, aber ich habe es geschafft. Kannst mir gratulieren, denn von den Anwesenden haben nur 8 – 10% ihre Einweisung bekommen. Unter ihnen Dein Wolfili! Ein Kollege, der früher bei Koblenz war und den ich vor 12 Jahren einmal in einer Ehrengerichtssache herausgehauen habe, konnte mir wertvolle Tips geben – außerdem habe ich anscheinend einen guten Eindruck gemacht. Die näheren Eindrücke werde ich Dir persönlich schildern.

Als ich gestern nach hier ankam, fand ich Deine beiden ersten Briefe hier vor und die beiden Pakete, die nur 3 Tage gingen und gut ankamen. Ich war überglücklich und bin es noch, mein Engel. Deine Fürsorge gibt mir so viel Auftrieb, daß ich nichts mehr fürchte. Das Entscheidende habe ich hinter mir, das andere sind nur Gesuche etc., die wohlvorbereitet sind und nur ihre Zeit brauchen.

Inzwischen wurde ich schon sehnlichst erwartet, denn der Vertreter in der Praxis ist am Freitag getürmt, und man telefonierte nach mir. Nun habe ich eben angerufen und Frau Schnappauf von ihrem Alpdruck befreit. Morgen früh fahre ich hin und fange gleich an zu arbeiten. Das andere wird sich dann schon finden. Ich habe dann ja auch wieder meine Ordnung, ein möbliertes Zimmer mit Badbenutzung usw. So langsam habe ich meine Seelenruhe auch wiedergefunden, nicht zuletzt durch Deine lieben Briefe. Du hast mir so lieb geschrieben, mein Edithlein – bekommst dafür ein ganz liebes und langes Küßchen!
Deine Erlebnisse auf der Rückreise kann ich mir lebhaft vorstellen und bedaure sie sehr. Hättest Du es doch gemacht, wie wir es vereinbart hatten mit dem Lehmann. Na, die Leichenreden nützen nichts mehr. War eben Dein Mann nicht dabei. Mit meinem Bruder habe ich nun beratschlagt, wie wir es machen. Er ist am 1.10. in Braunschweig bei seiner Frau und bleibt ca. 10 – 14 Tage. In dieser Zeit wird er alle meine Sachen erledigen und wird den billigsten Weg für den Versand der Kisten etc. herausknobeln.

Nun stehe ich wieder vor einem neuen Anfang, der mir zunächst günstig erscheint, denn ein Zuzug nach München ist zur Zeit durch ein Gesetz gesperrt, auch wenn man eine Wohnung ausbaut. Wenn ich aber vorher Zuzug nach Marktredwitz habe, geht es. Das mußte also sein, und wir können von Glück sagen, denn ich schätze, daß der Bau erst in einigen Monaten fertig ist. Bis dahin habe ich Niederlassungsgenehmigung und Kassenzulassung. Letztere ist für München aussichtslos, aber wenn ich sie vorher für einen anderen Ort in Bayern hatte, gilt sie auch dort! Nun werde ich ja sehen, was in der Vertretungspraxis los ist, und das andere wird sich schon ergeben. Jedenfalls verdiene ich ab morgen wieder Geld. Das soll mal einer nachmachen, innerhalb von drei Wochen! Man braucht nämlich doch viel Geld, trotz aller Sparsamkeit, und wenn nichts dazukommt, wird es schnell immer weniger.

Jedenfalls bin ich glücklich, daß ich es soweit geschafft habe. Das andere Unangenehme werden wir auch noch meistern, gell, mein Schätzlein? Nun laß mich schließen und Dich fest an mein Herz drücken! Dein Dir guter Wolfi.«

»Marktredwitz, den 21.9.49
Mittwochabend

Mein goldiges Schätzlein!

Hochbeglückt war ich heute, als ich Deine beiden Sonntagsbriefe erhielt. Mein Bruder hat sie mir gleich nachgesandt. Du bist meine ganz Goldige und hast mich wieder einmal recht glücklich gemacht. Ich finde, daß das Leben auch so schön ist, wenn man regelmäßig Post bekommt, und die Tatsache, daß wir eben jetzt vorübergehend getrennt sind, muß eben hingenommen werden. Mir hilft die Arbeit darüber hinweg, und wenn ich abends fertig bin und zum Essen gehe, bleibt hinterher meist noch 1 – 1.1/2 Stunden Zeit zum Schreiben, und dann gehe ich regelmäßig gegen halb elf ins Bett und schlafe bis sieben. Das regelmäßige Leben und die langsam wieder eintretende Seelenruhe wirken sich auch gesundheitlich gut aus. Die Aufregungen und Anstrengungen der letzten vier Wochen haben sich doch bei mir bemerkbar gemacht, und ich hatte schon Angst, ich hätte mir eine nervöse Herzklappe geholt. Nun ist es aber wieder gut, aber natürlich schone ich mich weiter. Ich trinke täglich nur ein Glas Bier abends zum Essen, und das Rauchen beschränke ich schon aus Ersparnisgründen auf ein Minimum. In der kleinen Kneipe hier ißt man großartig, ich muß nur immer etwas heraussuchen, das nicht zu fett ist, damit ich nicht feist werde und Du einen Bierbauch wiederfindest, wenn Du kommst.

Die Tatsache, daß Du im November kommen willst, finde ich großartig, wie wir das machen, muß ich mir noch ausdenken. Dazu hatte ich noch keine Zeit, denn noch gibt es allerhand Geschäftliches zu erledigen. Heute nachmittag war ich im Lager Monchendorf/Hof, das zum Glück nur 40 km entfernt ist, und habe nun meine endgültige Aufenthaltsgenehmigung für Bayern erhalten. Wenn Du nun meine Frau bist, bekommst Du für Dich und Deine Kinder ohne weiteres Zuzugsgenehmigung, mußt aber formell auch durch das Lager Gießen gehen. Das macht aber keine Schwierigkeiten. Nun muß ich noch meine Zuzugsgenehmigung bekommen, das Gesuch läuft bereits; zunächst für Marktredwitz, da ich hier arbeite.

Heute ist es neblig und kalt, regnet etwas. Bei schönerem Wetter ist es hier herrlich. Man kann ausgedehnte Waldspaziergänge machen. Am Samstagmittag fahre ich nach Hause bis Sonntagabend mit Sonntagskarte, das kostet 4 Mark. Mit dem Omnibus ist es teurer. Man muß doch mit jedem Groschen rechnen. Bis Ende dieses Vierteljahres (30.9.) habe ich vereinbart, daß ich Vertretergeld beziehe, 13 Mark pro Tag; ab 1.10. übernehme ich die Praxis auf eigene Rechnung. Ich habe mir aber ausbedungen, daß ich die jetzt angefangenen großen technischen Arbeiten bereits auf eigene Rechnung bekomme. Die ganze Geschichte muß erst wieder anlaufen. Vorläufig habe ich hier mal ausgemistet und der Sprechstundenhilfe alles so blank gemacht, wie ich es gewöhnt bin.

Nun zu Dir, mein lieber Schatz! Für Deine lieben Küßchen recht herzlichen Dank. Die werden sehnsüchtig aufgenommen und erwidert, und die vielen Drückerle auf das herzlichste wieder gedrückt, und ich sende Dir viele liebe Gedanken

Dein Wolfili.«

»Sonntagabend, 22.00 h
25.9.49

Mein liebes, gutes Herzerl!

Kennst Du eigentlich das wundervolle Lied von Grieg: ›Ich liebe Dich!‹ ? Ich kannte es auch nicht, aber mein Bruder hat es mir vorgespielt, und am Samstagabend waren wir eingeladen, da sang eine Dame, mit der mein Bruder des öfteren musiziert:

›Du mein Gedanke, Du mein Sein und Werden
Du meines Herzens erste Seligkeit,
Ich liebe Dich wie nichts auf dieser Erden,
Ich liebe Dich in Zeit und Ewigkeit.
Ich denke Dein, kann stets nur Deiner denken,
Nur Deinem Glück ist dieses Herz geweiht,
Wie Gott auch mag des Lebens Schicksal lenken –

Ich liebe Dich, ich liebe Dich in Zeit und Ewigkeit!‹ Haben Dir die Ohren nicht geklungen gestern abend? Viermal wurde es gesungen – eine wundervolle Harmonie in der Musik! Es ist, als wäre es für uns geschrieben.

Am Samstagmittag kam ich um 15.00 Uhr in Bayreuth an. Mein Bruder holte mich von der Bahn ab. Die ganze Familie war auf einer ländlichen Hochzeit in der Nähe eingeladen, und so waren wir beide allein, haben uns Kaffee gekocht. Meine Schwester hatte uns eine gute Torte gebacken. Dann gingen wir in die Stadt, zunächst zum Fotografen, denn ich mußte ein Paßbild haben für die Papiere. Anschließend zum Schneider, und dann haben wir noch einige Lebensmittel eingekauft, damit ich abends was habe und nicht immer ausgehen muß. Zum Abendessen holten wir uns noch einige Flaschen ›Märzenbier‹ (4%iges Starkbier, das jetzt anläßlich des Oktoberfestes zu haben ist, 1/2 l-Flasche DM 0.60). Dann gab es viel zu erzählen und zu besprechen, da Karl doch meine Sache mit Käthe als Fachmann in die Hand nimmt, und da wurden die neuesten Nachrichten von dort durchgesprochen.

Heute am Sonntag machte ich mit Hans einen Stadtspaziergang, und wir bewunderten die verschiedenen Spielwarenläden. Er hat doch bald Geburtstag und wünscht sich einen Kindertennisschläger, Drehbleistift, dann braucht er Schuhe, Schlafanzug und Kleinigkeiten. Du schriebst mir doch damals von einem Schlafanzug, ich habe Dir aber keine Maße geschickt. Er hat Hans-Jürgens Statur. Wenn Du ihm einen machen lassen könntest, wäre das lieb. Wenn es aber nicht mehr geht, macht es meine Schwester. Jedenfalls freue ich mich, daß sich der Junge so macht und kräftiger wird. Am Samstag hat er zu der Hochzeit schulfrei bekommen, ›weil er so fleißig und artig ist‹, hat der Lehrer gesagt. Mein Bruder gibt einem Klassenkameraden von Hansl täglich 2 Stunden

Nachhilfeunterricht, und da ist Hansl immer dabei – er kann natürlich alles –, aber auf diese Weise wird alles gründlich gemacht. Es ist wundervoll, wenn man sieht, wie eine gute, richtige Erziehung auf die Kinder wirkt.

Am Abend um 19.15 mußte ich zum Zug und war um 21.00 Uhr hier. Es sind 50 km mit der Bahn, man muß einmal umsteigen. Nun bin ich wieder hier und schreibe Dir noch einen Gutenachtgruß, denn in Bayreuth hatte ich nicht die nötige Ruhe. Dein lieber Brief lag als Willkommensgruß da, als ich ankam. Habe recht herzlichen Dank, mein Schatz. Es hat mich sehr beruhigt, daß sich Jürgen gut in Gnadau eingewöhnt hat. Es ist so, wie wir sagten: Wenn er erst in eine anständige Klasse mit netten Kameraden kommt, wird er auch Vorbilder finden und sich anschließen. Mir fiel jedenfalls ein Stein vom Herzen für Dich, als ich das las.

Am Sonntag, d. 1.10. werde ich das größere Zimmer hier beziehen und einräumen. Ich bin gespannt darauf. Wenn an dem Tag das Wetter schön ist, werden meine Schwester Marie und Hansl mich besuchen. Sie wollen früh kommen, bei mir frühstücken, und dann machen wir eine Tagestour in das Fichtelgebirge nach Alexandersbad und Luisenburg, wo wir zu Mittag essen. Abends geht es wieder hierher zurück, und dann fahren die beiden heim. Ich freue mich schon darauf, und Hansl erst recht, denn er möchte doch gern mal wieder in einen richtigen Wald und Pilze suchen. Ich muß auch mal wieder wandern, das beruhigt die Nerven so gut. Aber gesundheitlich fühle ich mich auch wieder ganz in Ordnung.

Lies zum Schluß noch einmal das Gedicht und sei recht herzinnig geküßt von Deinem Dir guten Wolfili.«

»Marktredwitz, 27.9.49
Dienstagabend

Mein goldiges Herzili!

Heute war aber ein glücklicher Tag, so viel Freude auf einmal! Morgens Dein Brief mit dem Sträußchen drin (Küßchen dafür), dann zwei Pakete, und dann noch das Telefongespräch. Das war zuviel Glück auf einmal. Herzlichen Dank, mein süßer Engel, dafür bekommst Du gleich wieder einen Brief. Es gibt ja auch schon wieder so viel zu berichten und zu beantworten.

Zunächst will ich Dich beruhigen. Deinen Stupser in Sachen Käthi, den Du mir gegeben hast, habe ich ganz recht verstanden, und ich billige Deinen Standpunkt absolut. Beruhige Dich, die Sache läuft und wird richtig aufgezogen. Ich habe mir Karl eigens morgen hierherbestellt, dann wird der Schriftsatz noch einmal gefeilt und getippt. Er wird dann die meiner Ansicht nach sehr wichtige Zeugenaussage von Frau Zahn hinzufügen und an den Anwalt abschicken. Halbheiten haben keinen Zweck, der erste Schlag muß so wuchtig sein, daß er ordentlich sitzt.

Was Du Dir unter Marktredwitz vorstellen sollst? Da kann Calbe nicht mit! Der Markt, wo ich wohne, ist die Hauptgeschäftsstraße, und da gibt es ganz nette Läden und schöne Häuser, alle 2 – 3stöckig. Eine evangelische und eine katholische Kirche, ein nettes Ballhaus (ehemaliges Schloß, zu Eger gehörend), zwei Kinos, ein herrliches Schwimmbad (ich war heute mittag zur Besichtigung dort), Stadtpark, 6 – 8 Hotels, eins davon erstklassig, und sehr schöne, große Villen. Ein großartig (am Wald) angelegtes Krankenhaus, und auch sonst macht das Städtchen einen netten Eindruck. Es ist, wie man sagt, ein schnell durch die Industrie hochgekommenes Städtchen, wo das Leben wirklich pulsiert. Man merkt es auch an den Patienten, die durchweg Geld haben und sich meist privat behandeln lassen. Die Preise sind ganz ordentlich (eine Goldkrone kostet 40 DM ohne Material). Mir ist nicht bange, ich habe schon allerhand Arbeiten vorbereitet, und wenn alles in Schwung ist in 3 – 4 Wochen, habe ich keine Sorgen mehr. Die doppelte Buchführung hat aufgehört, wo ich Westgeld verdiene.

Es war lieb, daß Du mich heute nachmittag angerufen hast. Mir ist ein Stein vom Herzen gefallen, daß Du so vernünftig bist und mir freie Hand läßt, was mein Arbeitsfeld betrifft. Ich kann und werde hier was werden, und wir kommen schnell voran bei dem Patientenkreis. Es wäre wirklich Selbstbetrug, diese Gelegenheit nicht zu nutzen, und ich glaube, Du wirst Dich hier wohlfühlen!. Ich habe mich schon ganz gut eingewöhnt. Natürlich bin ich noch sehr reserviert und gehe nicht aus, wozu ich auch gar keine Lust habe. Übrigens gibt es hier herrliches Porzellan! Das ist was für Dich. Das Hauptwerk von Rosenthal ist hier, außerdem die Fabriken von Jäger und Thomas. Man sieht hier noch Szenen, die Ihr nicht mehr kennt: Vor einem Laden steht ein alter livrierter Chauffeur vor seinem großen Mercedes, während die gnädige Frau im Laden einkauft.

Heute abend um 19.00 Uhr spielten, wie auch immer freitags, die Musikanten vom Kirchturm Choräle. Das finde ich wunderschön und romantisch. So weit also ein Bild vom Städtlein, in dem Dein Wolf lebt. Das Klima ist sehr gesund (540 m hoch), morgens kühl, aber tagsüber sehr warm. An die Arbeit habe ich mich gewöhnt, und es gefällt mir gut. Die Patienten mehren sich, es spricht sich herum. Heute hatte ich über dreißig, und es werden täglich mehr.

Soll ich Dir Kaffee besorgen? Ich bekomme das engli-

sche Pfund (450g) für 8 DM. Zucker kostet 1,50 und Butter 4 Mark. Soll ich Dir was schicken? Ich weiß nicht, was Du gern hättest und brauchst. Die Päckchen und Pakete gehen schnell, fast wie Briefe.
Nun Schluß für heute! Tausend liebe Wünsche und Küsse schicke ich Dir, mein Schatz, und bin immer in Liebe und Treue

Dein Wolfi.«

»Marktredwitz, den 29.8.49

Meine liebe, gute Edith!

Es ist direkt ein alberner Tag heute, weil ich gar keine Post bekam. Du hast mich schon recht verwöhnt! Gestern nachmittag hatte ich Besuch von meinem Bruder. Wir haben ein nettes Kaffeestündchen gehalten und all unsere Sachen durchgesprochen, angefangen vom Transport der Sachen bis zum letzten Federstrich in der Sache K. Aufgrund seines Prozesses, den er über 5 Jahre geführt hat, bis hinauf zum Reichsgericht Leipzig, ist Karl ein guter Berater. Wir haben Dich absolut aus dem Spiel gelassen. Nun fährt mein Bruder am 1.10. nach Braunschweig und fügt dort die Zeugenaussagen seiner Frau und von Frau Zahn noch hinzu, und dann geht der Akt mit allen Vollmachten am 2.10. zum Rechtsanwalt Asshoff ab. Wenn Du also diesen Brief hast, kannst Du mit Beruhigung sagen, daß alles läuft. Hoffentlich haben wir recht bald Erfolg.
Karl ist zuversichtlich, wenn er auch einen schweren Kampf erwartet. Nun brauche ich noch die sehr wichtige Zeugenaussage von Hannelore, die ja drei Jahre bei mir im Haushalt und in der Praxis war. Es käme darauf an, daß sie eine allgemeine Schilderung der Verhältnisse in Form einer ehrenwörtlichen Erklärung abgibt. Wie wäre

es, wenn Du Hannelore einmal zu Dir einladen würdest, wo sie die Aussage gleich zu Papier bringen könnte? Oder soll ich ihr einen Brief durch Dich schreiben? Ich traue aber der Post in Schierke nicht. Ich glaube, das beste ist, wenn ich Dir auf einem Beiblatt die Stichworte aufschreibe, und Du schreibst es dann fertig und legst es ihr bei einem Treffen, z.B. in Magdeburg oder in Halberstadt, wo Du sie hinbestellen kannst, persönlich vor und schickst dann den Brief per Eilboten an Dr. Asshoff. Natürlich nicht unter Deinem Absender. Dich will ich ja raushalten. Mein Bruder hat nämlich damals in seinem Prozeß den Fehler begangen, daß er sich von vornherein zu einer jüngeren, hübscheren Frau bekannt hat, was auf den Richter den Eindruck machte, daß das der Hauptgrund der Scheidung sei. Günstig in der Beziehung ist ja, daß ich für meine großen Kinder bereits allein sorge und Du auch eine Mutter von drei Kindern bist, wenn je die Rede von Dir sein sollte. Na, wir wollen das Beste hoffen. –

Heute hatte ich bereits einen recht arbeitsreichen Tag. Meine Ähnlichkeit mit meinem Vorgänger (nicht dem Vertreter!) und die Art, mit den Patienten umzugehen, hat sich bereits herumgesprochen, und die Witwe bekommt viel Besuch von den Fabrikanten usw., denen ich allen vorgestellt werde. So läuft der Laden bereits auf Hochtouren, und ich habe für die nächsten Wochen harte Arbeit, die sich aber lohnt. Die einzige Krise, die es nun noch zu überwinden gilt, ist, daß ich die Praxis auf eigene Rechnung mitsamt den Unkosten übernommen habe und die Patienten nicht an schnelles Zahlen gewöhnt sind. Ich muß sie erst erziehen und werde in den ersten Wochen wenig Geld haben. In vier Wochen bin ich aber so weit, und ich komme schon hin. Wenn ich Dir schreibe, daß ich schon Kronen- und Brückenarbeiten in Höhe von ca. 1500 DM in Arbeit habe, so sagt das alles, und das in 10 Arbeitstagen. Heute kam gar eine Fabrikantin und will eine Porzellanbrücke mit Platingestell haben.

Nur gut, daß ich das alles kann! Das Ding kostet ca. 800 DM , Technikunkosten ca. 200 DM, es wird in Kassel bei einer Firma gebrannt, mit der ich früher schon arbeitete. Um ganz sicher zu sein, werde ich heute auch noch an Dr. Meßner schreiben, um sein Gutachten einzuholen.

Gestern abend, nachdem ich Karl zum Zug gebracht hatte, saß ich noch mit einem Fabrikdirektor zusammen, der morgen auch mit einer großen Sache kommt. Du siehst, Dein Wolfi ist in seinem Element, und wir werden es bald geschafft haben. Weißt Du, mein Vorgänger war ein guter Arbeiter, aber gar kein Geschäftsmann und zu gutmütig. Das habe ich in der Fremde verlernt!
Nach den hier gemachten ersten guten Erfahrungen möchte ich eigentlich meinen Münchner Bauplatz verkaufen (natürlich mit Gewinn), um hier einen Bauplatz kaufen zu können, wenn Du da bist. Dr. Meßner hat Interessenten. Ich halte das für das richtigste. Was meinst Du? Jedenfalls will ich vorher Dein Einverständnis haben, denn wir wollen doch alles besprechen und uns einig sein.

Es ist herrlich, wenn man in eine rosige Zukunft blicken kann, ein Zustand, den ich jetzt wieder kennenlerne. Ich will ja gern viel arbeiten. Und das ist auch gar nicht schlimm, wenn man mit seinen Kräften richtig haushält, wie ich es tue. Ich schlafe lange und regelmäßig, esse gut, und mittags gehe ich eine Stunde an die Luft. Dabei passe ich schon immer auf, daß ich nicht dicker werde. In Gedanken bin ich immer bei Dir, bei der Arbeit und bei allem, was ich tue und denke, ich liebe Dich von ganzem Herzen und aus ganzer Seele und sehne den Tag herbei, wo Du bei mir sein wirst!

In diesem Gedanken umarme und küsse ich Dich heiß und innig als Dein

ganz lieber Wolfili.

Edith, hast Du mich auch lieb! Ganz lieb?
Are you tired, very tired, ... too tired?«

»Marktredwitz, den 10.10.49

Meine liebe Edith!

Wolfi hat wieder grüne Tinte, somit fängt also das hoffnungsvolle Zeitalter wieder an. Außerdem war ich immer Jäger, und ich sah auch schon wieder einen Hasen und einen Jägersmann mit Gewehr und Hund (die Amis haben Saujagden schon freigegeben und die dazugehörigen Stutzen!). Gestern habe ich mit Hansl auf dem Volksfest in Bayreuth an der Schießbude geschossen. Der kleine Schlingel hat übrigens zwei Blumen geschossen und eine 11 auf der Scheibe. Es gibt wieder die alten Luftgewehre von früher. Natürlich mußte ich das auch probieren und hatte auch sofort zwei Treffer, was mein Sohn nicht anders erwartet hatte. Somit bin ich also schon mitten im Erzählen.
Der Geburtstag wurde am Sonntag schön gefeiert, und es war alles dran, vom Gansbraten bis zu den schönen gelb-grünen Haferlschuhen.
Er wurde reichlich beschenkt. Deine Sachen haben ihn sehr erfreut, und meine Angehörigen haben sich auch anerkennend geäußert, daß Du so tüchtig bist. Ich habe mit Mutter und Schwester eine längere Aussprache gehabt. Beide wollen einmal kommen, wenn Du da bist.

Zunächst danke ich Dir für Deinen Brief vom 3.10., den ich heute erhielt. Drei Tage war ich ohne Post – schrecklich lange. Und Du, meine Liebste, hattest wieder einen Herzanfall. Ich muß mit Dir schimpfen. Wenn man so etwas hat, legt man sich ins Bett und geht nicht nachmittags in Gesellschaft! Was soll denn werden, wenn Du mir krank wirst? Hoffentlich bist Du nun wieder ganz gesund. Ich schone mich auch sehr, denn mein Herz hat durch die unruhige Zeit doch gelitten. Es wird aber besser, zumal ich mich sehr in acht nehme und fast nicht mehr rauche.

Und nun zu unseren Sorgen. Ich habe in der Praxis viel Arbeit, aber das Geld geht sehr langsam ein. Außerdem bekomme ich z.B. für meine Krankenkassenbehandlungen die ersten Zahlungen erst im Januar 1950. (Am 1.1.50 wird das laufende Vierteljahr erst abgerechnet!) Dazu muß man bedenken, daß die Leute in Raten zahlen und bei Schnappauf keine Anzahlungen zu machen brauchten. Nun hatte er einige Außenstände, und viele Patienten haben erst jetzt ihre Rechnung bekommen und die alten Schulden bezahlt, während sie bereits wieder neue Behandlungen von mir nötig haben. Ich erziehe die Patienten schon, komme aber nur langsam vorwärts. Im Laufe des Monats wird es schon werden. Jedenfalls muß ich sparen. Eckert hat mir heute geschrieben und mitgeteilt, daß er sich bemühen wird, die Wohnung in München anderweitig zu verkaufen. Er glaubt aber nicht, daß es mit Gewinn sein wird, weil der Hausbesitzer einverstanden sein muß und dann wohl bei der Preisgestaltung mitwirken will, zumal alle dringend Geld brauchen.
Hier ein Häuschen oder eine Villa zu kaufen oder zu mieten ist unmöglich, weil es zu viele kapitalkräftige Interessenten gibt und zu wenig Angebote. Bleibt nur ein Weg: Neubau oder Holzhaus. Bekomme ich durch die Stadt einen Bauplatz auf Erbpacht, so spare ich die Kosten für das Grundstück, kann mir aber nicht heraussuchen, wo ich hin will. Ich habe mit Fachleuten gesprochen: 10 Mille brauchen wir noch dazu, wenn wir etwas Anständiges haben wollen, das nicht behelfsmäßig sein soll. Es wird dann eben zunächst nur im Landhausstil das Parterre gebaut und später aufgestockt. Na, wir haben viel zu besprechen!

Ob es bei mir warm ist? Mein Wohnzimmer ist so warm, daß ich bis heute nicht zu heizen brauchte. Es ist jedoch ein Kachelofen drin, der gut heizen soll. Ich muß auch noch Kohlen kaufen, aber die gibt es ja frei. Im Wartezimmer habe ich noch nicht geheizt, und in der Praxis habe ich einen elektrischen Heizkörper aus Keramik, der genügt für die Übergangszeit. Ich werde Dich schon nicht erfrieren lassen, mein Schatz. Aus dem letzten Brief entnehme ich zu meiner Freude, daß Du zwischen Weihnachten und Neujahr auch Reisepläne hast. Bislang hatten wir nur von Silvester gesprochen. Ich freue mich natürlich riesig darauf und bin gespannt, wie Du das alles schaffen wirst.

Das Packpapier habe ich gekauft, ich schicke es zusammen mit dem Stern vom 9. Oktober, den ich Dir besorgt habe. Außerdem habe ich den neuen Fahrplan studiert. Am günstigsten erscheint mir der Nachtzug, den ich ab Hannover benutzt habe und der bis Nürnberg durchfährt. Dieser Zug hat sog. behelfsmäßige Wirtschaftsräume anstelle des Speisewagens. Es sind leere Coupés, wo man etwas verzehrt, und nach 12.00 Uhr legt man sich dort am besten hin. So habe ich es gemacht und geschlafen, obwohl der Zug überfüllt war. Man muß nur vorher etwas verzehren und nett zum Ober sein. Das Gepäck nimmt man mit. Wenn Du am 2. November kommst, ist das gerade Mittwoch, da habe ich nachmittags frei! Ich kann ja meine Praxis nicht einfach zumachen. Abholen werde ich Dich sowieso. Ich werd' verrückt, wenn ich daran denke, Du und hier bei mir!... Noch schwebt um den Namen Bestehorn ein dunkler Schleier – bald bedeutet er etwas.

Ich habe lachen müssen, als ich die Wäsche auspackte, die nicht mir gehört, sondern einer Dame, die dem Monogramm nach E.A. heißt. Kannst Dir denken, daß ich mir da was ausgemalt habe! (Die Nachthemden reichen ja einige Wochen aus!) Du Schlingel willst mich wohl ganz verrückt machen, ich weiß sowieso schon nicht, wohin ich mit mir selbst soll (bei der guten Ernährung!) Es wird Zeit, daß Du kommst, der Hahn wird sonst zu fett! Oder soll ich mir eine andere Frau anschaffen?

So, damit habe ich mich selbst etwas aufgemuntert. Es ist 22.00 Uhr. Noch hoffe ich, daß Du mich anrufst, denn ich hätte dringend mit Dir zu sprechen wegen Hannelore. Nun aber Schluß, ich habe Dir wieder viel erzählt und wüßte noch so vieles, was mein Herz erfreut und bedrückt.

Einen recht innigen Gutenachtkuß, mein liebes Herzili, von

Deinem Wolfi.«

»Montag, den 24.10.49

Mein über alles geliebtes Herzili!

Wenn ich mir vorstelle, daß Du bald bei mir bist, so ist alles andere Schlimme vergessen, und ich sehne den Moment herbei, wo ich Dir endlich wieder in die Augen sehen kann, Dich drücken, herzen und lieben darf. Es wird auch höchste Zeit, denn der Zustand ist auf die Dauer unerträglich! Ich brauche Dich und kann ohne Dich einfach nicht mehr sein.

Dies wird nun der letzte Brief werden bis zu Deinem Hiersein. Vorher wirst Du mich hoffentlich noch einmal anrufen können, wenn nicht, weiß ich, daß Du Dienstagabend, spätestens Mittwoch, hier sein wirst. Gestern habe ich Dir noch einen schönen Tageszug herausgesucht, gegen 6.00 Uhr in Braunschweig ab und abends um

20.59 hier. Zieh Dich nur warm an, denn es ist kalt, und seit heute ist leider der schöne Herbst vorbei und es regnet und ist kalt. Ich habe alle Öfen an – zwei Kachelöfen und ein Holzofen für die Praxis. Kohlen kann man ja frei kaufen und sich die Sorten bestellen wie früher. Solche Sorgen gibt es hier nicht, auch trockenes Holz habe ich bekommen und hacken lassen. Mein Herzili darf doch nicht frieren, wenn es kommt. Es wäre ja schön, wenn inzwischen die Möbel kämen, dann könnten wir mein Zimmer doch etwas gemütlicher machen, und Du würdest Dich gleich mehr zu Hause fühlen. Na, Du wirst schon sehen. Bis jetzt ist alles gutgegangen, und ich habe das feste Vertrauen, daß es auch weiter gut geht. Was hast Du in der Zwischenzeit nicht auch alles geschafft. Ich bin so stolz auf Dich, und am Samstagnachmittag habe ich meiner Mutter lange von Dir erzählt, sie war sehr gerührt. Sie wollte doch schon lange mehr wissen als immer nur Einzelheiten. Man muß aber auch in Stimmung sein zum Erzählen, und bei mir ist es so, daß ich gerade das, was mich innerlich am meisten beglückt, nicht erzähle. Es wird dann irgendwie entweiht und könnte doch an ein falsches Ohr kommen. Ich trage mein liebes kleines Edithlein so tief im Herzen drin, daß es gar nicht mehr raus kann. Wirklich, Herzili, ich habe noch nie einen Menschen so geliebt wie Dich.

Nun laß mich schließen. Bald bist Du bei mir, und dann ist alles gut. Ich wünsche Dir eine gute Reise und uns ein frohes Wiedersehen. Bald wirst Du in meinen Armen liegen, und ich werde Dich fest drücken können und Dir die vielen Küsse, die wir uns auf Vorschuß geschrieben haben, ›ausmündigen‹! (Ist das nicht ein schönes neues Wort?) Beim 25. Brief seit meiner Ankunft im Westen schließt die erste Periode ab. Möge die nächste auch unter so glücklichen Vorzeichen stehen. In dieser guten Hoffnung und in inniger Liebe

Dein Wolfi.«

»Bayreuth, den 26.11.49
Samstagabend

Mein liebes, gutes Herzili!

Heute kam ich um 18.00 Uhr aus Nürnberg zurück. Am Morgen war ich um halb acht losgefahren und war um kurz vor zehn in Nürnberg. Zunächst erledigte ich alles bei der Zahnärztlichen Stelle, dann rief ich meinen Corpsbruder an, der Rechtsanwalt ist, und besuchte ihn anschließend in seinem Büro. Wir unterhielten uns lange über meine Sache, und ich habe wertvolle Informationen erhalten. Also: Nachdem beide Parteien inzwischen den Wohnsitz gewechselt haben – Nordhessen liegt nicht im Bereich-Register des Landgerichtes Halberstadt bzw. Wernigerode –, findet der Prozeß am Landgericht des Wohnsitzes des Klägers statt. Das ist also Hof in Bayern. Das paßt insofern gut, als ich dort einen Corpsbruder habe, der Rechtsanwalt, und einen, der Staatsanwalt ist. Im übrigen rät er, ich möchte in Anbetracht des zu erwartenden Schmutzes, der aufgerührt wird, Käthi (vielleicht durch Marie) einen Einigungsvorschlag machen, daß man sich im gegenseitigen Einvernehmen trennt. Wenn sie darauf bis zu einem bestimmten Termin nicht eingeht, wird der Anwalt in Schwung gesetzt. Sie wird sich das überlegen, denn die Vernehmungen und Akten laufen ja über das Amtsgericht Nordhessen. Nachdem sie dort eine so große Rolle spielt, wird sie aber darauf eingehen.

Mein Bruder war heute in Wiesbaden wegen eines Holzgeschäftes. Vielleicht hat er Glück. Auf einmal ist die Nachfrage bei allen Firmen groß. Wie er feststellte, hat Berndorf die Abschlüsse machen lassen, und die Lieferungen laufen bereits seit Mitte November. Fest vereinbart waren DM 35.000 in Grubenholz, und davon bekommt Karl die Hälfte und die andere Hälfte ich bzw. wir. Die Lieferungen verteilen sich auf 8 Monate, und die

Zahlungen laufen bereits. Setz Dich also mit Berndorf in Verbindung. Wenn ein Bankkonto gebraucht wird, dann bitte auf mein Konto in München, das Du ja kennst. Wir richten dann ein Sonderkonto ein.

Morgen bekommst Du wieder einen lieben Brief. Ein recht liebes Gedenken zu 1. Adventssonntag und recht liebe Gutenachtküßchen!

Dein Dir gutes Wolfili.«

»Samstag, den 27.11.49

Mein liebes Edithlein!

Hoffentlich bist Du nun wieder gesund und munter. Ich mache mir Sorgen um Dich. Laß Dich nicht so viel stören und kuriere Dich ordentlich aus!

Gestern abend habe ich Dir von Bayreuth aus noch einen Brief geschrieben. Heute früh fuhr ich um 8.00 Uhr mit Hansl mit dem Omnibus über das Fichtelgebirge und Wunsiedel hierher. Der Junge war ganz außer sich vor Freude. Um 10.00 Uhr waren wir hier. Erst hat er alles bestaunt und untersucht in der Wohnung. Ich habe ihm erklärt, daß die Möbel Tante Edith gehörten, weil sie doch auch... Am Nachmittag gingen wir ins Knusperhäuschen. Frau Triebel hatte schön eingeheizt – der Ofen ist prima – und alles adventmäßig geschmückt, einen hübschen Adventkranz mit Kerzen an vier roten Bändern aufgehängt, direkt reizend. Erst mußten wir alles bewundern, und dann schliefen wir beide auf dem Sofa eine gute Stunde, denn wir waren müde. Später kam Frau Triebel und brachte uns Kaffee und Kuchen. Wir haben dann oben im Wohnzimmer gemeinsam Kaffee getrunken und Deiner gedacht. Haben Dir nicht die Ohren geklungen? Hansl hat alles genau inspiziert und taute direkt auf vor Wohlbehagen. Um halb fünf gingen wir wieder zurück, und gegen sechs setzte ich ihn in den Zug. Mein Neffe holt ihn dann ja ab, und er ist auch groß genug und muß selbständig werden.

Nun sitze ich am Schreibtisch und habe erst mal an Ekkert geschrieben. Mit der Wohnung in München ist es zunächst nichts geworden. Der Mann wollte mehr Räume. Eckert bemüht sich weiter.
Frau Schnappauf machte mir vorhin auch einen kleinen Besuch und erstattete Bericht über Vorkommnisse während meiner Abwesenheit. Überall in der Stadt wird ›ihr Doktor‹ so gelobt, und jetzt hat sich schon rumgesprochen, daß der Doktor seine Frau in der Ostzone ließe und geschieden wäre, und da meinten verschiedene, daß das doch sicher wegen Frau Schnappauf wäre, und deshalb hätte man erst einen anderen Vertreter gehabt, weil der die Witwe heiraten soll. Großartig, was? Außerdem hat man davon gesprochen, man möchte Herrn Dr. Wolf doch mal privat zum Skat bitten. Der Vorstand der Bürgergesellschaft hat mich auch schon zum Kegeln eingeladen. Mein Prinzip, abzuwarten, war also richtig. An sich sind die Herrschaften hier sehr exquisit und machen viel in Familie. Das nur nebenbei. Ich schrieb Dir eben gerade, was so vorfällt und geredet wird. Irgendwelche Lobhudeleien anderer Leute scheren mich sowieso nicht. Wenn ich nur meinem Edithlein recht bin, das ist die Hauptsache, und ich freue mich immer, wenn Du mir schreibst, daß Dir Dein Wolfi so richtig erscheint, wie er ist. Das stärkt auch mich weiter zum Kämpfen. Ich bin ja normalerweise durchaus mit mir im Reinen und habe keine Komplexe. Wenn man so ist, kann man auch Kraft und Glück auf andere ausstrahlen. Das wirst Du erst richtig merken, wenn Du ganz bei mir bist. Alle Sorgen und Hemmnisse des Tages werden dann leicht überwunden. Und Du, mein Liebling, mußt mir nun aber verspre-

chen, daß Du Dich recht schonst. Du mußt Dich nicht übernehmen, damit ich ein gesundes Frauchen habe!

Heute las ich in der Zeitung über den neuen Friedensplan Moskaus und seine Aufnahme in Amerika. Ich schicke Dir den Artikel mit. Es wäre nicht auszudenken, wenn wir wieder ein Gesamtdeutschland bekämen, und wir könnten wieder mit einer Währung bezahlen. Abgesehen von den sonstigen Werten. Aber irgend etwas tut sich, und wenn es nur eine Frage der Zeit ist. Den astrologischen Kalender füge ich auch bei. Nun muß ich noch arbeiten und Rechnungen schreiben, einen ganzen Stoß!

In treuer Verbundenheit und herzlicher Liebe grüße und küsse ich Dich innig. Ich bin immer bei Dir.

Dein Wolfili.«

»Antwort auf Deinen großen Brief Montag, 21.12.49

Meine liebe gute Edith!

Deinen Brief Nr. 12 habe ich heute erhalten. Herzlichen Dank. Du kannst Dir denken, daß ich ihn nicht ohne größere seelische Erregung in mich aufgenommen habe. Eigentlich wollte ich ihn mündlich beantworten, aber Du verlangst eine Antwort, und deshalb will ich sie Dir auch schriftlich geben.

Ich nehme Deine Ausführungen sehr ernst zur Kenntnis, und ich will mich auch bemühen, meinen Standpunkt klar und eindeutig festzulegen.
Erst mal tut es mir unendlich leid, mein Herzel, daß ich Dir so weh getan habe. Ich bitte Dich vielmals um Entschuldigung. Es ist eben ein Jammer, wenn man so weit

voneinander entfernt ist und nicht jeden Schritt, den man tut, vorher miteinander beraten kann. Ich bin momentan so herunter und abgearbeitet, daß ich abends vollkommen fertig bin. Seit heute hat es endlich mit dem großen Betrieb nachgelassen, und ich bin nicht so müde. Wenn ich dann abends das Private erledige (was Du mir hoffentlich später abnimmst), kann es schon passieren, daß ich meine Worte nicht so abwäge, wie es bei solch prinzipiellen Sachen, die Du angeschnitten hast, sein sollte. Also sei mir deshalb bitte nicht böse.

Du hast in Deinen Ausführungen zum größten Teil recht, aber in einer Anschuldigung muß ich Dir unrecht geben, und es hat mich hart getroffen, daß Du zwischen den Zeilen gelesen hast, ich wolle Dir schonend beibringen, ›daß Du dieses Mal selbst bezahlen sollst!‹ Wie kommst Du denn darauf? Glaubst Du wirklich, daß das meine Einstellung ist? Das hat mich direkt beleidigt. Seit Wochen habe ich eine Extrakasse angelegt, in die ich immer kleine Beträge einlege, wenn ich einmal nicht ausgehe oder mir etwas verkneife, nur um für unseren ›Urlaub‹ zu sparen, wenn Du da bist. Und da kommst Du mit einer solchen Anschuldigung. Herzerl, traust Du mir das wirklich zu? Wo ich keine anderen Sorgen habe und den ganzen Tag schaffe und arbeite, um Dir bei Deinem Hiersein eine einigermaßen ausgeglichene Bilanz vorlegen zu können.
Schau, ich lebe doch nur noch für Dich, und alles ist auf unser Zukunft eingestellt! Wenn ich Dir mal von meinen Sorgen und Schulden schreibe, so darfst Du das nicht so auffassen. Ich verdiene doch so viel, daß alles bezahlt werden kann, nur muß ich über den ersten Engpaß rüber sein, und das ist doch bald der Fall. Ich drehe jeden Pfennig ein paarmal herum, weil ich für unsere Zukunft sorgen will. Wenn ich meinem Bruder ein paarmal ausgeholfen habe, so waren das erstens nur kleine Beträge (unter 20 Mark), und außerdem habe ich sie ihm nur ge-

borgt und bekomme sie auf Heller und Pfennig wieder. Im übrigen kannst Du Dich trösten: Ich habe ihm bei seinem letzten Hiersein kategorisch erklärt, daß ich aus dem Holzgeschäft aussteige, und er solle zusehen, daß er bei meinem Schwager mitarbeiten kann im Holzgeschäft, was er auch tut.
Meine Schwester hat monatlich ca. 100 Mark für die Kinder bekommen, und auch darüber habe ich eine Abrechnung über jeden Pfennig. Ich habe ihnen zu Weihnachten nur eine Gans und Kaffee gekauft und habe Marie für die viele Arbeit, die sie leistet, ihre Schneiderrechnung von 25 Mark bezahlt. Das ist nicht zuviel, oder findest Du das? Daß die ganze Verwandtschaft von mir zieht, ist falsch. Was die Weihnachtseinkäufe in Bayreuth angeht, so bin ich doch nicht so doof, ihnen zu zeigen, was Du von mir bekommst. Ich habe lediglich die Spielsachen, den Kugelschreiber und Bonbons dort gekauft. Im übrigen haben wir in den Geschäften geguckt, was Hansl und Lisl für Schuhe brauchen und uns darüber unterhalten, was Marie eventuell noch für die Kleinen anlegen darf. Auch da habe ich mich auf das Mindestmaß beschränkt.

Nun zur anderen Sache. Ich habe Lisl deshalb nach Bayreuth kommen lassen, weil ich im Augenblick keinen anderen Ausweg fand. Die früheren Pflegeeltern wollten sie, wie Du richtig empfunden hast, anscheinend los sein. Außerdem hatte sie solche Sehnsucht nach Hansl und er nach ihr, daß ich es nicht über das Herz brachte, ihnen diese Weihnachtsfreude nicht zu machen. Übrigens wollte ich sie auch einmal wiedersehen, um zu sehen, wie sie sich entwickelt hat und was die Erziehung in einer anderen Umgebung aus ihr gemacht hat. Sie ist nicht viel anders geworden. Was Du über sie schreibst, stimmt auch. Du darfst nur eins nicht vergessen, daß die beiden Kinder das einzige Pfand sind, das ich bei meiner Scheidung in der Hand habe. Wenn Du Dir den Brief von

Asshoff durchliest, wirst Du erkennen, wie wichtig das ist. Für mich wird immer ein moralisches Plus sein, daß die Kinder weg sind von der Mutter. Wenn die Entscheidung gefallen ist, werden die Mädchen vermutlich der Mutter zugesprochen werden. Daß Lisl später nicht bei uns sein würde, darüber waren wir uns doch von vornherein einig. Sie würde auch gar nicht in unsere Familie passen. Wie lange sie noch in Bayreuth bleibt, können wir ja mündlich besprechen. Acht Tage vor dem Osterfest, am 2. April, wird sie konfirmiert, und dann folgt, glaube ich, auch die Schulentlassung.

Nun zur Nordhausener Sache. Nach Ansicht von Asshoff und auch des Hofer Anwalts ist der angebahnte Weg einer Scheidung in beiderseitigem Einverständnis die richtige Lösung. Wichtig ist dabei, daß wir Beweise für die ehewidrigen Beziehungen Käthes mit dem Mann in Marienborn beibringen. Ich habe an Asshoff geschrieben und ihm klargemacht, daß er bei dem von ihm angebahnten Einigungsversuch diese Angelegenheit andeuten soll (allerdings vorläufig ohne Namensnennung), um sie unter Druck zu setzen. Sei bitte so gut und sammle bei Hannelore und Magda das Beweismaterial. Du brauchst nur in meinem Namen ein Brief an Hannelore zu schreiben und sie bitten, alles mitzuteilen, was sie diesbezüglich in Erfahrung bringen kann. Das ist nämlich entscheidend für eine schnelle Abwicklung. Den Brief an Asshoff habe ich bereits am 16. abgesandt. Wenn keine Einigung erzielt werden kann, wird die Sache an RA Peters übergeben. – Ich weiß nicht, was ich im Moment noch weiter zur schnellen Abwicklung tun kann. Glaubst Du, ich will die Sache nicht auch schnellstens aus der Welt geschafft haben? Sie wird uns noch Ärger genug kosten. Ich schicke Dir den Brief (Abschrift von Asshoff) mit. Aus ihm kannst Du das Weitere ersehen.

Nun glaube ich, die wesentlichen Punkte Deines Schreibens berührt zu haben. Eine erschöpfende Aussprache über die Möglichkeiten können wir dann mündlich abhalten.

Bist Du mir nun wieder gut, mein Herzerl? Darf ich jetzt wieder lieb an Dich schreiben mit gutem Gewissen? Ich glaube schon. Nimm erst einen lieben Versöhnungskuß von mir und komm und laß Dich ganz lieb drücken. Mein goldiges Engelchen, Du hast mir ja eine so große Freude gemacht! Deine drei Pakete sind gestern morgen gut angekommen. Das Weihnachtspaket (eingenäht) wartet noch auf seine Enthüllung. Aber das Wurstpaket ist ganz groß, und ich habe gestern und heute schon davon gegessen. Das Gänsekeulchen hebe ich auf, bis ich lieben Besuch habe. Wann Du wohl kommst? Morgen in einer Woche bist Du bestimmt da. Ich kann es kaum erwarten – oder werde ich enttäuscht?

Das zweite große Paket war reichlich zerfetzt, und das Koffertuch hing an zwei Seiten heraus. Ich habe aber festgestellt, daß noch alles drin war. Den Lumberjack habe ich schon mal auf den Weihnachtstisch gelegt, der heute vorbereitet wurde. Frau Schnappauf hat mir ein kleines Christbäumchen geputzt und ins Zimmer gestellt. Frau Triebel war heute auch da und hat gefragt, ob ich noch lebe und ob wir Besuch bekommen. Frl. Fischer kontrolliert, ob ich das Paket auch nicht vorzeitig öffne. Aber am Freitag feiere ich meine Weihnachten mit Dir und werde das Paket öffnen, denn ich will es ja nicht mit nach Bayreuth nehmen. Wenn Du morgen etwas später anrufst, habe ich vielleicht schon reingeguckt. Die Flasche gluckert noch, sie ist also noch ganz!

Schade, daß wir nicht beisammen sind. Ich werde immer an Dich denken und habe Dir das in meinem Weihnachtsbrief schon geschrieben. Nun hoffe ich, daß alles gut geht und Dir der Rutsch gut gelingt. Deinen Eltern bitte ich auch die herzlichsten Weihnachtsgrüße zu bestellen. Zum neuen Jahr werde ich ihnen einen längeren Brief schreiben. Ich rechne damit, daß der Brief spätestens am Dienstag bei Dir ankommt. Hoffentlich regt er Dich nicht wieder auf, aber Du wolltest doch, daß ich Dir alles schreibe. Wenn Du erst bei mir bist, mein liebes Edithlein, dann ist alles wieder gut.

In herzlicher Liebe grüße und küsse ich Dich!

Immer Dein Wolfili.«

»Marktredwitz, 18. Februar 1950

Meine Herzensgeliebte!

Wenige Stunden trennen mich noch von meinem Geburtstag – es ist 22.00 Uhr, und ich sitze allein im warmen Stübchen in der Wielandstraße. Die Gedanken gehen unwillkürlich zurück auf die letzten 12 Monate, und da gedenke ich in Dankbarkeit meiner lieben Edith, die mir so viel Liebe geschenkt hat und meinem Leben einen neuen Sinn gibt. Einen liebe Kuß, Schatzi.

Nach unserem Gespräch gestern war ich natürlich sehr glücklich, das kannst Du Dir denken. Gestern und heute war es so wunderbar warm wie im Frühling. Leider konnte ich auch heute tagsüber unsere Wohnung nicht genießen, denn nach Tisch nahm mich Frau Schnappauf in Beschlag mit einer Wohnungsbesichtigung in der Stadt – eine Wohnung, die entweder für sie oder für uns in Frage käme – es war aber nichts. Ich habe mit ihr bei dieser Gelegenheit auch die Finanzfrage besprochen und mich über ihre vernünftige Einstellung gewundert. Ich werde ihr in diesem Monat eben so viel geben, wie ich erübrigen kann. Nun wäre ich doch beinahe schon wieder geschäftlich geworden, dabei habe ich Dir schon mindestens 5 nette Briefe im Geiste geschrieben. Schade, daß es da keine Maschine gibt, die das schnell festhält. Der Morgen fängt mit Edithlein an und hört mit Schätzili auf.

Hier in der Wohnung ordnet ein guter Geist tagsüber alles schön, putzt Schuhe, gießt die Blumen. Selbst die Tulpen sind noch da und die Kamelie steht auf dem Tisch neben der Lampe und darf nicht verrückt werden. Überhaupt werden Deine ungeschriebenen Befehle bestens eingehalten. Der Ofen, den ich abends anmache, ist stets vorbereitet – ich werde direkt verwöhnt. Heute war ich durch die viele Arbeit derartig müde, daß ich nach Tisch erst mal einschlief. Nun habe ich drüben den Heizofen angestellt und werde gleich ins Bett gehen, denn ich will ja morgen früh mit dem Zug nach Bayreuth. Meine Gesellschaft dort hat mir heute einen lieben Geburtstagsbrief geschrieben. Es ist doch zu schön, daß ich am Mittwoch mit meinem Herzili schon gefeiert habe.

Ich bin auf Deinen ersten Bericht gespannt und freue mich auf einen Brief, der vielleicht schon am Montag da sein kann. Sei weiterhin tapfer und behalte mich lieb, Du machst mich dadurch so glücklich, und ich habe Dich sooo lieb.

In herzlicher Liebe viele Grüße und Küsse Dein Wolfili.«

»Marktredwitz, 28.2.1950

Allerliebste, beste Edith, liebes Herzerl!

Heute weilen meine Gedanken besonders bei Dir, bist Du doch in Schierke droben – dem Ort, der trotz allem so viele schöne Erinnerungen in sich birgt. Was haben wir beide doch dort schon nette Stunden verlebt! Oft muß ich innerlich lachen, wenn ich daran denke, welch einen Blödsinn wir oft veranstaltet haben. Hoffentlich seid Ihr bei dem Schnee gut durchgekommen und alles hat geklappt, wie Ihr es Euch gedacht habt.

Ich sitze über Mittag in meinem Praxiswohnzimmer, die Sonne scheint herein und schickt mir einen lieben Gruß von Dir! Nachdem die Aufwartung alles so schön saubergemacht hat (sie putzt 2-3mal die Woche hier drinnen und saugt Möbel und alles befehlsgemäß ab), gefällt es mir doppelt gut. Ansonsten habe ich heute einen guten Tag. Heute morgen kam der langerwartete berühmte Brief aus München mit der offiziellen Genehmigung. Du weißt, was ich meine. So wäre also auch das geglückt, und wir sind wieder einen Schritt weiter. Nun stoße ich beim Wohnungsamt vor mit Hilfe des Oberbürgermeisters, den ich ja kenne. Wenn wir nur einstweilen eine Wohnung bekommen, bis wir uns etwas Passendes gebaut haben. Garten ist auch schon da, es wird schon so langsam.

Vergangene Nacht und diese Nacht schlafe ich hier, weil ich mit Frl. Fischer Briefe bzw. Rechnungen schreiben muß. Der Februar war geldeingangsmäßig schlecht, wegen des Faschings. So müssen wir uns jetzt ordentlich dranhalten. Sonst nichts Neues seit Sonntag. Heute kam ein Päckchen von Dir an. Ich soll es nicht aufmachen. Vielleicht kommt hat noch ein liebes Brieferl heute oder morgen. Die Berliner Karte ist da. Ich bin gespannt, was Du erreicht hast. Eigentlich ist es schade um jede Minute, die wir nicht beisammen sein können, aber wir haben beide vorher noch viel zu erledigen.

Ganz schnell einen lieben Kuß, mein Schatz. Laß Dich ganz lieb und fest drücken und Dir ganz tief und lange in die Augen schauen. Herzlichst Dein Wolfi.«

»Marktredwitz, den 3.3.50
nachmittags zwischendurch

Meine liebe Edith!

Dein Montagsbrief Nr. 7 sowie das große Paket (noch nicht ausgepackt) kamen heute an. Herzlichen Dank. Das ist nun der dritte Brief von Dir, den Du mir mit der verflixten Paketaffäre versauert hast! Hoffentlich folgen nicht noch mehr mit so viel Explosionsstoff. Ich kenne Dich so gar nicht, Du bist doch sonst nicht so eine Giftnudel, die immer auf derselben Sache herumreitet. Du, da kann ich aber hörbar einrasten! Eigentlich wollte ich Dir nicht darauf antworten, aber Du willst es anscheinend. Also, zu der Sache selbst möchte ich zu meiner Rechtfertigung sagen, daß ich zwar den Auftrag hatte, die Sachen bald nachzuschicken, aber daß es so eilig ist, wußte ich nicht – daß Du Dir ›wie noch nie im Leben, Schuhe borgen mußtest, wie ein Papagei herumlaufen mußt‹, meinetwegen – aber Edith, wie kann man sich denn so gehenlassen und solche Wutausbrüche zu Papier bringen, dazu noch mit einer Anrede ›Lieber Herbert ... Gruß Edith..‹ So weit darf die Sache nicht führen! Das ist gerade so, als wenn man sich gezankt hat und abends unversöhnt ins Bett geht. (Das will ich nie haben, merk Dir das für immer!)

Daß Du Hans-Jürgen Turnschuhe zum Geburtstag gekauft hast, sah ich erst, als ich einpackte, und daß Du sie zum Geburtstag haben mußtest, wußte ich auch nicht, sonst hätte ich sie als Eilpaket vorausgeschickt. Im übrigen hättest Du wirklich Zeit genug gehabt, die dringendsten Sachen selbst vorauszuschicken. Wie sehr ich in der Praxis zu tun habe und wie wenig Zeit mein Personal hat, weißt Du auch. Wenn Du mir vielleicht den Vorwurf machst, ich hätte die Zeit gehabt, zum Fastnachtsvergnügen zu gehen, was ja eigentlich indirekt geschehen

ist, so finde ich das nicht nett von Dir, jedenfalls bin ich den Briefton von Dir nicht gewöhnt, und der Ton macht bekanntlich die Musik.
Du darfst Deinen Wolfi nicht so vergrämen, sonst verscherzt Du Dir seine Liebe. Ich bin sehr empfindlich, wenn ich es mir auch nicht anmerken lasse oder ließ. Daß ich die Pakete als Wertpakete schickte, hat die Absendung auch noch etwas verzögert. Ich hatte es gut gemeint. Nun Schluß mit diesen Sachen. Ich hoffe, daß Du meinen Standpunkt auch verstehst und zu würdigen weißt. Du brauchst mir auch nicht noch einmal darauf zurückzukommen; wenn ich Dich jetzt hier hätte, würde ich Dich erst aushauen und dann etwas lieber, und dann würde ich Dir einen langen Kuß geben, Dich drücken und Dir sagen: So, mein Herzili, nun sind wir wieder gut, und das nächste Mal machen wir es anders! Zu ernstem Verdruß ist es kein Grund, und im übrigen wollen wir uns doch nicht ärgern, denn wir leiden ja selbst viel zu sehr darunter, weil wir uns eben so lieb haben. –

Heute mittag ging ich raus in die Wielandstraße, saß bei offenem Fenster und sonnte mich. Es war herrlich, und ich habe sogar lieb von Dir geträumt. Du warst unten in unserem Garten und hast den großen runden Tisch (aus Eurem Garten in Calbe) zum Kaffee gedeckt. Es waren eine Menge Kinder dabei – aber alle so klein, daß sie noch nicht richtig laufen konnten und herumpurzelten. Zum Glück weckte mich um kurz vor drei die Aufwartung; sie macht sauber und heizt ein, denn die erste Skatrunde steigt heute bei mir. Wunschgemäß werde ich die neuen Vorhänge anbringen lassen.

Sonst ist alles beim alten. Ich hatte viel Arbeit, stehe in Unterhandlung mit mehreren Assistenten. Es ist nicht so einfach, weil die meisten verheiratet sind und eine Wohnung haben wollen. Dann habe ich an das Staatliche Gesundheitsamt geschrieben, sie möchten mir bestätigen, daß mir eine entsprechende Wohnung zusteht. Gestern waren es 12 Briefe, die ich zu erledigen hatte, mit einem an Dich. Morgen, Samstag, wird nun die Wand im Sprechzimmer montiert, so daß ich zwei Behandlungsräume habe. Sonntag soll ich nach Bayreuth. Ich habe geschrieben, die Kinder möchten doch, wenn sie Lust haben, zum Skilaufen oder Rodeln herkommen. Es ist herrliches Wetter, aber nachts kalt, und ich habe meine Nase tief in Deine Kissen gesteckt und lieb an Dich gedacht.

Das tue ich jetzt auch und sende Dir recht viele liebe Grüße und Küsse

Dein Wolfi.«

»Marktredwitz, den 4.3.1950

Mein liebes, gutes Herzili!

Nun ist wieder einmal Sonnabendabend, und meine Gedanken weilen wie immer bei Dir. Die Zeit verfliegt so rasend schnell mit der vielen Arbeit, und ich habe kaum Verschnaufpausen, um zu mir zu kommen. Trotzdem bis Du immer an meiner Seite, und ein Leben ohne Dich ist nicht mehr denkbar. Deshalb sollst Du auch gleich jetzt ein liebes Küßchen haben und wissen, daß Dein Wolfi Dich ganz lieb hat und lieb behalten wird. Vorhin habe ich zwei Päckchen an Dich aufgegeben. In dem einen sind die restlichen Sachen für Bodo und im anderen Kleinigkeiten für Deine Kinderchen. Das Schiff ist für Hans-Jürgen, der rote Ball für Angelika und der feste Hartgummiball für Bodo. Die Mundplättchen sind erst am Montag wieder da. Ich schicke sie ihm in einem Brief.

Heute waren die Handwerker von 12.30 – 17.00 Uhr da

und haben die neue Wand montiert. Sie ist fabelhaft geworden. Nun ist das zweite Sprechzimmer komplett, und ich hoffe, daß ich bis zum 15. einen Assistenten bekomme. Dann habe ich auch Zeit für meine Privatpatienten und hole die Kosten für den Mitarbeiter leicht dadurch wieder heraus. Außerdem kann ich auch mal etwas früher Schluß machen, wenn ich zu müde bin, denn es ist doch zu viel, wenn man 10 Stunden am Tag am Stuhl steht, und ich will doch gesund bleiben für mein Herzili und eine bessere Zukunft an Deiner Seite.
Auf der anderen Seite brauche ich auch noch 5 Monate, um so viele Reserven zu sammeln, daß ich heiraten kann. Denn ohne die notwendigen Mittel soll man keinen Krieg beginnen, sagt Wilhelm Busch. Schließlich, so wie Du aussiehst, bist Du eine teure Frau – hoffentlich nicht zu teuer, daß ich es auch bezahlen kann. Aber teure Ware ist immer am besten und hält am längsten – ich habe über den Satz lachen müssen. Das große und das kleine Paket sind angekommen. Ich packe sie nachher noch aus. Vorläufig habe ich noch unendlich viel zu schreiben, Rechnungen zu bezahlen, Kostenanschläge .... wenn ich nur die Schreibereien schon hätte!

Die Alte knurrt schon wieder drüben, und wir haben auch in aller Frühe Krach gehabt. Ihr wurde angeblich Holz gestohlen, und das soll Frl. Fischer gewesen sein. Sie wollte mir schon wieder einen Brief schreiben – ich habe sie dabei erwischt und ihr gesagt, sie möge sich die Arbeit nicht machen, ich hätte andere Sorgen, und außerdem würde ich diese Briefe alle aufheben. Das hat gewirkt.

Von Nordhausen haben wir noch nichts gehört. Sie beißen aber anscheinend an, denn Marie schrieb mir, Käthe hätte geschrieben, sie hätte große Sorgen und würde ihr demnächst berichten. Was das Bezahlen des Gegenanwaltes betrifft, so ist das gesetzliche Vorschrift (es kostet 300 DM Orts- und 75 DM Gerichtsgebühren). Am Montag rufe ich Riediger an und frage nach. Morgen früh fahre ich nach Bayreuth und bleibe bis abends. Die Kinder freuen sich schon und haben mir geschrieben. Hansl war Skilaufen in der Nähe von Bayreuth, und Lisl ist wieder gesund. Um 9.20 wollen mich beide von der Bahn abholen.

Unser gestriger Skatabend war recht nett. Die beiden Herren haben sich in unserem Heim recht wohlgefühlt und ziemlich lange ausgehalten. Nun muß ich noch ca. 30 Rechnungen, die Frl. Fischer geschrieben hat, durchsehen, registrieren, zukleben, frankieren – alles Arbeiten, die Du mir abnehmen könntest. Später einmal mußt Du mir da helfen, gell, Schatzi? Die Praxis geht aber weiterhin gut, und die Zukunftsaussichten sind auch nicht schlecht, das ist die Hauptsache.

Laß mich schließe und Dir eine recht gute Nacht wünschen. In Gedanken schleiche ich mich zu Dir hinein in Dein Bett und drücke Dich ganz lieb und lange, und dann habe ich Dich ganz doll lieb, mein Herzilili.

In Sehnsucht und Liebe gedenke ich Deiner

Dein Wolfili.«

»Donnerstag, 13.3.50
Wielandstraße, 20.30 h

Mein liebes Herzili!

Heute früh haben wir kurz telefoniert. Ich konnte Dir natürlich nicht alles am Telefon sagen, aber Du wirst ja inzwischen den Eilbrief erhalten haben und mir auch Deine Stellungnahme schreiben. Riediger kam erst heute nachmittag zurück. Ich habe ihm den Brief zugestellt und nur

telefonisch mit ihm gesprochen – wir werden die Antwort am Montag zimmern. In der Zwischenzeit habe ich dann auch mit Asshoff gesprochen. Riediger sagt, ein voller Erfolg – das andere mit dem Jungen kriegen wir auch hin. Vorläufig muß die ›Bekleidungsfrage etc.‹ geregelt werden und ein einmaliger fester Betrag angeboten werden. Ferner sagte er, daß erst die Scheidung erfolgt und dann die Frage der Kinder vom Vormundschaftsgericht geregelt wird entsprechend dem Scheidungsurteil. Wenn ich die Alleinschuld also übernehme, dann muß das vorher festgelegt werden. Im übrigen meint er, daß Käthe doch sehr schuldbewußt sein muß, wenn sie auf den Vorschlag eingeht.
Ich fragte ihn, wie lange das dauern wird bis zur endgültigen Entscheidung. Er meinte, das könne in 14 Tagen bis 3 Wochen fertig sein. Wie wird Dir denn nun, mein Schatz? Schreib mir mal Deine Gefühle! Ich kann es noch gar nicht glauben. Im übrigen bin ich durch die ganze Sache innerlich etwas aufgewühlt, aber nicht im negativen Sinne. Nun müssen wir uns auch dann so langsam einig werden. Muß ich mir da auch einen Anwalt nehmen? Was stellst Du für Bedingungen? Und ich...?

Für die Papiere brauche ich folgendes (bitte sofort)
1. Deine Kennkartennummer
2. Ausstellende Behörde
3. Datum der Ausstellung
4. Deine Mutter ist eine geborene ....
5. Eheschließung Deiner Eltern, Tag und Ort.

Heute kam ich überhaupt nicht zur Ruhe. Eine Stunde Mittagspause, dann weiter im Trab. Um halb neun abends war ich fertig. Ein enormer Betrieb in der Praxis. 10.1/2 Stunden am Stück. Ein Kollege meldete sich telefonisch wegen der Assistentenstelle. Ich bat ihn, seine Papiere bei mir einzureichen. Er wurde mir besonders empfohlen, stammt aus Danzig.

Um halb zehn war ich heute im Häuschen; Frau Triebel machte mir noch Spiegeleier, und dann gab's noch Käse, Schweizerkäse, ganz dick zum Reinbeißen. Nun bin ich müde. In Gedanken bin ich bei Dir, glücklich, zufrieden, und doch bräuchte ich Dich so dringend zum inneren Seelenausgleich. Die Sache mit Hansl ... er hängt sehr an Karl, und umgekehrt sagt Karl, daß er Hansl mehr liebt als damals seine Kinder... ob ich ihn dorthin lasse? Vorläufig wird es erst mal rausgezogen, solange es geht, und dann werden wir schon sehen. Gell, Herzili, Du hilfst mir!

Ein recht liebes Gutenachtküßchen in herzlicher Liebe

Dein Wolfili.«

16. 3. 50

»Mein geliebter Schatz!

Halb neun Uhr, heute große Wäsche gehabt, habe ja einen ganz lieben, guten Mann (so sagt der Volksmund), wenn bei der großen Wäsche gutes Wetter ist. Da kam per Eilpost um 18.00 Uhr Dein Brief. Wohnungsgeschichte!

Nun wäre ich natürlich sehr glücklich, wenn wir die Wohnung bekämen, und zwar recht bald, daß ich sie einrichten könnte, und die Sachen alle richtig unterkommen, wenn auch der 2. Transport hoffentlich klappt. Doch Wolfi, schau, diese komischen 500 da, die könntest Du doch schon wieder zur Abzahlung bei Frau Schnappauf für die Praxis verwenden. Ich finde es schrecklich, wenn man Schulden hat, und Du mußt doch alles selbst erarbeiten und verdienen. Und dann überhaupt, Wolfi, endlos viel muß ich Dir sagen, aber ich bin heute abend müde und ein bissel durcheinander. Überhaupt, wenn ich nun schon so bald kommen sollte, habe ich bis dahin noch endlos zu packen an Kisten und Paketen, falls in dieser Zeit der Transport steigt. Außerdem muß ich von Montag bis Mittwoch noch mal nach Berlin. Urkunde Achim, Schneiderin und so. Vati fährt am Sonntag nach Hamburg, er läßt den Wagen in Braunschweig oder Hannover stehen und wird dann Ende der Woche nach M. mit den Koffern kommen. Ich sollte nun dies, so meine Mutti, ausnützen und mit Ilka mitkommen. Trotzdem – so ganz bin ich mir noch nicht im Klaren, denn ich lasse mich nicht gern vom Programm abbringen. Einmal wollte ich Ostern hier sein wegen Jürgen, da wir sonst so wenig voneinander haben, zweitens wollte ich mir in Berlin Stoff zu einem Sommerkostüm kaufen und dieses bei meinem Schneider in M. noch arbeiten lassen, drittens Schneiderin Berlin, alle behördlichen Wege und so. Es muß nämlich fort. Dieser Brief wird morgen in W.-Berlin eingesteckt, also auf solche Sachen nicht antworten. Man rechnet hier nach der Nationalen Front (ganz toller Betrieb hier heute!) mit einem stärkeren Eisernen Vorhang. Pässe gibt es kaum noch. –

Wolfi, bitte schreib doch auch mal meinem Vater. Weiß Du, mir hat er es nicht gesagt, aber ich weiß es von Mutti. Er hat Dir wohl etwas übelgenommen, daß Du seit Deinem Fortsein ihm nicht einmal zu Neujahr einen Gruß geschrieben hast. Schließlich wären sie doch meine Eltern und ich lebte bei ihnen und so. Das mit dem Schreiben stimmt ja, ich hatte mich da, ehrlich gesagt, auch gewundert.

Schlafe gut, Liebster. Ich bin todmüde, aber innerlich so erregt, daß ich bestimmt nicht schlafen kann. Muß erst mal etwas zur Beruhigung nehmen, sonst kriege ich das heulende Elend.

Ein liebes Küßchen – Dein Edithlein

Du, ich hab Dir heute schon Nr. 18 geschrieben und habe von Dir heute erst 15.«

»Montag, den 17.3.50
21.30 h, Wielandstraße

Mein liebes, allerliebstes Schätzilein!

Du mußt Dir vorstellen, ich sitze nach einem guten Abendessen in der Sofaecke, es ist mollig warm, das Radio spielt, und ich habe mir mal ein Pfeifchen gestopft, meine Briefdisposition gemacht, denn es gibt schon wieder so viele Neuigkeiten! Also erstmal tausend Dank für Deinen lieben Brief Nr. 13, in welchem Du Deiner Freude Ausdruck verleihst – was ich in Nr. 14 vermißte. Daß der Brief Nr. 13 später kommen mußte, haben wir beide nicht gedacht.

Du, bei mir überstürzen sich die Ereignisse derart und oft so günstig, daß es mir manchmal ganz bange wird, ob das auf die Dauer so bleiben kann ohne den kalten Nackenschlag, auf den ich immer noch warte. Aber ich bin auch darauf gefaßt.
Nun der Reihe nach. Das Telefongespräch kam außerordentlich ungünstig – ich hatte gerade Pech mit der einen Bohrmaschine. Frau Schnappauf kam auch gerade dazwischen und meckerte – ein Patient bekam einen schwierigen Zahn gezogen usw. –, so daß ich eigentlich alles, was ich Dir sagen wollte, vergaß. Nun hole ich es schriftlich nach. In München war Hainzl absolut nicht da, er hatte anscheinend Lunte gerochen. Aber die Firma von Eckert hat ihm einen geharnischten Brief geschrieben und die Gelder (auch meines mit) zurückverlangt,

wenn bis 1.5. die Wohnung nicht fertig ist. Anderenfalls Klage bei Gericht.
Dr. Riediger war heute auswärts und ist erst morgen für mich zu sprechen. Also, vielleicht kommt dann der andere Brief von Dir. Dein heutiger Brief war auch wieder so lang und lieb. Hab vielen Dank, mein Schatz. Ich lebe den ganzen Tag mit Dir. Na, hoffentlich stimmt es, daß ich mit Dir Karriere mache. Es ist schon was Wahres dran. (Das Gegenstück stimmt auch, siehe Schierke!)

Schicke mir bitte die Schreibmaschine sofort, ich kann sie ja hier nachsehen lassen – ich brauche sie dringend. Heute habe ich mich für den Assistenten entschieden und ihn gebeten, er möchte am 20.4. kommen. Er hat sehr nett geschrieben und gute Unterlagen beigefügt. 30 Jahre alt, verheiratet, ein Kind, stammt aus Danzig, wohnt aber schon 5 Jahre in Oberbayern. Weiß, ein Unverheirateter versackt mir hier in Bier und Frauen. Nach dem Foto eine elegante Erscheinung, außerdem ehemaliger Hauptmann, seit 1949 fertig mit dem Studium. Gehalt 200 DM netto. Er will Sonntagabend kommen, außer Frl. Fischer weiß es niemand, mal sehen, ob sie den Mund halten kann. Die anderen Angebote von Assistenten waren weniger gut. Ich hoffe ja, daß er inzwischen Bayrisch gelernt hat, und im übrigen ist mit Norddeutschen dienstlich besser umzugehen, weil sie besser Abstand halten können. Ich habe da meine Erfahrungen, hatte doch schon 7 Assistenten.

Nun zu der Wohnung Humboldtstraße, die Du ja kennst. Auf dem Wege dorthin traf ich Herrn Günther, der die Villa nebenan bewohnt, er nahm mich per Auto mit und erzählte, daß er in dieser Wohnung zehn Jahre gewohnt habe und heute noch davon schwärmt. Kostet 65 DM, das hübsche gekachelte Bad, Etagenheizung, und sogar Telefon. Ich war also dort, und wir besprachen die Sache.

Also, Herr Gilbert und Frau wollen in Oberbayern irgendwo ein Kino aufmachen. Er geht bereits in 14 Tagen hin, Frau und Mutter im Juli/August (sie ziehen nach, wenn die Wohnung ausgebaut ist). Nun wollen wir die Sache so drehen, daß ich nach außen hin mit ihm die Wohnung in München tausche, intern dreht es sich darum, daß er eine Abstandssumme von 500 DM haben will. Ich habe berechtigte Aussicht, die Wohnung zu bekommen, und werde morgen einen diesbezüglichen Vorstoß beim Oberbürgermeister machen. Dieser hat mir damals bereits gesagt, daß z.B. einem Wohnungstausch nichts im Wege stehe. Was die 500 DM anbetrifft, so sind diese in drei Monatsraten zu bezahlen, und ich bekomme eine Quittung von Gilbert über einen Vorschuß für die Assistentenwohnung (steuerabzugsfähig). Da ich bei meiner Bilanz festgestellt habe, daß ich sowieso noch enorme Unkosten brauche, um in eine niedrigere Steuerklasse zu kommen, kommt mir das ganz gelegen und kostet mich praktisch nichts. Ich habe nebenbei auch mit einem Finanzmann in München gesprochen, der mir bestätigt hat, daß alle meine Kosten bezüglich der Verlagerung etc. abzugsfähig sind. Nun paßt das gerade schön.

Ich würde dann den Assistenten bei Frau Schnappauf unterbringen (er kommt natürlich ohne Familie, hat Eltern auch in Oberbayern) und könnte unser Herrenzimmer bald in der Humboldtstraße aufstellen. Vorläufig könnten mir drei Zimmer zur Verfügung gestellt werden. Der Garten bleibt uns ja und käme für nächstes Jahr als Bauplatz in Frage, denn heuer schaffen wir es mit der Finanzierung eines Baues doch nicht mehr. Mit Rücksicht darauf, daß Hans-Jürgen noch ein Jahr in Gnadau bleibt und Hansl in Bayreuth, müßten wir mit den beiden Kleinen doch räumlich hinkommen. Weitere Räume, außer Bodenkammer und Keller, sind im Haus kaum zu haben, denn unten sitzt der Hausbesitzer sowieso gedrängt, und die Hausmeisterwohnung hat sein Schwager (Chauffeur bei ihm), der auch nicht rausgeht. An sich hat die Wohnung nur 4 Zimmer, Bad, Küche, aber vorläufig muß sie genügen, denn wir bekommen keine so schöne, und nun heißt es erst mal zupacken. Das Bad, Telefon, die Etagenheizung sind ja großartig. Jedenfalls nehme ich sie unter allen Umständen, schon wegen der sonnigen Lage. Außerdem ist unser Garten, der am Hause fehlt, in Sicht- und Rufweite. Ich höre Dich schon vom Fenster aus ›Booodooo‹ rufen. Das Gartenhaus ist ca. 3,50 x 3 m groß mit zwei Fenstern. 25 Spalierbäume, 25 Beerensträucher und Himbeeren sind angepflanzt nach meiner Zählung am Sonntag.

Wenn Du nur da wärest, um alles mit zu entscheiden. Ich könnte es ja zurückstellen, bis Du kommst – aber mir wäre es lieber, es wäre vorher gemacht, damit Du nur einräumen mußt, wenn Du kommst. Ich müßte aber in jedem Fall meinen Assistenten erst mal in meine Praxiswohnung legen, denn das Zimmer kann ich keinesfalls halten, wenn ich hier die Wohnung zugewiesen bekomme. An sich kann es Frau Schnappauf wieder möblieren, und ich brauche dann die hohe Miete von 48 DM nicht zu bezahlen. Ruf mich doch an, wenn Du den Brief hast, und teile mir Deine Meinung mit. Vielleicht kann ich Dir dann schon sagen, ob es mir gelungen ist, die Wohnung zu bekommen.

Nun gute Nacht, mein Goldengel, ich bin müde und denke lieb an Dich. Tausend Küßchen

Dein Wolfili.«

»Calbe, d. 8. 5. 50

Wolfi, mein ganz, ganz lieber Mensch!

Du, ich möchte Dir viel, viel Liebes antun und weiß gar nicht, wie ich es zum Ausdruck bringen soll! Vorhin am Telefon klang Deine Stimme irgendwie traurig und sehnsuchtsvoll. Heute, nach einer Woche, hattest Du Geliebter erst Post von mir, und das tut mir so leid. Und dann waren die Briefe auch sicher nicht so nur für ein liebendes Herz, sondern wohl mehr erzählende Berichte, und diese auch wiederum nicht so ausführlich, wie man sonst geschrieben hätte. Aber gell, mein Schatz, Du verstehst mich schon?

Heute mußte nun Mutti auch noch von mir sagen, daß ich elend aussähe usw. Das wollte ich gar nicht. Denn ich hatte Dir das Nötige ja schon darüber geschrieben. Selbstverständlich ist es besser, wenn ich mal untersucht werde, eine Vorsichtsmaßregel. Alle, nun auch Puttchen, auch in Gnadau und alle Leute, die vorbeikommen, sagen: ›Nein, Du bist aber schmal geworden, und so blaß!‹ usw. Das regt mich schon auf, überhaupt kommt man hier von einer Aufregung in die andere. Weißt Du, wenn ich erst Deine Frau und immer bei Dir bin und wenn ich ein Mädchen habe, wird es mir so gut wie nie zuvor in meinem Leben gehen. Das weiß und fühle ich ganz genau. Das ist jetzt nur das ›Hin und Her‹, na, Du verstehst schon, gell!
Heute morgen um 10 Uhr habe ich Jürgen mit dem Wagen nach Gnadau gebracht. Puttchen fuhr mit und dann mit dem Zug von dort um 12.00 Uhr weiter, wieder nach Hause.
Du wußtest gar nicht, daß hier heute ein Feiertag ist! Die Befreiung durch die Russen von der Nazischmach. Ich glaubte, Du wüßtest es durch den Rundfunk oder die Zeitung. –

Morgen um 6.20 Uhr früh geht unser Zug nach Berlin. Ich freue mich schon auf einen Brief von Dir, durch den Festtag heute habe ich keinen bekommen. Hatte ich Dir für Deine lieben, lieben Zeilen Nr. 2 eigentlich schon gedankt, die am Freitag kamen? Diese zwei Briefe begleiten mich natürlich, und Dein Bild. Dann kann mein Näschen immer mal Wolfiluft schnuppern und mein Herz einen Hupfer tun im Bewußtsein Deiner Liebe. Weißt Du ich habe schon zu viel von Dir angenommen und gehöre Dir so ganz, daß mich hier eigentlich alles enttäuscht. Aber vielleicht enttäusche ich auch die anderen, insofern, daß sie fühlen, Edith ist ja nur zur Hälfte hier.

Angelikas kleines Herzchen ist auch noch ganz durchglüht von der Liebe zu Onkel Wolf. Und zu Tante Inge hat sie gesagt, dort sei es schöner als hier. – Heute habe ich viele Tulpen und Narzissen im Garten geschnitten, mein Zimmer ist ganz erfüllt von dem betörend süßen Duft. Diese Knollen müssen wir bei uns im Herbst legen.

Morgen schreibe ich wieder.
Laß Dich ganz lieb umarmen und küssen

von Deinem Edithlein.

P.S.

Bekannte von Bennschneiders in Zens haben sich auch scheiden lassen (5 Kinder), das ging binnen 3 Wochen. Nun wundern sich natürlich alle über die lange Dauer bei Dir. Überhaupt hast Du mir am Telefon gar nichts von der Antwort von Asshoff gesagt. Schreib mir das doch bald, Du weißt ja, wie ich darauf warte. Ich wollte auch danach fragen, aber als ich Deine Stimme hörte, habe ich es ganz vergessen ...«

»Dienstagnachmittag, 1/4 4 im Garten

Mein liebster Wolfischatz!

Viele liebe Küsse und herzlichen Dank für Deinen lieben Brief No.8 vom Freitag. Diese Briefe – wenn ich die nicht hätte! Sie schenken mir so viel Kraft und Mut und ein ganz schrecklich, unendlich süßes ›Glücklichsein‹. Du, weißt Du, wie lieb wir uns haben, darf ich gar niemandem sagen, weil dann alle neidisch oder eifersüchtig sind. So muß ich diesen Schatz ganz fest zuschließen in meinem Herzen, und das fällt mir gar nicht so leicht. Überhaupt habe ich den aller-, allerbesten und liebsten Mann, den man nur haben kann, so denke ich oft und finde an allen sehr viel zu bemängeln (natürlich nur in Gedanken) und ›meinen Mann‹ am schönsten, klügsten, liebenswertesten und überhaupt – alles! Du, jetzt will ich Dir aber was anderes erzählen, sonst wirst Du mir noch eingebildet (was Du manchmal schon ein klein wenig bist), und das soll ja nicht sein. Ach Wolfili, ganz viele liebe Küßchen möchte ich von Dir haben, und so wie jetzt habe ich wohl noch nie unser Wiedersehen herbeigesehnt. –

Gestern waren wir also in Aschersleben bei Dr. v. Wichert, und er hat mich ganz gründlich mit EKG, Blutproben, Abhorchen usw. untersucht. Ich bin organisch vollkommen gesund, habe auch eine ausgezeichnete Herztätigkeit und gesundes Blut, nur 1% unter normal, dafür allerdings ein überaus leicht erregbares Nervensystem. Er hat dann allerhand Reaktionsproben gemacht und sagte, meine Nervenkraft wäre am Ende. Ich müßte mit meinem vergangenen Leben abschließen, sollte heiraten, ein geregeltes Leben führen. Dazu 4 Wochen Pyrmont oder Kissingen mit abwechselnden Kohlensäure- und Moorbädern, und ich wäre die gesündeste Frau, die sich denken läßt. Also mein Schatz, bist Du zufrieden?

Heute vormittag hatte ich mittlere Wäsche, nachmittags bei Langes zum Kaffee, woraus auch Abendbrot wurde, so daß wir vor einer halben Stunde um 1/2 10 eintrudelten.

Weißt Du übrigens, worauf ich stolz bin? Daß Du so viele und immer mehr Patienten bekommst und daß Du so schön solide lebst.

Übrigens muß ich Dir noch was von Inge erzählen. Sie ist in Sorge, daß eventuell die abgegebenen Papiere in Tirschenreuth an ihre Stelle gesandt werden. Das wäre natürlich mehr als unangenehm. Ich sagte ihr, ich werde es Dir schreiben und Du würdest sicher so gut sein, Dich dort mal zu erkundigen, gell? Bitte rufe doch mal dort an und gib mir Nachricht im nächsten Brief. – Hast Du heute denn nun endlich Antwort von Asshoff?

Du, Schatz, sieh nur zu, daß das in München klappt, daß gleich, wenn Inge kommt, Ihr ein ›vehicle‹ und ›Platz‹ besorgen könnt, gell! Ich bin so glücklich, liebe meinen Mann und zähle die Tage, bis ich ihn wiederhabe und er mich.

Gute Nacht, mein Wolfi, schlaf wohl! Jeden Abend danke ich dem lieben Gott, daß er uns zusammenführte.

In inniger Liebe

Dein Herzili«

»Marktredwitz, den 14.5.50
Sonntagabend, 21.00 h
(Ich bitte darum, daß Du mir auch
immer den Wochentag angibst!)

Meine heißgeliebte Frau!

Bevor ich auf alles eingehe, muß ich Dir noch eine kleine Schilderung meines Milieus geben. Da sitze ich nun an meinem Abendbrottisch, natürlich dem großen, noch vor meinem Bierkrug, daneben ein Teller mit Wurst, Brot, Butter. Appetit gering. Da rechts, nein links, saß Edith, dort Ilka – eigentlich müßte ich mich wegen der Abnützung des Tischtuches mal woanders hinsetzen, aber dann kann ich nicht an den Schrank, weil stets was fehlt. Dann stelle ich mir vor, wie es ist, wenn da der kleine Bodo mit den listigen Äugelchen herschaut, dort Angelika, immer lachend wie die Mutti (wenn sie lieb ist)... also weiter essen, hab Deine Serviette erwischt. Wie war das doch abends? Roter Ring – silberner? Nein, was ich da wieder habe, das waren doch die Kleinen! Das dritte Brot wird vollendet. Was nun?

Ja, also Disposition München. Ob ich anrufe, hinfahre (schimpft sie, ist zu teuer). Ich könnte eigentlich am Freitagmittag hinfahren, Samstag um 17.35 E-Zug zurück. Nach dem neuen Sommerfahrplan ab heute geht der bewußte E-Zug bis hierher durch.
Und dann: 4 Kisten, Tisch umräumen, Standuhr – Eilpaket ist bereits fertig vor mir mit dem Kleid, Einschreiben nicht vergessen. Bauplatz – soll ich nicht schon einmal in meiner Freizeit mit den Ausschachten beginnen? Gestern habe ich vor lauter Aufregung ein Beet im Garten erst mit Erbsen besät – einige Zeit später stellte ich fest, daß ich in das gleiche Beet noch einmal Bohnen gesteckt hatte. Ich habe sie wieder rausgebuddelt, dreckige Beine, schwarze Hände. vier Stunden habe ich gearbeitet,

Erdbeeren noch ausgemistet, umgepflanzt, was abfiel. Du kannst Dir meinen Eifer nicht vorstellen – abends um 10.00 Uhr war ich so todmüde, daß ich ins Bett fiel und herrlich bis halb acht morgens schlief. Ich ziehe mich immer in der Wielandstraße um. Dort hängt die Lederhose, Polohemd, alte Schuhe und Strümpfe. Ja, Wielandstraße: kündigen ... halten, solange es geht? Oder wie? Juli heiraten – August und September kommt der erste Besuch. Hannelore soll Frl. Fischer im August vertreten; dann will Erni Lange zu Besuch kommen, weiter Erika, Puttchen, natürlich Inge und Heinz. Die haben alle kein Geld, im Hotel zu wohnen ist zu teuer. Ich schlage vor, eine Übernachtungskasse aufzustellen, wie es früher auf einigen Jagdhütten üblich war. Vielleicht lohnt es sich und die Miete kommt wieder dabei raus.

Dr. Jahns habe ich die Wohnung gezeigt, sie würde ihm und der Familie genügen, aber Frau Triebel will das nicht, sie hätte da schon einen jungen Mann. Ich will auch nicht unbedingt, daß Dr. Jahns ganz herzieht – am Schluß läßt er sich hier nieder, denn die Patienten mögen ihn gern. Wenn er sich auch nach dem Zahnärztegesetz erst ein Jahr nach der Assistenzzeit am selben Ort niederlassen könnte, bekäme er bestimmt Zulauf von Privatpatienten, die ihn ernähren. Kassen bekäme er ja keine. Man muß das alles in Betracht ziehen.
Außerdem ist die wirtschaftliche Lage, verbunden mit dem nicht angelaufenen Arbeitsbeschaffungsprogramm, wieder schlechter geworden. Wie es nach der Londoner Tagung wird, weiß man nicht. Dank verrückter Weissagungen, die man für 1 DM im Laden in Buchform kaufen kann, haben wieder alle Angst vor einem Krieg. Solche Sorgen kennt die Ostzone nicht. Wer wird wohl recht behalten?

In Sachen Nordhausen bekam ich von Marie einen Brief von Käthi an sie, in welchem wörtlich drinsteht: ›Mein

Brief ist in Marktredwitz, und die Antwort wird erweisen, ob auch nur der Wille zu einer guten Tat da ist, ob man sich auch nur bemüht um einen gangbaren Weg. Ich würde nichts mehr begrüßen als eine Wandlung zur Einsicht, daß es so nicht geht, daß ich hier auch ein Mensch bin usw.‹
Vielleicht ist der Brief morgen da. Wir werden noch zwei Tage warten, dann schießt Riediger einfach mit der Klage los. Zurücknehmen können wir sie immer noch, aber wir können nicht länger warten. Die Schnapsfirma in Nordhausen ist am Platzen, und der Laden wird an andere Unternehmer verpachtet. Käthi ist schon bei einem Onkel in der Firma, und die Angestellten sind alle entlassen. So weit also diese Sache. Du bekommst sofort Bescheid über alles, was vorgeht.

Wann Gilberts ausziehen, weiß ich noch nicht, erfahre es aber bald. Ich habe jetzt pro forma den Zuzug von Hansl und Lisl beantragt, damit ich die Wohnung bekomme. Inzwischen wird sich auch alles andere regeln. Ich habe das Gefühl, daß wir es doch im Mai/Juni schaffen und Mitte Juli heiraten kommen. Diesmal habe ich mir was vorgenommen. Ob ich mein Programm auch so einhalten kann wie eine gewisse E.B.? Übrigens habe ich neulich abends die alten Fotoalben studiert ... oh ... in Wiesbaden ... und am Strand. Der senkrecht gestreifte Badeanzug reizt direkt. Schade, daß ich sie damals nicht kennenlernte. Ich glaube, an die hätte ich mich rangemacht!

Weißt Du schon, wann Du wieder kommen kannst? In Deinem letzten Brief schriebst Du zum erstenmal davon, was ich als gutes Zeichen betrachte. Es ist ja auch ein Jammer, die schöne Baumblüte, das herrliche Frühlingswetter, und ich muß den erquickenden Einzel.... Wolfi wieder frech. Ausgerechnet der Wonnemonat. Im Juli und August schwitzt man wieder so viel. Zu meiner Beruhigung stelle ich fest, daß das Barometer heruntergeht.

Eine Abkühlung tut jetzt gut.

Das Gespräch ist noch nicht da. Ob es noch kommt? Mit diesem Bogen ist das blaue Briefpapier zu Ende, ich wollte, ich bräuchte keines mehr, doch die Zeit wird auch kommen. Deinen Eilbrief brachte mir heute nachmittag der Eilbote in den Garten. Herzlichen Dank, ich habe mich sehr darüber gefreut.

Nun aber Schluß. Tausend Küßchen von Deinem Dir guten Wolfi.

Auf die Pakete bitte Postleitzahl 13a schreiben.«

»Marktredwitz, den 23.5.50
Dienstagabend

Meine goldige Süße!

Sag mal, was tust Du denn eigentlich so lange da oben? Ich sitze da ganz allein in meinem Garten, habe so viel Arbeit dort, das Wetter ist so schön warm, und überhaupt! Bist Du denn noch nicht bald fertig mit Deiner Garderobe? Also, lange halte ich das nicht mehr aus, Herzili, wenn Du nicht bald kommst, suche ich mir eine andere!

Nun sitze ich am Schreibtisch, rechts von mir Dein Bild, dahinter in der Glasvase ein riesiger Birkenstrauß, links vor mir in der Silbervase ein großer Fliederstrauß – eigenes Wachstum! Ich trinke eine Flasche Apfelsaft, die von nun an mein Abendgetränk bildet. Das ist besser als Bier im Sommer und schmeckt großartig. Um sechs Uhr war ich in der Praxis fertig und fuhr schnell heim. Frau Franke hatte mir Spargelsalat gemacht, ich hatte sie gebeten, sich auch etwas zu nehmen, sie sorgt doch so rührend für mich. Ich hatte mir dazu gekochten Schinken gekauft, und dann ging es in den Garten. Ich war doch schon seit Freitag nicht mehr dort gewesen und habe gestaunt, was da gewachsen ist! Meine gesäten Erbsen sind alle schon kleine Männchen, alle gekommen – das Gras ist ganz hoch. Da muß ich gleich mal was tun. Du wirst lachen, ich habe mit der Sense gemäht. Ja, das kann Dein Wolfi. Eine Sensenbreite vorn um den angepflanzten Garten herum und hinten bei der Laube um den Baum. Dann habe ich Flieder geschnitten und Birkengrün, mit Frau Triebel etwas geplündert. Sie geht am 15.6. wieder stempeln. Die Wohnung dort wird weiter behalten. Ich bin so fleißig, daß ich es schon bezahlen kann. Heute habe ich zwei ganz große Arbeiten schön fertiggebracht, das hat mich hoch befriedigt, aber auch sehr angestrengt. Frl. Fischer bekommt ihre Zähne auch noch gemacht. sie darf doch von Samstag bis Montag mit einem Omnibus nach Berchtesgaden. Da ist sie natürlich schon ganz aus dem Häuschen.

Mein Pfingstprogramm werde ich hier abwickeln, und zwar will ich meine Mutter und Marie kommen lassen. Marie schrieb mir, daß Mama wohl nicht mehr lange leben wird, es geht sehr abwärts mit ihr, und sie soll doch unser Heim und meine Praxis noch einmal sehen. So werde ich sie wohl für Samstag/Sonntag einladen und die Kinder Montag kommen lassen. Mit denen will ich dann eine Wanderung machen, vielleicht aufs Marktredwitzer Haus, denn im Fichtelgebirge waren sie schon mit der Schule. Mir ist das auch ganz lieb, denn dann brauche ich nicht fort von hier, denn ich hänge doch so an meinem, unserem Heim. Du auch? Hast Du keine Sehnsucht, meine Herzimaus? Du, ich möchte Dich fest drükken – Edithlein, lange halte ich es nicht mehr aus ohne Dich. Ist doch alles verlorene Zeit, wenn Du nicht da bist. –

Heute kam Dein Freitagsbrief Nr. 14. herzlichen Dank, mein Schätzchen. er hat mir ordentlich gutgetan, und ich bin seitdem endlich wieder ruhig und zufrieden. Den Zucker schicke ich morgen ab. Es ist lieb von Dir, daß Du so viel schickst und auch an die Bayreuther gedacht hast. Wie werden sich wieder sehr freuen. Daß der Staubsauger zur Reparatur ist, weiß ich ja gar nicht. Wo soll er denn sein?

Frau Gilbert fährt zu Pfingsten zu ihrem Mann. Er hat ihr geschrieben, daß es wohl im Juli mit der Wohnung klappt. Nun muß ich sehen, daß alles andere auch in Ordnung geht. Bis dahin bist Du dann ja hier und darfst wieder räumen. – Eigentlich ist heute Kegelabend, aber ich gehe nicht hin. Komisch, ich habe keinen Spaß mehr an solchen Sachen, mich interessiert nur noch mein Heim, die Zukunft, mein Schätzlein, und überhaupt habe ich Dich ganz doll lieb. Und weil das so ist, bin ich glücklich und zufrieden. Du auch? Magst Du Deinen Wolfi auch noch?

Ein herzliebstes Gedenken und einen süßen Kuß in innerer unzertrennbarer Verbundenheit

Dein Wolfili.«

»Mittwoch, d. 24. 5. 50

Mein liebster Mensch, Du!

Maienzeit, sie geht ihren Ende zu! An den wundervollen Abenden denke ich dann, jetzt würdest Du noch mit Wolfi ein Stück laufen, und alles, der ganze Tag, wäre dadurch vergoldet. Ach Wolfi, Liebes, Du glaubst gar nicht, jeder Tag ist für mich eine Prüfung, eine Beherrschung – daß ich nicht einfach abreise und zu Dir komme. Doch was man sich vornimmt, muß man auch durchführen, wenn es auch schwerfällt. Wir haben es bisher so gehalten, und so muß es auch sein. Gib Deinem Herzili erstmal eine Menge lieber Küsse! Und lieb hat es Dich, ganz doll, schrecklich viel lieb! Hab Dank für Deinen Brief vom Freitagmittag, kurz vor Deiner Abfahrt. Ich bin gespannt auf den Brief über München, das kannst Du Dir sicher denken.

In der letzten Nacht hatten wir hier ein starkes und lang anhaltendes Gewitter, denn seit 3 Tagen war es enorm heiß, doch ist es immer noch so, daß man in der Laube sitzen kann. Heute abend kommen Bennschneiders, wir wollen mal ins Kino gehen. Inge feiert ihren Geburtstag schon Sonnabendabend, also hinein, wie ich letztes Jahr! Morgen muß ich nochmal nach Magdeburg zur Mantelprobe, mein Kostüm ist fertig, chic! Ich nehme Bodo mit, er hat Donnerstag immer schulfrei, und dann bin ich nicht allein. Wenn Bodo aus der Schule kommt, geht es gleich in den Garten, wo wieder jeder seinen Garten hat, sogar mit einer Gartenbank und Laube, alles selbst gefertigt. Die Kleinen leben wirklich noch wie im Paradies. Hans-Jürgen bekommt jetzt leider gar keine Ferien, nur von Sonnabend bis Dienstag. Doch er freut sich schon mächtig auf die wenigen Tage. Du glaubst gar nicht, wie groß er schon geworden ist, und ein richtig hübscher Kerl. Komisch, alle sagen, er wäre mir wahnsinnig ähnlich, und ich finde das gar nicht. –

Hast Du eigentlich die Pakete erhalten und den Spargel? Anbei das Stoffpröbchen meines Mantels. Bitte Wolfi, sei so lieb, mir 2.1/2 bis 3 Meter Futterstoff auszusuchen, kommt auf die Breite an, und an den Schneidermeister in Magdeburg zu schicken. Such mir ein recht schön passendes und dickes graues Seidenfutter aus. Vielleicht gibt es auch schon wieder so ein Damenseidenfutter, in sich stumpf und glänzend gemustert, die waren immer sehr gut. –

Hast Du Dir eigentlich schon Schuhe gekauft? Wenn Inge kommt, müßt Ihr gleich für ihren Mann einen recht guten und ganz hellen Stoff kaufen und arbeiten lassen, gell? Ach, überhaupt, Inge freut sich riesig und wird von allen beneidet. Sei Du, mein Geliebter, innig umarmt mit einem dicken, süßen Küßchen

von Deinem Herzi«

»Marktredwitz, den 4.6.1950
Sonntagnachmittag

Herzi, Geliebtes!

Heute ist der vorletzte Sonntag, an dem ich allein bin. Die Zeit vergeht schnell, und ich hoffe nur, daß Du dann auch so schönes Wetter hast. Du bist doch so ein Sonnenkind und mußt immer Wärme haben. Ich bin gestern nachmittag schon zurückgefahren. Um 17.35 fuhr ich mit dem Eilzug in München weg und war um kurz vor elf hier. Da ich nichts weiter gegessen hatte, ging ich noch ins Bahnhofshotel und aß dort eine Kleinigkeit. Ich hätte ja in München bleiben können, aber nachdem ich fertig war, fühlte ich mich auf einmal so allein, und ohne Dich macht es eben keinen Spaß mehr. So war ich heute früh in der Praxis, guckte mal nach, fand einen Brief von Dir vor, und dann ging ich in den Garten und erntete die ersten Radieschen. Das Unkraut hat enorm überhand genommen. Erschrick bitte nicht, wenn Du kommst, denn ich schaffe es nicht allein. Ich las und träumte in der Sonne, ging dann etwas essen und verbrachte nachher noch einmal zwei Stunden im Garten. Dann wurde es mir aber zu heiß.

Nun sitze ich über meinen Büchern und mache alles klar

für die kommende Woche. Meine Gebißsanierung ist gut gelungen, und ich hoffe, daß Dir Dein Wolfi gefällt. Wenn es auch schmerzhaft war, so bin ich doch froh, daß ich die Energie aufgebracht habe und nun alles erledigt ist. In München stehen überall schöne gebrauchte Autos herum zum Verkauf. Mercedes V 170 4 Mille, eine Mercedes Cabrio für 6 Mille, fantastisch. Ich habe nachts geträumt davon.

Eben habe ich mit Dir telefoniert, das Gespräch war in 20 Minuten da. Da habe ich ja Glück gehabt, daß ich Dich gerade erwischte, als ob ich es geahnt hätte! Nun bin ich aber wieder froh und glücklich, weiß ich doch, daß es meinem Herzili gut geht und alles in Ordnung ist. Ein ganz liebes Küßchen, und recht liebes Gedenken.
Wenn ich mir Erdbeeren vorstellen soll, und bei uns blühen sie erst. Ich wollte, ich könnte Dir helfen dabei. Nun fahre ich noch einmal per Rad in die Praxis, muß noch etwas raus und ein Buch holen, dabei bringe ich den Brief zur Post.

Einen recht lieben Sonntagsgruß und Kuß, und alles Liebe von Deinem

Wolfi.«

Frühsommer 1950

VON OST NACH WEST.

Nachdem in Marktredwitz Herbert alle Vorbereitungen für meine Übersiedlung getroffen hatte, wurde es auch für mich langsam greifbare Wirklichkeit. Viele Dinge, die mir lieb und teuer waren und die ich in meiner neuen Heimat nicht missen wollte, hatte ich bereits seit längerer Zeit in Paketen vorausgeschickt. Ein großes Problem aber blieb noch zu lösen: Wie sollte ich meine Möbel rüberbringen, praktisch eine komplette Einrichtung? –

Wieder einmal war uns das Schicksal hold: Bei einer Geschäftsreise nach Berlin im Frühjahr 1950 zusammen mit meinem Vater trafen wir in einem Restaurant einen seiner ehemaligen Schulkameraden und dessen Freund, einen Herrn Bersdorf. Dieser Freund fand offensichtlich sofort Gefallen an mir, und um mir zu imponieren, erzählte er, daß er überallhin gute Verbindungen habe. »Alles, was Sie wollen, bringe ich in den Westen! Wenn Sie also mal einen Wunsch haben ...«

Sofort hakte ich nach: »Ja, den habe ich, und zwar möchte ich meine Möbel nach Westdeutschland bringen lassen, ich will nämlich nach dort heiraten!« Ich dachte, nun würde er einen Rückzieher machen, aber ich hatte mich getäuscht. Schon wenige Tage später kam er nach Calbe, und wir besprachen, wie der Transport erfolgen sollte. War es Leichtsinn oder nur Vertrauensseligkeit? Bei diesem ersten Besuch gab ich ihm einen stabilen Schweinslederkoffer mit allem Silber mit, den er für mich in den Westen bringen sollte. Mein Vater war entsetzt, als ich es ihm hinterher erzählte. »Kind, das siehst du niemals wieder!« Aber Herr Bersdorf hat mich nicht enttäuscht, nach meiner Übersiedlung fand ich alles vollzählig wieder vor!

Die Möbel brachten wir auf einem unserer LKWs unter, als wir Ende Mai 1950 eine Lieferung nach Berlin hatten, die die

Ladefläche nicht ausfüllte. Dazu liehen wir uns vom Konsum in Calbe noch einen Anhänger, um die ganze Fuhre auf einmal wegzubringen. Mein Plan, in den Westen zu heiraten, war allgemein bekannt, und ich hatte beim Abtransport keine Schwierigkeiten. Das einzige Dokument, das vorgelegt werden mußte, war eine Bescheinigung, daß die Möbel nicht der Beschlagnahme unterlagen.

In Berlin (Ost) übernahm nun Herr Bersdorf das Mobiliar, sorgte für den Transport über die Grenze, Einlagerung dort und anschließenden Bahnversand nach Marktredwitz. Es klappte alles problemlos, sogar den Anhänger bekamen wir umgehend wieder zurück. Wie er das geschafft hatte, war mir ein Rätsel. Er hatte wohl wirklich Verbindungen nach überall ...

Als die Möbel in Marktredwitz eintrafen, konnte ich die Wohnung in der Humboldtstraße einrichten, und mir war die neue Umgebung so gleich ganz vertraut.

Dieses Mal war ich noch allein herübergekommen, doch es war noch nicht die endgültige Übersiedlung. Ich fuhr noch einmal zurück, ordnete und regelte die letzten Dinge, und im August 1950 kam ich dann zusammen mit Bodo und Angelika nach Marktredwitz. Auf den drängenden Wunsch meiner Eltern und nach gründlicher Beratung zwischen Herbert und mir blieb Hans-Jürgen weiterhin im Internat in Gnadau, das nur wenige Kilometer von Calbe entfernt ist. So hatten meine Eltern nicht auf einmal die ganze Familie verloren.

Herbert hatte bereits bei seiner Ankunft im Westen im Notaufnahmelager Gießen seine beabsichtigte Eheschließung bekanntgegeben und damals bereits die erforderlichen Unterlagen für mich erhalten. So brauchte ich nicht in dieses Lager zu fahren. Allerdings erhielt ich dadurch auch keinen Flüchtlingsausweis, denn den bekam nur, wer dort persönlich erschien. Doch hatte ich jetzt ordnungsgemäße westdeutsche Personalpapiere und bekam auch später nie Schwierigkeiten, wenn ich zu einem Besuch nach Calbe zurückkehrte.

Brief von Schwester Thiemann an Edith zur zweiten Eheschließung

»Gnadau, 30. 12. 50

Liebe Edith!

Die Anzeige von Deiner Vermählung liegt vor mir. So ist es nun so weit, daß Du unsere Gegend verlassen und eine neue Heimat gefunden hast. –
Gott schenke Dir ein rechtes Glück in Deiner Ehe, meine herzlichen Segenswünsche begleiten Dich, Deinen lieben Mann und die Kinder.

Schade, daß wir uns nicht noch einmal sehen konnten. Aber vielleicht später einmal wieder! An Deine liebe Mutter schreibe ich gleichzeitig und werde auch versuchen, zu ihr zu kommen, wenn ich wieder einmal in Calbe bin. Dann leeren wir sicher ein Täßchen Kaffee auf Dein Wohl. Mutter ist immer sehr lieb und fürsorglich mit mir. Bei der Kälte jetzt fahre ich aber sicher nicht fort. Heut früh waren es 17 Grad, und die Nacht scheint nicht wärmer zu werden! Gott sei Dank haben wir die Heizung in Gang, da braucht man nicht zu frieren. Doch denke ich mit Grausen an den nächsten Winter, wenn ich dann irgendwo in einem kalten Haus mein Stübchen haben werde und wenig Kohle! Dazwischen liegt zum Glück der schöne Frühling und Sommer, da vergißt man wieder ›den harten Mann, kernfest und auf die Dauer‹, dies Jahr anscheinend. –

Eigentlich wollte ich bei meinen Geschwistern das Fest und einige Ferienwochen verbringen. Doch mußte ich am 21. mit hängenden Ohren zurückkommen. – Bei der Witterung war dies vielleicht auch gut. Denn die Rückreise wäre vielleicht auch schlimm geworden. So habe ich geruhsame Feier- und Ferientage still für mich verbracht, und nun kommen bald, am 2.1., die Kinder zurück. Leider habe ich nicht mehr so viele wie zu Eurer Zeit. Es hat sich überall die Meinung verbreitet, daß Gnadau aufgehoben sei. Das bezieht sich nur auf die Oberschule, aber es bringt Unsicherheit für uns. So haben wir noch etwa 70 Mädchen im Haupthaus und 30 Jungen im Schwesternhaus.

Was macht nur Dein Hans-Jürgen? Ob er mit Euch ist oder in Calbe? Opa wäre wohl recht allein ohne eins von den Enkelkindern. Marthchen Eller besuchte uns am 1. Advent mit ihren beiden Mädchen. Der Junge ist mit dem Vater in dessen Heimat. Sie will in Calbe bleiben! –

Was es doch alles für Schicksale bei Euch ›alten‹ gibt! Mit jeder möchte ich oft einmal persönlich sprechen, wie ich es bei Euch, die Ihr nahe wohntet, auch bisweilen konnte. So oft ist es etwas Trauriges, was ich zu hören bekomme oder doch ahnen kann. Da freue ich mich immer herzlich mit, wenn ich wieder von glücklichem Familienleben höre, wie es bei Dir nun auch der Fall sein wird. – Bei den Eltern in Calbe werde ich schon gelegentlich davon hören. – Dein Vater hat es gewiß auch nicht leicht.

Wir ringen hier auch hart um unser Durchkommen, seit die Oberstufe verlegt wurde. Dr. Steinberg ist als Internats-Direktor hier geblieben, aber recht alt geworden. Er hat ja auch viel durchgemacht mit dem Tod der Tochter und anderem. Frl. Collins ist in Schönebeck, Schw. Förster in Calbe angestellt. Man merkt an vielem, daß die Oberstufe fehlt. Das katechetische Seminar ist noch kein Ersatz.

Nun wünsche ich Dir, liebe Edith, zu Beginn des neuen Jahres viel Gutes, auch ein baldiges Eingewöhnen in der neuen Landschaft, die ich mir ganz lieblich vorstelle. Marktredwitz ist mir ein Begriff als Schnellzugstation.

Kam man vom Osten, wo ich früher beheimatet war, und fuhr in den Süden, dann kam bald nach Hof, meistens nachts, diese Station, und kam man von München, dann geschah das Gleiche am frühen Morgen, wo dann Kaffee und ich glaube auch gebratene Fische angeboten wurden. So ist mir Deine neue Heimat nicht ganz unbekannt.

Gott schenke Dir dort inneren Frieden und das Gefühl des ganz sicheren Geborgenseins mit Deiner Familie, die gewiß auch manche Anforderungen an Deine Kraft stellen wird.

Es grüßt Dich sehr herzlich in alter Treue und Verbundenheit

Deine

Paula Thiemann«

Ein weiterer Brief von Schwester Thiemann

»Gnadau, den 24. 7. 1954

Liebe Edith,

Da es mir zur Zeit gesundheitlich besser geht, nutze ich dies aus zu allerlei Dingen, die seit meiner Erkrankung im Januar liegengeblieben sind. Dazu gehört auch, daß ich Dir einmal Gnadauer Brezeln schicken wollte, die doch ›Jürgen so gern ißt‹, wie mir der Großvater sagte, als ich das letzte Mal bei Deinen Eltern in Calbe war. Nun sind auch sie nicht mehr dort, und den Großeltern reserviere für ihren nächsten Besuch bei Dir oder dem Deinen in Worms (?) einen kleinen Teil davon und grüße sie herzlich von mir.

Nun kam gestern ganz unerwartet Dein Doppelbrief, über den ich mich herzlich gefreut habe. Du weißt doch, daß ich mich für alles interessiere, was Euch ›alte‹ Pflegetöchter anbetrifft, und ich nehme wieder gern an allem teil. Im Winter und Frühjahr war dies leider nur so wenig möglich. Ich hätte damals auch nicht gedacht, daß ich wieder soweit hergestellt werden könnte in so kurzer Zeit. Wie ein Wunder erscheint es mir oft, wofür ich Gott sehr danke.

Wir hatten im Juni hier ein Treffen in der DDR. An 100 Schülerinnen kamen. Aber wie viele, die sonst auch da waren, fehlten! Rosemarie Koch-Bertram aus Zens und Dorli Kampe aus Kleinmühlingen waren die Vertreter der Umgebung. Ich suche nun eifrig Adressen der Verzogenen. Denn Dr. Steinberg will im Frühjahr, ähnlich wie jetzt vor kurzem in Hannover, auch in Euren Westen kommen. Sollte es mir bis dahin weiter bessergehen und ich gleichzeitig einen Besuch bei meinen Geschwistern damit verbinden können, komme ich ›vielleicht‹ mit. In der Nähe von Köln und in Hagen bin ich von Kameradinnen eingeladen worden, die mit mir von 50 Jahren in Gnadau im Lehrerinnen-Seminar waren. Eine besuchte mich jetzt, vom Kirchentag in Leipzig kommend. Ein Wiedersehen nach 50 Jahren! – Sie freute sich, alle alten Stätten wiederzusehen. Das Schwesternhaus ist ja sehr verändert, die ganze Mansarde umgebaut, ein großer Waschraum für 50 Jungen etc.
Leider fehlen uns sehr erfahrene Erziehungskräfte. Schw. Schärf ist noch die einzige davon. Dabei ist aber immer rege Nachfrage nach Plätzen für Jungen. Die 45 Plätze, die noch in der Anstalt für Mädchen blieben, sind auch immer besetzt. Am meisten begehrt sind die Plätze im Altersheim, oberer Anstaltsgang! Auch ich erwog im Winter eine Übersiedlung dorthin. Da man aber kaum ein Einzelzimmer bekommen und bezahlen kann, sehe ich doch noch davon ab und habe es im Sommer auch recht

gut in meiner Mansarde. Nur die Treppe da rauf ist unbequem. Jetzt in den langen Ferien ist es auch recht gemütlich, wenn mich auch Lärm junger Menschen in der übrigen Zeit wenig stört. Dabei bleibt man jung!

Das Wetter ist kalt und feucht, wie es bei Euch auch sein wird. Die Elbe führt gefährliches Hochwasser. Seit aber das Pretziener Wehr gezogen wurde, ist die Gefahr für Schönebeck und Magdeburg vorbei. Auch die Saale trat heftig über die Ufer. Zum Glück wurde der Kirchentag in Leipzig nicht beeinträchtigt durch das ungewöhnliche Wetter. Hinzufahren wagte ich aber doch nicht.

Gleich kommt die Schwester zum Massieren des Arms. Daher muß ich schließen, damit das Päckchen noch bis 16 Uhr zur Post kommt und mitgeht. Wenn Du mal Zeit und Lust hast, laß auch gelegentlich wieder von Dir etwas hören, und schreib mir auch von Kameradinnen, deren Schicksal Du kennst.

Es grüßt Dich recht herzlich in treuem Gedenken

Deine

alte Schwester Thiemann«

Ediths Tagebuch

Mein grünes Tagebuch – es lebt noch, trotz Krieg, Enteignung... Es enthält durchgestrichene Seiten, viel Unwichtiges und Törichtes, und trotzdem habe ich es aufgehoben im untersten Fach meines kleinen Barocksekretärs. Wenn es sprechen könne – leider kann es nicht. Die Sprache eines jungen Mädchens der dreißiger Jahre klingt heute in den Sechzigern viel zu schwärmerisch.

Ich war 29, als ich meine letzte Eintragung machte. Ein neues Tagebuch fing ich nicht wieder an, und jetzt bin ich 51! »Edith, was tust Du?« so frage ich mich selbst. Nachts, wenn ich nicht einschlafen kann, blättere ich häufig im Buch meines Lebens. Es sind unübersehbare, große Seiten ...

Brief von Tante Minna aus Berlin

»Zehlendorf, d. 24.7.51
Eggepfad 13

Meine liebe Edith,

Nun muß ich mich sehr beeilen, wenn mein Geburtstagsgruß noch rechtzeitig bei Dir eintreffen soll!

Also, meine liebe Kleine, Dir alles Liebe und Schöne zu Deinem neuen Lebensjahr, mögest Du gesund und glücklich sein !! Ich hatte stark gehofft, Dir alles persönlich sagen zu können, es scheint doch aber nach Eurer lieben Karte aus Marktredwitz, daß Mutti wohl mit den Kindern, aber ohne Dich nach Hause fährt, sie sind hoffentlich heil und gesund angekommen, denn nachts zu fahren, gehört doch auch nicht gerade zu den Annehmlichkeiten, besonders mit 3 Kindern. Ich freute mich, daß Hans-Jürgen bei Dir war, bei meinem letzten Besuch sträubte er sich noch ein bißchen. Ihr habt gewiß schöne Tage gehabt, Mutti wird mir erzählen.

Wir fahren am Freitag, d. 3.8. nach Calbe. Karli nehme ich mit, wir wohnen beide ein paar Tage im ›Hindenburg‹. Alle sind ja jetzt beschränkt mit ihren Zimmern, überall sitzen fremde Menschen drin.

Von Tante Mariechen bekam ich gestern einen langen, traurigen Brief von dem Unwetter über Calbe. Sie selbst war unterwegs in der Schloßstraße und hat aus erster Hand davon abbekommen, ein Ziegelstein fiel auf ihren Kopf, und auch die Hände bekamen etwas ab, eine große Beule hatte sie und die Hände schwer verletzt. Sie hat 8 Tage gebraucht, um alles zu überwinden, außerdem hatte sie einen schweren Nervenschock. Dazu keine Kaffeebohne in der ganzen Stadt, nicht schwarz und weiß zu haben, nun kannst Du Dir ihren Kummer vorstellen. Uschi, der sie eine nette Sportbluse gemacht hatte, konnte ihr auch nicht eine Bohne schicken, ob Geldmangel oder etwas anderes der Grund ist, weiß ich nicht. Wahr ist, daß wir hier auch seit Wochen keinen Kaffee bekommen, die Lieferanten sind angeblich seit Juni im Manöver, außerdem gab es eine große Razzia auf Schwarzhändler. Ich versuche, allen Kaffee für Tante Mariechen zu beschaffen, ich selbst leide nicht darunter, ich trinke dann eben Tee, den ich auch sehr gern mag, aber das arme Mariechen! (Mitte August soll es wieder Kaffee geben, hoffentlich geht sie uns inzwischen nicht ein!)
Edith, ich freue mich, Deine Jöhren wiederzusehen!

Nun, meine Kleine, nochmals herzlichste Glückwünsche zu Deinem Geburtstag und viele liebe Grüße an Dich und den Geliebten!

Deine alte Tante Minna

Feiert schön Geburtstag!
Das ist ein Sommer! Lieber gar keiner, im Bett wird man beinahe nicht warm, es kommt schon wieder ein Gewitter!«

Ediths Reise zu Jürgens Konfirmation in Calbe (1952)

»Freitagabend !

Mein geliebter Wolfi!

Zwei volle Tage und Nächte schon bin ich von Dir fort! Es ist ein eigentümlicher Zustand, denn ich denke zwar immer Wolfi, Wolfi, aber Zeit und Langeweile hatte ich bisher nicht eine Minute.
Anders wird es bei Dir, mein Schatz, sein, zumindest abends still und ruhig, aber Du hast es Dir ja mal so gewünscht, und ich glaube sicher, daß es Dir fürs erste ganz wohl tun wird! Und fürs zweite mußt Du ausruhen auf mein Kommen! –

Unsere Fahrt ging gut. Aber nie wieder Haareschneiden auf dem Bahnhof! Erst sagte der komische Kerl, nein, jetzt gegen Abend hätte er keine Zeit für Kinder, und dann, als er es doch tat, hat er für ein Kind 1,20 berechnet, genau die Hälfte kostet es sonst. Doch toll, nicht!
Dann hatten wir ein wunderbar neues 2. Klasse-Abteil, das wir mit einer Dame aus Berlin teilten. Die Kontrolle dauerte so lange hüben und drüben, daß wir schließlich 90 Minuten Verspätung hatten, also der Zug nach Dessau bereits fort war. So stiegen wir dann in den Magdeburger und kamen 10 Minuten nach 8 Uhr in Calbe an. Auf dieser Fahrt nickte ich fast immer vor Müdigkeit ein, weniger die Kinder. Besonders Bodo schaute und schaute auch im Zug immer in die Nacht hinaus.
Warnstedt, der inzwischen auch in Dessau war, holte uns ab. Vati hatte zum erstenmal nach jenen Spritzen wieder Rheuma. Es ist doch sehr schön, wenn man nach so langer Zeit wieder mal in sein Elternhaus kommt, wenn alles noch so schön ist und gut vorbereitet und man von allen Seiten verwöhnt wird. Weißt Du, bei uns ist doch jede Ecke des Hauses mollig warm und sehr gemütlich. Ich

bedaure sehr, daß Du nicht mal, und wäre es nur für einen Tag, hier sein kannst.

Heute habe ich bis halb elf geschlafen, auch Bodo, der entsetzt war, denn Jürgen war schon um 7 geweckt und zur Schule geschickt worden. Aber dann war es wieder ruhig und dunkel, während Ilka, die bei Omi und Opi im Zimmer schläft, daher auch mit ihnen aufstand.
Heute um halb drei war ich mit Vati zu einer Beerdigung in Tomitz. Um halb fünf kamen wir zurück. 15 Blumentöpfe wurden schon heute abgegeben. Von Inge, Heinz und Omi Bestehorn sind Päckchen gekommen. Letzteres habe ich schon geöffnet, ein guter Fotoapparat. Hans-Jürgen selbst ist jetzt schon größer als ich. Er hat sich auf seine Art sehr über unseren Besuch gefreut. Sehr interessante Fische hat er, das Aquarium mit Thermometer und elektrischer Heizung dafür hat er allein gebaut. Auch den Hundezwinger für Harras, einen hübschen tolpatschigen Hundekerl.
Morgen nachmittag kommen Erika und Hans mit ihrem Auto eingetrudelt. Die Konfirmation ist um 11 Uhr. Meine Pakete sind leider noch immer nicht da.

So, mein Wolfi, jetzt habe ich von hier allerlei erzählt. Nun erwarte ich mit Spannung und Sehnsucht einen Brief von Dir. Anbei ein Bild, das ich lange vermißte und sehr lieb habe. Hebe Du es gut auf und trage es bei Dir. Es hat mich ganz eigentümlich berührt, als ich es wiedersah, und ich finde es irgendwie rührend, weil man darauf sieht, daß wir uns ganz, ganz liebhaben, finde ich jedenfalls. Du nicht auch? Anbei noch Blümchen aus unserem Garten mit vielen innigen Küßchen. Schlaf wohl, Geliebter. Denk immer daran, wie lieb Du mir bist!

›Dein Herzgeliebtes‹«

»Marktredwitz, den 9.4. 1952

Mein allerliebstes Herzili!

Nun sind er wirklich schon 7 Tage, daß Ihr fort seid. Die Zeit ist trotz allem schnell vergangen. Wenn jetzt die Ostertage kommen, die wir leider nicht zusammen sein können, dann ist nicht mehr lange hin, und Du bist wieder bei mir, Geliebte! Wenn ich nicht so viel Arbeit hätte, dann wäre es nicht auszuhalten bei dem schönen Wetter! Heute war wieder sommerliche Wärme. Gewitter hatten wir hier noch keine.

Heute habe ich nach dem Essen etwas geschlafen und bin dann nach Bayreuth gefahren und habe die Kinder mitgebracht. Eigentlich wollte ich ja Deinem Wunsch nachkommen und sie erst am Freitag holen, aber erstens hatten sie sich beide so gefreut, und zweitens ist Marie krank: sie hat Schmerzen in den Beinen, anscheinend eine Art Venenentzündung, und soll liegen. So war es ganz gut, und wir kommen schon zurecht. Ich sorge schon dafür, daß Dein Reich nicht in Unordnung kommt! Bist mir nicht böse, gell?

Ich sitze jetzt um halb zehn abends allein an meinem Schreibtisch und gedenke Deiner, wie immer. Du bist immer um mich herum, und ich sehe Dich auch immer ganz deutlich vor mir, und das macht mich dann auch wieder glücklich und zufrieden. Laß Dir schnell einen ganz lieben, dicken Kuß geben, mein Herzili, ich habe Dich ganz doll lieb und kann ohne Dich nicht mehr leben. Gestern waren wir anscheinend alle beide ganz traurig. Ich konnte mir auch den ganzen Tag nicht helfen und wußte vor Alleinsein und Sehnsucht nichts mit mir anzufangen. Da kam dann Dein Anruf, ich habe mich gefreut! Aber Du sollst mich am Telefon nicht beschimpfen. Ich muß doch den ganzen Tag arbeiten und mich absorgen, und wenn dann der Brief nicht pünktlich ankommt, darfst Du nicht gleich so schimpfen.

Morgen ist nun um 13.00 die Beerdigung von Dir. Reichel. Das erste Mal, daß ich hier auf den Friedhof gehe. Das wird eine große Sache werden. Ich habe bei Zeitner einen Kranz bestellt, und er bringt ihn zum Friedhof. Hoffentlich finde ich morgen früh alles, was ich brauche, Zylinderhut etc. – muß früher aufstehen. Die Rosenstöcke holt Zeitner auch vom Gärtner, die müssen doch jetzt gepflanzt werden.
Morgen ist Gründonnerstag, Du sagtest, daß Ihr zum Abendmahl geht. Das nächste Mal gehen wir aber zusammen, gell? Ich werde an Dich denken. Betest Du dann auch für mich mit? Wenn ich abends im Bett liege, muß ich trotz meiner Müdigkeit immer ganz viel an Dich denken und kann so schlecht einschlafen. Gestern Nacht träumte ich wieder ein furchtbares Zeugs und wachte mit Alpdrücken auf. Dann wollte ich eine Schlaftablette nehmen, fand aber keine. Ich muß meine Apotheke mal wieder auffrischen.

Wann kommt Ihr denn wieder, am Sonnabend früh oder am Freitag früh? Hoffentlich kommt dieser Brief zum Sonntag an.
Und nun wünsche ich Dir und allen ein recht frohes, gesegnetes Osterfest. Ich werde immer an Euch denken und bedaure nur, daß ich nicht bei Euch sein kann.

Und so nimm Du, mein liebes Edithlein, einen recht innigen Osterkuß von mir und begehe die Ostertage in dem Bewußtsein, daß es auf der Welt nur <u>einen</u> Menschen gibt, der Dich sooo liebhaben <u>kann</u> und lieb <u>hat</u>

wie Dein Wolfilili !

Herzliche Ostergrüße an alle!«

BRIEF VON EDITHS MUTTER

»Calbe, d.7.1.53

Meine liebe Mieze und meine Lieben alle!

Heute nachmittag hatte ich mir das Briefeschreiben vorgenommen, vormittags war ich zum Friseur. Vati liegt im Bett. Mittags das Gespräch angemeldet, schon einige Abende versucht, da hieß es, es wäre gestört. Denn ich hatte solche Unruhe. Ach, was kann man sich schon schreiben, da man sich so viel zu sagen hätte.

Heute kam nun das Paket mit den Bildern usw. an. Ach, Du hast ja alles so schön eingepackt und liebevoll, was wäre das schön gewesen, wenn wir es Weihnachten gehabt hätten. Die Bilder sind schön. Das mir am liebsten ist, habe ich Träumerle getauft. An die Kinder werde ich noch später extra schreiben. Mach Du bloß, mein Herzchen, keine Dummheiten. Ich kann Dich verstehen, daß man bei der Belastung und der Arbeit, die Du oft hast, kaputtgehen kann. Aber werde Du erst mal ruhiger und gleichgültiger, nicht im Winter schon wieder für den Sommer planen. Alles an sich herankommen lassen, nur so kann man es meistern.

Inzwischen habe ich Warnstedt und Herrn Möhring zu Vati raufgebracht zur Audienz, Rapport erstatten. Wir haben doch jetzt auch so viel Schnee, wie wir jahrelang nicht hatten.

Übrigens, die Schuhe, Mütze und Kleid für die kleine Möhring habe ich bekommen, was ich damit für eine Freude gemacht habe, glaubst Du gar nicht. Die Schuhe paßten ganz großartig, sind gleich angezogen worden, draußen standen ihre Freundinnen, da habe ich beobachtet, wie die nun erst befühlt wurden, es war zu niedlich. Für Marlis Kinder ja viel zu groß, die Kleine ist doch erst vier oder viereinhalb.

Ich will Dir nun gleich von gestern berichten. Vati und Dietrich mußten zum Finanzamt Schönebeck, wegen Hypothekeneintragung usw. Da fuhr ich nun mit. Ich hatte erfahren, daß die Kinder im Katholischen Kinderheim wären, das liegt da in der Nähe. Wurde zur Oberin geführt, einer älteren guten Person. Ich habe ihr erzählt, wer ich bin und so, ja ich könnte die Kinder sehen, sie hätten aber Keuchhusten. Ich mußte warten, dann brachte eine sehr sympathische Schwester die Kinder angezogen zum Ausgehen. Nun sagte man mir, daß sie immer von den anderen Tanten Niemann und Dietrich, welche doch im Kurheim arbeiten, sonntags oder in der Freizeit ausgeführt werden. Nicht weit davon sei das Amtsgericht, dahinter das Gefängnis, und da winkt die Mutti immer. Ich bekam erst einen kleinen Schock, sagte dann aber, selbstverständlich gehe ich mit den Kindern. Ach, und die waren so vertrauensselig, haben mich angefaßt und wußten nun genau den Weg. Ich sah nun schon das hohe Gebäude mit den vergitterten Fenstern. ›Da ganz oben ist immer Mutti, die wird wohl noch im Bett liegen, sie ist krank!‹ (Man hat den Kindern sicher gesagt, daß Mutti im Krankenhaus ist.) Erst bekam nun die Kleine solch einen Hustenanfall, ich habe das Köpfchen gehalten, sie tat mir ja so leid. Nun sah ich, daß da oben ein Fenster auf war, ich habe gerufen: ›Hallo Marli‹, da taucht ein Frauenkopf auf, noch einer und wieder fort. Auf einmal die Kinder, da ist sie, da ist sie, eine Hand winkte, das hatten mir die Schwestern auch gesagt. Die Kinder winkten mit beiden Händchen, ich konnte gar nicht winken, ich rief: ›Edith grüßt!‹ da hörte ich von ihr das Wort ›Grüßen‹. Ganz richtig gesehen habe ich sie nicht, mich hatte das alles furchtbar erschüttert. Sonst sind die Kinder gut aufgehoben. Die Oberin sagte mir, sie sind in allem gut versorgt, das ist ja noch ein Trost. Der

Vater wollte wohl die Kinder haben, da hat sie dann aber gesagt, bloß nicht, dann eben in ein Heim. Scherping hat ja schuftig gehandelt, die Frau in solch einem Elend sitzenzulassen.

Nun hatten wir uns bei Bormanns angemeldet. Ich hatte erst keinen Mut dazu, aber es war so verabredet, und auf dem Weg dorthin habe ich mich wieder ein wenig beruhigt. Der Unterschied in solch einer wieder gut hergerichteten Villa, drei große Zimmer gekonnt eingerichtet und gepflegt, alles warm. Wir haben sehr gut gebrauten Kaffee getrunken, sie immer noch sehr quirlig, ganz modisch angezogen. Der Reinhard ist ein gut erzogener Junge. Dann kamen Vati und Herr Dietrich nach. Herr Bormann wollte um 6 zu Hause sein, wir haben aber nicht so lange gewartet. Nun will sich Frau Bormann auch mal erkundigen, ob man Marli was hinschicken kann. Wenn ich wieder nach Schönebeck komme, suche ich die Tanten mal auf. Sieh, mein Kind, nun mußt Du immer denken, wenn es schwer ist, wieviel Unglück doch manche Menschen haben.

Am letzten Sonntag waren wir mal in Zens, und zwar konnte Waltraud nicht mit dem Rad nach Hause, so viel Schnee, da hat Vati das Auto rausgeholt, weil wir dann endlich auch Pahlinger mal besuchen wollten. Auf dem Weg waren allerhand Schneewehen, es ging aber gut. Wir mußten zum großen Mittagessen dort bleiben, und da erfuhren wir nun auch so allerlei. Albrecht Kampe ist mit Frau, Sohn und Tochter fort. Frau und Tochter in Potsdam gefaßt, da sie einige Koffer hatten, nach Schönebeck ins Kittchen, haben doch aber nach einigen Tagen wieder rausdürfen, aber nicht nach Klein- Mühlingen. Hoffentlich kommen sie nun zu ihrem Mann und Sohn. Die wollen wohl zum Dr. Kampe drüben. Hier haben viele alles im Stich gelassen und sind fort. Alles solche Sachen, und das, was uns betrifft, macht Vati kaputt,

er geht mir zugrunde. Wenn er doch bloß noch mal fort könnte zur Kur.
Nun habe ich so gedacht: Für mich eine Aufenthaltsgenehmigung, ich will versuchen, einen Paß einzureichen, eventuell ein Attest vom Arzt zu Deiner Pflege. Dann für Waltraud eine zur Meineckestr. 4.
Das ist so meine Idee. Im Januar müssen wir erst noch schlachten und dann noch mal Wäsche. Auch muß sie ja dann ein oder zweimal nach Berlin. Daß sie, wenn es klappt, Anfang Februar für 4 – 6 Wochen zu Deiner Unterstützung mal käme, Du Dich dann aber auch richtig ausruhen mußt. Vati ist damit noch nicht einverstanden. Vielleicht schreibst Du mal in diesem Sinne bittend an ihn. Wie gesagt, man weiß ja auch nicht, ob wir es schaffen. Wir würden es tun. Eben sagt Waltraud, ich war in der Küche, sie machte Abendbrot für Vati, es wird Zeit, daß ich mal wieder mehr in Bewegung komme, es ist eben jetzt bei uns zu wenig Arbeit für zwei. Wenn nur die Grenzen nicht wären. Von Gretchen Stöcklein haben wir gehört, sie haben bei Köln eine Großtankstelle, haben ihr ganzes Geld durch seinen Compagnon verloren, er ist wohl in Hamburg. Sie hat sehr großes Heimweh. Silvester haben wir drei zusammen verbracht, mit Karpfen und Wein, bis gegen zwei. Ich will nun für heute schließen, hoffe aber, meine Liebe, daß Du wieder etwas kräftiger bist. Seid alle herzlich gegrüßt, und ein liebes Küßchen

von Eurer Mutti und Omi.

Wie hat Dir denn die Tasche gefallen, kannst Du sie gebrauchen, und paßt das Nachthemd?«

»Ausfertigung

Nr. 114 der Urkundenrolle 1954.

Versicherung an Eides Statt.

Am einundzwanzigsten J a n u a r neunzehnhundertvierundfünfzig

– 21. Januar 1954 –

ist vor mir

Dr. Rudolf R u m m e l,
Notar in Frankenthal,

in meiner Geschäftsstelle in Frankenthal, August-Bebel-Strasse 2,

anwesend, der Person nach bekannt:

Paul A s s m a n n, Kaufmann, geb. 25.6.1886,
wohnhaft zu Bobenheim/Rhein.

Herr Assmann wurde durch den Notar zur Wahrheit ermahnt und über die Bedeutung einer Versicherung an Eides Statt in strafrechtlicher und religiöser Hinsicht belehrt; er erklärte sodann zur Niederschrift folgendes:
Seit 1912 bin ich als selbständiger Kaufmann in Calbe ansässig gewesen. Ich unterhielt in meiner Eigenschaft als Kaufmann ein Großhandelsgeschäft Zwiebel, Gemüse, Kartoffel. Außerdem habe ich Samenanbau, Samengroßhandel, sowie eine Rohkonservenfabrik betrieben. Nicht unbemerkt möchte ich lassen, daß ich Eigentümer von Grundstücken in einem Werte von ca. 400.000,– Mark bin.

Nach dem Umsturz im Jahre 1945 wurde mir seitens der damaligen KPD und der Gewerkschaft der Großhandel mit Getreide entzogen, da meine Einstellung vor 1933 gegen dieses Regime bekannt war. Ich war Stadtverordneter der Nationalen Volkspartei und außerdem als Sparkommissar vom Regierungspräsidenten eingesetzt. Ich war weder Mitglieder der NSDAP noch der jetzigen SED. Im Herbst 1945 wurde auf Veranlassung der Stadtverwaltung, ohne vorherige Benachrichtigung, ein Treuhänder eingesetzt. Ich durfte von dieser Stunde an meinen Betrieb nicht betreten. Mir wurde auch nicht eröffnet, warum dies geschah.

Nachdem ich beim Regierungspräsidenten in Magdeburg mündlich und schriftlich dagegen protestiert habe, wurde mir eine Anklageschrift zugestellt. Es waren dies alles böse Verleumdungen, die 100 % unwahr waren. Die Anklageschrift und die Bescheinigungen der Unwahrheiten habe ich noch nach Berlin mitbringen können. (Steht jederzeit zur Verfügung.)

Gegenüber meinem Wohnhaus habe ich noch ein Wohngrundstück, das ich von der Deutschen Arbeitsfront der NSDAP gekauft habe. Der Landrat und der SED-Bürgermeister der Stadt kamen des öfteren zu mir und verlangten die Rückgabe dieses Grundstückes ohne eine Entschädigung. Ich verlangte dagegen andere Grundstückswerte. Aus diesem Grunde wurde der Treuhänder in meinen Betrieb eingesetzt. Der FDGB hat nun ständig gebohrt und meine Firma schikaniert; ich sollte das nun endlich unterschreiben, daß die Rechte dieses Grundstückes auf den FDGB übergehen. Die Mieten haben sie sofort gesperrt und kassiert. Eines Tages kamen vom FDGB und der SED-Kreisleitung einige Herren zu mir und verlangten die Unterschrift. Ich habe dann doch nachgegeben und unterzeichnet, weil ich es nicht mehr mit ansehen konnte, wie mein Betrieb durch die Treuhandverwaltung heruntergewirtschaftet wurde. Kurze Zeit darauf wurde ich den Treuhänder los und bekam von dem SED-Bürgermeister die Benachrichtigung, daß der Treuhänder den Betrieb an mich zurückgeben muß.

Auf Veranlassung der SED und der russischen Kommandantur mußte ich oft einige Möbel aus meiner Wohnung den Russen zur Verfügung stellen. Von diesen habe ich kein einziges Stück wiedergesehen. Des öfteren wurden auch meine Motorräder von der SED und den Russen abgeholt, ohne daß ich hierfür eine Quittung erhalten habe. Da ich bei Versammlungen des öfteren gegen diese Maßnahmen etwas abfällige Äußerungen getan habe, wurde ich im Jahre 1947 von der GPU verhaftet und einem längeren Verhör unterzogen, wurde mit der Reitpeitsche geschlagen und mit einem großen Schäferhund bedroht, mit der Äußerung: »Sage die Wahrheit, oder Du kommst nach Sibirien.« Diese Verwarnung wurde damit wieder«gutgemacht«, indem man mir einen großen Trecker weggenommen hat. Der Trecker wurde dem Landeskonsumverband zu einem sehr niedrigen Taxpreis übergeben. Im Zuge der Sozialisierung wurden meine sehr großen Lagerräume der DHZ, BHG und VVEAB übergeben. Im Jahre 1951 waren Schikanen am laufenden Band durch SED-Funktionäre usw., und zwar weil ich nicht an gewissen DDR-Feierlichkeiten Flaggen gehißt habe und keine Sammlungen für derartige Einrichtungen zeichnete. Meine Belegschaft hat sich ebenfalls an derartigen Sammlungen nicht beteiligt. Es wurde mir unterstellt, daß ich die Belegschaft dafür nicht interessiere. Bei einer Sammlung für die Korea-Aktion habe ich eine Spende abgelehnt und den Leuten zu verstehen gegeben, daß es sich als erste Pflicht gehöre, einem Deutschen zu helfen.

Daraufhin wurde gegen mich Anzeige erstattet. Mehrfach erschienen bei mir Angehörige der Polizei und SED, die gegen meine Person vorgehen wollten. Da ich diese Äußerung abgestritten habe, wurde mein Betrieb unter ständige Kontrolle gestellt. Mein Fahrer Listing wurde des öfteren zur Kriminalpolizei bestellt und sollte Aussagen gegen mich machen. Unter anderem wurde ihm gesagt, ob er nicht gesehen hätte, daß ich Geld oder Schmucksachen nach dem Westen gebracht hätte. Ende 1952 kam eine Volkskontrolle in meinen Betrieb mit einem Kriminlabeamten und Beamtin von Berlin. Auch die konnten nichts Unrechtes feststellen. 1953 kam dann wieder eine Staatskontrolle und zu gleicher Zeit einige SED-Funktionäre aus Berlin, die meinen gesamten Betrieb besetzt haben. Nach einer heftigen Debatte über den Grund dieser Prüfung wurde mir vorgehalten, daß ich mit dem Westen zusammenarbeitete und laufend Geldbeträge und Sachen nach dort verlagern würde. Diese Beschuldigung habe ich mir strengstens verbeten, da dies nicht der Wahrheit entsprach. Ich konnte nur aus den ganzen Reden entnehmen, daß man einen Grund zur Enteignung gesucht hat.

Anfang Januar 1953 war ich mit meiner Ehefrau auf einer Geschäftsreise in Berlin. Als ich meine Rückfahrt angetreten habe, wurde ich in Calbe sofort von Polizisten in Empfang genommen und einer genauen Untersuchung unterzogen. Dies war eine persönliche Schikane, da kein anderer Fahrgast dieser Maßnahme unterzogen wurde. Tags darauf erschien bei mir der SSD-Angehörige Brock. Er unterstellte mir, daß ich durch meine öfteren Fahrten nach Berlin westliches Material mitbringe und ob ich nicht wisse, daß das gegen die Gesetze der DDR verstoße. Er drohte mir mit einer Hausdurchsuchung und Verhaftung. Ich stritt diese Behauptung ab. Alsdann verbot er mir, Calbe zu verlassen, da ich mit einer Betriebsprüfung zu rechnen hätte.

Durch meine Prokuristen, Herrn Dietrich, habe ich erfahren, daß im Finanzamt Schönebeck eine Äußerung gefallen ist, daß ich in den nächsten Tagen mit der Hausdurchsuchung und Verhaftung zu rechnen hätte. Durch die Verhaftung wollte man erzwingen, daß ich oder meine Frau angeben sollten, wo ich noch Gelder besitze. Man wollte ferner echte Teppiche, Kunstgegenstände, Ölgemälde usw. sofort aus meiner Wohnung herausnehmen.

Am 18. Februar 1953 abends erschien bei mir ein mir unbekannter Herr. Dieser erklärte mir, ich müsse sofort Calbe verlassen, denn ich sollte morgen früh verhaftet werden. Da in der Nacht kein Zug mehr fuhr, um nach Berlin zu fahren, bin ich morgens um 4 Uhr von Calbe nach Berlin geflüchtet. Diesen Herrn kenne ich vom Sehen und weiß, daß sein Sohn bei der Polizei tätig ist. Ich kann mir nur erklären, daß durch eine unvorsichtige Unterhaltung der Vater dieses Mannes davon erfahren und mich gewarnt hat. Durch einen auch in der Zwischenzeit mir befreundeten Geschäftskollegen, Herrn Wickmann, konnte ich erfahren, daß am Freitag, den 20.2., bereits die Kriminalpolizei meinen Betrieb beschlagnahmt hat und meine Wohnung versiegelt wurde, obwohl noch Personal im Hause war. Durch diesen Herrn habe ich noch folgendes erfahren:

Das Haus, in dem ich wohnte, hatte zwei Eingänge und wurde seit Tagen durch Kriminalbeamte bewacht. Da ich das Haus durch den Vordereingang verlassen habe, dachten diese, daß ich im Falle einer Flucht den zweiten Ausgang benutzen würde, der streng bewacht war. Sogar den Wächter der DHZ hatte man damit beauftragt. Diesem wurden schwere Vorhaltungen gemacht, daß es mir trotzdem gelungen wäre, Calbe zu verlassen.

Zu meinen Ausführungen möchte ich noch bemerken, daß aufgrund eines Auftrages der russischen Dienststellen und Genehmigung der VVEAB ich einen Auftrag erhalten hatte, in Verbindung mit der Firma Oppermann in Staßfurt Weißkohl einzuschneiden. Die vorgenannte Firma sollte den Rohkohl einschneiden. Da der Besitzer dieses Betriebes verhaftet wurde und der von mir zu ihm gelieferte Kohl beschlagnahmt war, hatte ich bei dem Staatsanwalt in Staßfurt eine Eingabe zwecks Freigabe gemacht. Als er hörte, daß es sich um zwei Privat-Firmen handelte, erklärte er, daß er mit Privat-Firmen gar nicht verhandelt. Da Herr Oppermann bei seiner Vernehmung den Kohl als sein Eigentum bezeichnet haben soll, konnte ich mein Soll nicht erfüllen. In diesem Fall wurde mir eine Wirtschaftssabotage vorgehalten, und aufgrund dessen sollte auch meine Verhaftung erfolgen.

Außerdem wurde mir im Jahre 1945 ein nagelneuer Büssing-LKW von den Russen entwendet im Einvernehmen mit der deutschen Behörde. Ich hatte keinerlei Unterstützung von einer Dienststelle bekommen. Im Gegenteil, man erklärte mir, daß eine russische Dienststelle nicht entwendet. Die amtlichen Unterlagen stehen hier in Berlin zur Verfügung.

Mein Betrieb und Grundbesitz wurde beschlagnahmt.
Aus der obigen Schilderung geht hervor, daß sich die Situation in den letzten Tagen vor meiner Flucht dermaßen zugespitzt hatte, daß eine unmittelbare Gefahr für Leib, Leben und Freiheit bestand und ich nur den Ausweg einer überstürzten Flucht wählen konnte. Ich versichere vorstehende Ausführungen an Eides Statt. Vorgelesen vom Notar, von dem Beteiligten genehmigt und eigenhändig unterschrieben

Paul Assmann

– L.S.- Dr. Rummel, Notar.

Vorstehende mit der Urschrift übereinstimmende Ausfertigung wird hiermit dem obgenannten

Herrn Paul Assmann

als Beteiligtem auf Ansuchen erteilt.

Frankenthal, den 21. Januar 1954-

Notariat I:

Notar«

Wechsel zwischen Ost und West – Das Leben meiner Eltern nach meiner Übersiedlung

Wie schwierig die Situation für meine Eltern in Ostdeutschland nach unserem Weggang wurde, belegt dieses Dokument besser, als ich es schildern könnte. Durch die vielen Schikanen zermürbt und ohne Perspektiven für die Zukunft, aber auch voller Sehnsucht nach der Tochter und deren Kindern, die bisher Mittelpunkt und wichtiger Bestandteil ihres Lebens waren, kam es nach den Ereignissen im Februar 1953 zu der plötzlichen Flucht, zunächst nach West-Berlin, später nach Bobenheim bei Frankenthal. Bei einem Bauern, der ihnen einige Zimmer vermietete, fanden sie für sich und ihre Wirtschafterin Waltraud Schäfer, die sie treu begleitete, eine neue Bleibe. Hans-Jürgen kam zu uns nach Marktredwitz und besuchte dort die Mittelschule.

Mein Vater war bald wieder mit dem Aufbau eines Großhandels für Landesprodukte erfolgreich, diesmal zusammen mit einem Partner, Max Wickmann, der ebenfalls aus Calbe stammte. Schon im zweiten Jahr richteten sie in der alten Zuckerfabrik in Frankenthal wieder eine Gurken- und Konservenfabrik ein. Als die Firma sich langsam, aber stetig aufwärtsentwickelte, wurden weitere Arbeitskräfte benötigt, und da meine Eltern in meinem Sohn Hans-Jürgen den Erben für dieses Unternehmen sahen, bestanden sie darauf, daß er zu ihnen in die Lehre kam. Ich konnte mich mit meiner Forderung, daß er zunächst die Mittlere Reife erreichen sollte, nicht durchsetzen.

Trotz der insgesamt positiven Entwicklung für sie hier im Westen setzten der Weggang von der Heimat und die Umstände dieser Flucht meinen Eltern nach wie vor sehr zu, vor allem mein Vater hatte große Probleme. Gesundheitlich ging es mit ihm rapide bergab, und zwei leichte Schlaganfälle bremsten seinen Elan erheblich. Hinzu kamen auch Differenzen mit seinem sehr viel jüngeren Geschäftspartner über die

Firmenführung. Kurz, er sehnte sich zurück nach Calbe, hatte die schlimmen Ereignisse wohl verdrängt und sprach ständig von seiner, ihrer Heimat. In dieser Situation unternahm meine Mutter, die ebenfalls im Westen nicht richtig Fuß gefaßt hatte, einen Schritt, den ihr niemand zugetraut hätte: Heimlich schrieb sie einen Brief an Wilhelm Pieck, den damaligen Präsidenten der DDR. Sie schilderte die Schikanen und Bedrohungen, denen ihr Mann und sie ausgesetzt waren und die letztendlich dazu geführt hätten, daß sie ihrer Heimat den Rücken gekehrt hätten. Sie hätten sich nie politisch betätigt und wollten nur zurück.

Erstaunlicher noch als ihre Handlung war die Reaktion von Wilhelm Pieck: Mit einem hochoffiziellen Schreiben, praktisch einer Art Urkunde, versicherte er meinen Eltern, daß sie bei ihrer Rückkehr nach Calbe vollständig wieder in ihren Besitz eingesetzt würden und auch Wiedergutmachung für die erlittene Behandlung erhielten.

Auf diese Zusicherung hin übersiedelten meine Eltern Ende Oktober 1956 nach Calbe. Ihr Wohnhaus in der Bahnhofstraße war zu dieser Zeit von einer Firma besetzt, sie konnten also dorthin nicht zurück, aber in ihrem Mehrfamilienhaus in der Magazinstraße, das an das Grundstück Bahnhofstraße grenzt, wurde ihnen eine Wohnung hergerichtet. Die Zusicherung, daß meine Eltern in alle Rechte wieder eingesetzt würden, war natürlich nicht eingehalten worden; mein Vater konnte seine Firma nicht wieder übernehmen. Doch sie erhielten die Pachterträge aus den Betrieben und konnten damit ihren Lebensunterhalt bestreiten.

Ich sah meinen Vater zu Pfingsten 1957 bei einem Besuch in Calbe zum letztenmal; im Herbst desselben Jahres starb er, und nun war meine Mutter dort ganz allein. Nach vielem Hin und Her kam sie dann im Frühjahr 1958 mit ihrem gesamten Hausstand nach Marktredwitz. Wir wollten ihr eine kleine Wohnung in unserer Nähe im Grünen vermitteln, doch völlig unverständlich für uns bezog sie in einem der ersten Hochhäuser der Stadt ein Appartement, wo ihr die Verbindung zur

Natur völlig fehlte. Sie lebte dort fünf Jahre, doch immer stärker wirkte sich das Hin- und Hergerissensein zwischen Familie hier und Heimat dort bei ihr aus. So nahm es uns auch nicht wunder, daß sie 1963 wiederum mit Sack und Pack nach Calbe zurückkehrte, wo sie diesmal eine Mansardenwohnung im Hause meines Vetters bezog.

Nachdem wir im Oktober 1970 von Marktredwitz nach München gezogen waren, kam meine Mutter im Frühjahr 1971 dorthin noch einmal zu Besuch. Im Herbst 1972 verstarb sie während eines Erholungsaufenthaltes in Wernigerode.

Ihr unstetes Wesen zeigte deutlich, wie wenig sie mit den geänderten Lebensverhältnissen zurechtkam. Ihr Leben war voller krasser Wechsel gewesen, wie bei so vielen Menschen ihrer Generation, die durch die Ereignisse zweier Kriege geprägt waren. Ihr fehlte dann die Kraft, sich wieder anzupassen, sie wich unbequemen Tatsachen lieber aus, was dann für uns, die Familie, natürlich große Probleme mit sich brachte. Spontan, wie sie war, setzte sie die von ihr beschlossenen Ortswechsel auch prompt in die Tat um - nur, die Steine aus dem Weg räumen, sprich Wohnungen beschaffen, später in Calbe Betreuung organisieren usw., das alles war dann unsere Aufgabe. Spannungen blieben nicht aus, denn sie zeigte ihre Unzufriedenheit mit den jeweiligen Verhältnissen sehr deutlich. Erst als sie, altersbedingt, nach ihrem abermaligen Wechsel zurück nach Calbe im Jahr 1963 weniger mobil wurde, ließ auch für uns langsam die unterschwellig stets vorhandene Spannung nach, was wohl ihr nächster Schritt sein würde.

Brief von Hans-Jürgen, Ediths ältestem Sohn

»Bobenheim, den 26. 6. 54

Liebe Mutti,

Hier ist es seit Wochen sehr heiß, und alles ist ausgetrocknet. Die Erdbeer- und Süßkirschenzeit ist bald vorbei. Die Himbeeren und Johannisbeeren werden reif. Die Kartoffelpreise steigen und fallen, daß alles durcheinander ist.
Jeden Morgen um halb acht sind wir in Frankenthal bis halb eins. Dann wieder von zwei bis halb sieben. Aber ich werde bald wieder aufhören, denn erstens gefällt es mir nicht, 9 Stunden nur im Büro zu sitzen, das halte ich nicht aus, ich brauche Bewegung. Und zweitens, weil ja Opi überhaupt keine Gurken mehr einlegt und somit gar keine Beschäftigung draußen vorkommt. Deshalb werde ich mich nach was anderem umsehen. Hier sind die Mücken zahlreicher als die Fliegen. Ich habe schon viele Mückenstiche.

Vorläufig braucht Ihr nichts zu schicken, weil ich noch nicht weiß, wie es wird. Nun viele Grüße und einen Kuß von

Deinem Hans-Jürgen«

»den 6. Juli 1954

Liebe Mutti!

In Roxheim ist seit dem 3. bis zum 7. Gondelfest. Wir waren auch dort. Doch war es durch das dauernde kalte Regenwetter nicht so schön. In 14 Tagen soll es die ersten

Gurken geben. Süßkirschen gibt es fast keine mehr. Am Sonntag hat Deutschland im Fußball und Autorennen gesiegt.
Gestern war Paul Ziemann da und ist heute früh wieder weg. Ich schicke morgen ein paar Hefte und ausgeglühten Sand für Bodos Aquarium. Was machen die Tauben, wie viele sind es jetzt? Volls bauen auf dem Hof einen Käfig für Kanarienvögel. Bodo soll das R. Torring, die Hefte, die in der Vitrine in Papier gepackt sind, und die Hefte von heute, wenn er sie gelesen hat, wieder zurückschicken. Ich brauche mein Schreibpapier, den Atlas und das Fotoalbum. Dieter hat auch geschrieben.

Im Büro schreibe ich Rechnungen, Schecks, und klebe neue Adressen über die alten. Es ist inzwischen abends 8.30 geworden. Nun will ich schließen. Mit den herzlichsten Grüßen, auch von Omi und Opi an Euch alle verbleibe ich

Euer Hans-Jürgen.«

Hans-Jürgen ist bei seinem Großvater in der Lehre

»Frankenthal, den 8.2.55

Liebe Mutti!

Am Sonnabend habe ich ein Postkolli Zwiebeln abgesandt. Da kann Ilka ihre Portionen wieder einhalten. Jetzt wird es hier etwas kälter, vor 3 Tagen waren noch 10 Wärme.

Bei meinen Tauben hat der Täuber aus Marktredwitz die einzelne Junge so gehackt am Hals, daß ich sie in die Küche stellen mußte. Jetzt ist die Halswunde einigermaßen verheilt, aber das linke Auge hat sie verloren. Sie ist jetzt mit dem zugeflogenen schwarzen Täuber gepaart, der den anderen nicht zu nahe kommen läßt.

Zum Geburtstag wünsche ich mir einige von den Büchern aus der beigefügten Liste, und einen dreibeinigen Ständer für den Fotoapparat ›Agfa Isolette‹.

Morgen kommt ein Waggon mit 200 Ztr. griechischen Steckzwiebeln, da gibt es wieder viel zu tun. Der freie Platz vor dem Haus ist um ca. 1 m erhöht worden. Auf der anderen Seite, gegenüber dem großen Rolltor stehen schon die Betonpfeiler und das Eisengerüst für die neue Sackfabrik.

Schule habe ich Donnerstag von 15.20 bis 17.00 und Freitag von 8.00 bis 13.00 Uhr. Hat Bodo schon mal eine Karte an Bernd geschrieben, und leben seine Fische noch alle? Ich lasse mir jetzt einen Stempel anfertigen mit Aschersleben, den ich für meine Bücher und Hefte und sonst alles brauche. Gestern nachmittag war Herr Kückemann hier und ist abends weitergefahren. Carli kommt Ostern aus der Schule. Dann geht er, weil ja Jahrgang 36, für 18 Monate in den Wehrdienst, zur Luftwaffe. Theo Kückemann sagte, da bekommt er den richtigen Schliff und lernt, seine Sachen selbst zu stopfen! Dieter hat noch nicht wieder geschrieben.

Nun Schluß für heute. Herzliche Grüße an Euch alle und einen Kuß von

Deinem Hans-Jürgen.«

»Liebe Frau Wolf!

Ich hatte es Ihnen ja versprochen, gleich zu schreiben, man verschiebt es dann von einem Abend zum anderen, und so vergeht dann die Zeit, daß es inzwischen schon 3 Wochen sind, seit wir von Marktredwitz fort sind.
Hier geht alles wieder seinen alten Gang, wir sind jetzt tüchtig beim Zwiebelsortieren. Haben Sie nun endlich wieder ein Mädchen, Sie können es doch unmöglich auf die Dauer allein schaffen. Ich muß so oft nach dort denken und würde so gern mal wieder zu Ihnen kommen, aber ich glaube, der Wunsch liegt sehr fern. Was machen die Kinder? Hat Angelika die Prüfung bestanden? Ich freue mich schon sehr auf meine Heimfahrt.

Ihnen und Ihrer lieben Familie alles Gute und herzliche Grüße

Ihre Waltraud (Wirtschafterin bei Ediths Eltern)«

»Frankenthal, den 8.3.55

Liebe Mutti!

Heute abend komme ich endlich zum Schreiben. Recht herzlichen Dank für die Geschenke und Glückwünsche von Euch allen. Zum Geburtstag habe ich keinen Freund eingeladen, da ich hier keinen habe und es auch so gemütlich war. Am 31.3. mittags ist hier Schulschluß. Weil ich nur Donnerstagnachmittag und den ganzen Freitag Schule habe, muß ich am 25.3. das letzte Mal vor den Osterferien in die Schule. Omi sagt, ich soll Freitagabend oder Sonnabend früh am 2.4. fahren, Denn Freitag fährt Waltraut, und sie will dann nicht mehr viel Arbeit haben.

Nur meine Tauben machen mir Sorgen. Vor Weihnachten hatte ich auch 2 junge Tauben, und als ich zurückkam, waren sie fort. Ich nehme an, daß die Katze sie geholt hat. So kann es jetzt wieder kommen, wenn ich nicht da bin. Die Alten stoßen die Jungen, sobald sie flügge sind, aus dem Schlag, und nachts fängt sie die Katze. Von Dieter bekam ich heute auch einen Brief. Er hat ihm am 23. 2. geschrieben, und er kam erst heute an. Von Steffens bekam ich auch eine Karte. Nun herzliche Grüße an alle und sei Du vielmals gegrüßt von Deinem

Hans-Jürgen«

Hans-Jürgen ist zur Bundeswehr eingezogen

»Amberg, den 11.1.60
abends 7 Uhr

Liebe Eltern und Geschwister!

Heute mittag kam Euer Brief. Am Samstag ging ich ins Lazarett zum Zahnarzt. Er hat sehr über die schlechten Zähne geschimpft und die Einlage raus und neu gefüllt. Am 22.1. um 14.00 h bin ich wieder bestellt. Heute morgen war Begrüßung des Bataillon 123 durch den Kommandeur Oberstleutnant von Wolff. Unser Kompaniechef ist Hauptmann Schulz, Zugführer Stabsunteroffizier Schweiger, Gruppenführer Unteroffizier Rosenblatt, Hilfsausbilder Gefreiter (U.A.) Braunger, der mit uns im Zimmer wohnt. Von meinen 7 Kameraden sind 3 Freiwillige 18jährige und 4 Wehrpflichtige: aus Naila, Bamberg, Hirschau, Bayreuth, Amberg, Forchheim.
Samstag hatten wir bis 10 Uhr Ausgang. Am Sonntag war ich in der Kirche. Die nächsten 4 Wochen bekommen wir keinen Ausgang. Im Panzer sind wir noch nicht gefahren. Alles in allem gefällt es mir, wie den meisten Wehrpflichtigen, nicht, und ich werde auch keinen einzigen

Tag länger bleiben als dieses Jahr. Morgen steht wieder Formalausbildung und Infanteriegefechtsausbildung auf dem 7km entfernten Übungsplatz Fuchsstein auf dem Plan.
Morgen gehe ich auf die Schreibstube der 4. Kompanie des 123. Panzerbataillon wegen des Bausparvertrages. Anbei lege ich einen Antrag auf Arbeiterrückfahrkarten, den Ihr ausgefüllt wieder zurückschicken möchtet. Seit heute schneit es hier. Nun will ich schließen und verbleibe mit herzlichen Grüßen, auch von meinen Kameraden

Euer Hans-Jürgen

N.B. Nur wenn von der Lotterie eine Gewinnmeldung kommt, mir die Karte schicken, sonst könnt Ihr alles dort aufheben, bis ich komme.«

»Hohenfels, den 4.4.60

Liebe Mutti,

Heute kam Dein Brief. Ich bekomme erst Pfingsten Urlaub, weil wir über Ostern Bereitschaft haben. Dafür werde ich am Weißen Sonntag oder den nächsten kommen. Genaues kann ich erst am 12.4. in Amberg sagen. Seit Freitag sind wir nun wieder in Hohenfels, und seit Samstag bin ich nun endgültig für die 9 Monate beim Fernmeldezug als Funker. Wir haben laufend Tag- und Nachtübungen, auch sonntags, und können nur selten schlafen. Jetzt habe ich einige Stunden frei, weil wir von 18.00 Uhr bis morgen um 18.00 Uhr Wache am Munitions- und Spritlager haben. Nächsten Sonntag haben wir eine große Divisionsübung.
Am letzten Sonntag hatten wir Feldgottesdienst. Meine Erkältung war nach zwei Tagen wieder fort. Geld brauche

ich keins. Sind der Wein und die Heidelbeeren gut angekommen? Gestern wollten mich die Unteroffiziere überreden, 18 Monate zu bleiben, aber da ist nichts drin. Ende Juni werden von beiden Bataillonen ca. 200 Mann entlassen, und der Nachwuchs fehlt. Es kommen auch keine Freiwilligen mehr zu dem Haufen. Heute kommen 80 Wehrpflichtige vom 1. Quartal 1939. Omi habe ich heute auch geschrieben.
Nun will ich schließen und verbleibe mit den besten Grüßen an alle und einem Kuß

Dein Hans-Jürgen.«

»Amberg, 28. Juni 1960
1. Panzerbataillon 123

Frau
Edith Wolf
Marktredwitz/Opf
Kraußoldstr. 8a

Sehr geehrte Frau Wolf!

Ihr Sohn, PzSchtz Hans-Jürgen Bestehorn, hat uns gebeten, Ihnen ein paar Zeilen zu schreiben.
Er hatte heute morgen bei einer Dienstfahrt einen Verkehrsunfall mit einem Lkw (als Beifahrer). Dabei zog er sich Prellungen im Bereich des Brustkorbes zu, sowie einen Oberarmbruch. Es besteht keinerlei Lebensgefahr. Ihr Sohn befindet sich in stationärer Behandlung im Bundeswehr-Lazarett Amberg und kann von Ihnen jederzeit besucht werden.
Infolge des Armbruches ist er am Schreiben verhindert, so daß wir Sie bitten, sich keine unnötigen Sorgen zu machen, wenn eine Nachricht von seiten Ihres Sohnes ausbleibt.

Wir würden uns freuen, Sie bei einem Besuch in Amberg persönlich sprechen zu können.

Mit freundlichen Grüßen und den besten Wünschen für das Wohlergehen Ihres Sohnes verbleibe ich

Ihr STA Dr. Detsch«

Briefe von Bodo, Ediths zweitältestem Sohn, der zur See fährt

»Onega, den 11.6.63

Liebe Mutti!

Seit Donnerstag sind wir in Onega. Es liegt in der Nähe von Archangelsk. Auf der Herfahrt von Newcastle waren wir noch 3 Tage in Ardalstangen bei Bergen. Wir sind 12 Stunden im Fjord landeinwärts gefahren, also etwa 160 km. Es war sehr schön und interessant. Hier in Onega gehe ich die Hafenwache von 24.00 bis 8.00 Uhr. Jeden Abend um 19.00 Uhr kommt bei uns ein Bus vorbei und bringt diejenigen, die Freiwache haben, zum Seemannsclub, auch Interclub genannt. Dort sind zwei Frauen, eine spricht Deutsch und die andere Englisch. Außerdem kommen auch noch eine Menge Mädchen zum Tanzen. Auch ein Tischtennisspiel ist da. Auf einem großen Tisch liegen viele Hefte und Bücher in deutscher, englischer und russischer Sprache, die man kostenlos mitnehmen kann. Um Punkt 23.00 Uhr werden wir wieder zurückgefahren. Woanders kann man nicht hingehen, denn es gibt hier kein Wirtshaus oder Café. Dort, im Club, gibt es auch nur Wodka oder Brause, kein Bier, leider. Am ersten Abend haben der 2. Ing und ich gemeinsam eine Flasche Wodka gekauft und ausgetrunken. Danach die ganze Nacht Wache bis früh um 8.00 Uhr. Ich ertappte mich dauernd beim Einschlafen. Seitdem trinke ich dort keinen Wodka mehr.

Heute abend werden wir auslaufen und das Bauholz, das wir bis unter die Brücke noch als Deckladung geladen haben, nach Aberdeen in England fahren. Das einfache Bier in England schmeckt sehr schlecht. Man weiß nicht, ob es eine bittere Brause oder sonstwas ist. Das Export kann man einigermaßen trinken. So kalt, wie ich es mir vorgestellt habe, ist es hier oben eigentlich nicht. Tagsüber kann man ohne weiteres nur mit Jacke gehen.

Viele Grüße an alle

von Eurem Bodo.«

»Baltimore, den 11.6.64
MS ›Brandenburg‹

Liebe Mutti!

Heute früh kamen wir in Baltimore an. Deinen Brief habe ich gerade gelesen. Das glaube ich, daß Euch die Reise gut gefallen hat. Ihr habt ja jetzt die Seefahrt von der besten Seite kennengelernt. Diese Reise durch die Karibik war sehr schön. Das Meer war manchmal spiegelglatt, wie der ruhigste Dorfteich. Fliegende Fische sah man massenweise. Obwohl die Karibik von Haien wimmelt, habe ich jetzt erst einen gesehen. Ein riesiger Hammerhai, der 4 – 5 m lang war, schwamm ganz nah vorbei.
Hier wird das Schiff mit Sojabohnenmehl vollgepumpt, das wir nach Brest und Nantes in Frankreich fahren. Dann werden wir wahrscheinlich schon am 5. Juli in Hamburg sein. Jetzt will ich für ein paar Stunden nach Washington fahren, 70 km von hier, 25 Minuten mit dem Überlandbus. Hin- und Rückfahrt für 2 Dollar.

Hans-Jürgen wünsche ich viel Erfolg mit seiner Gärtnerei.

Viele Grüße an alle von Eurem

Bodo.«

»Auf See, den 8.2.69
Reederei Toepfer, MS ›Straßburg‹

Liebe Eltern!

Dir, lieber Vati, wünsche ich zu Deinem Geburtstag alles Gute und vor allen Dingen weiterhin echte, bayerische Gesundheit. Jetzt bin ich erst knapp vier Wochen von zu Hause weg, aber es kommt mir manchmal wie eine Ewigkeit vor. Wenn man auf einem neuen Schiff einsteigt, ist ja alles unbekannt, und wenn man mit etwas Unbekanntem zu tun hat, vergeht die Zeit bedeutend schneller.
Ich bin sehr froh, daß ich dieses Schiff genommen habe. Die Maschinenanlage ist sehr groß und interessant. Ich gehe die 12 – 4 Wache (nicht schön) und habe die Hauptmaschine zu fahren. Diagramme nehmen, danach die Leistung ausrechnen und die Maschine auf günstigsten Brennstoffverbrauch einstellen. Man hat da vollkommen freie Hand, ist aber auch voll verantwortlich.
Mit meiner Kammer bin ich auch sehr zufrieden. Zwei Fenster nach vorne (kommt Fahrtwind rein und kühlt), Schreibtisch, Sofa mit Tisch und Sessel, Koje, Waschbecken und Schränke. Die Besatzung ist auch okay. Ein Reiniger von Falkenberg ist hier. Er sagt, sein Vater ist pensionierter Oberförster. Er sieht aus wie ein richtiger Bauernknecht und benimmt sich auch manchmal so. Hinten in der Mannschaftsmesse hat er schon öfters im Rausch randaliert. Beim nächsten Mal bekommt er Alkoholverbot.

Montag, d. 10.2.69

An linker Seite liegt jetzt Haiti. Heute nachmittag um 5 Uhr werden wir in Capo Rojo sein. Es soll da sehr schön sein. Ein schöner Strand, wo man herrliche Muscheln und Seesterne finden kann. Baden ist aber wegen der Haie und Barrakudas sehr gefährlich, man darf nur bis zum Bauch ins Wasser gehen. Wenn man hier an Land geht, braucht man auch nicht, wie in Jamaika, Angst zu haben, daß man ausgeplündert wird. Von meinem Kingston-Abenteuer habe ich Irmi ausführlich geschrieben, und sie wird es Euch erzählt haben. Hier ist es sehr warm, das Seewasser hat 27 Grad, die Luft 30 – 35 Grad Celsius, und in der Maschine sind so ca. 45 Grad. In Texas war es schon ziemlich kalt, ich mußte meine dicke blaue Jacke anziehen. Nach einer Tagesfahrt war es aber schon wieder bedeutend wärmer.

Es kann sein, daß wir hier noch öfters hin- und herkutschieren, da in Amerika die Hafenarbeiter an der Ostküste und der Golfküste streiken. Also können wir kein Getreide nach Rotterdam laden. Das Bauxit geht nur deswegen raus, weil es mit betriebseigenen Anlagen und Arbeitern von Alcoa entladen wird.

In Texas war ich ein Riesensteak essen, und teuer war es auch. Aber Tabak bekommt man da sehr billig, den guten für umgerechnet 1,- DM. Aber man darf ja nur 50g zollfrei nach Deutschland einführen.

Jeden Nachmittag gehe ich ins Schwimmbad und meistens auch noch nachts um 4 Uhr, wenn ich von der Wache komme. Ich habe in letzter Zeit so viel Skat gespielt, daß ich schon bald keine Lust mehr dazu habe. Zur Skatrunde gehören: Kapitän, 1. Offz., Funker, Elektriker und ich. Kaum sitze ich nach dem Abendessen um 6 Uhr in meiner Kammer und will mal lesen oder schreiben, dann kommen bestimmt zwei an und überreden einen zum Skatspielen.

Wenn wir in Rotterdam sind, kann ich vielleicht ein paar Tage nach Hause kommen. Bald werdet Ihr ja zum x-ten Male Großeltern. Kümmert Euch bitte ein bißchen um Irmi. Aber ich glaube, ihr geht es ganz gut.

Herzliche Grüße, auch an Hussi,

Euer Bodo.«

»Pattaya, 19. 7. 80

Liebe Mutti,

Ich hoffe, daß Dich meine Geburtstagsglückwünsche noch rechtzeitig erreichen. Ich wünsche Dir Gesundheit, Glück und immer gute Laune. Wie war Deine Rosenreise nach Irland?

Wie ich von Touristen hörte, ist in Deutschland immer noch sehr schlechtes Wetter. Da kommst Du ja gar nicht richtig zur Gartenarbeit. Hier ist das Wetter herrlich, nur ab und zu nachmittags ein kleiner Regenschauer. In meiner Wohnung ist nachmittags eine Temperatur von 35°C und nachts 31°C. Tagsüber bin ich ja nicht hier, und nachts komme ich mit der Wärme gut zurecht, da ich einen Lüfter laufen habe.
Sämtliche Husten und Wehwehchen sind wieder verschwunden; ich fühle mich also ›sauwohl‹. Von 8.00 bis 17.00 arbeite ich mit der Werft auf meinem Schiff, das am Sonntag, den 27.7. fertig werden soll. Für die Nebensaison sind relativ viele Touristen hier. Gestern ist meine Freundin für eine Woche nach Hause gefahren (Nordthailand), z.Z. bin ich also Strohwitwer.

Hier in Pattaya wird sehr viel gebaut, Kanalisation und Frischwasserleitungen werden gelegt (jedes Haus und Hotel hat hier seine eigenen Tanks, und das Wasser wird mit LKWs angefahren). Ich habe einen 2.000-Liter-Tank auf dem Dach, reicht für ca. 14 Tage, eine Füllung kostet ca. 11,-- DM.
Alle großen Hotels stocken auf oder bauen an und vergrößern dadurch ihre Zimmerkapazität. Das ›Asia Pattaya‹, das direkt neben meinem Haus liegt (ca. 100m entfernt) stockt auf. Der Baulärm ist das Wenigste, aber eine Unmenge Kinder der Bauarbeiter spielen direkt vor meinem Fenster, da hier kein Verkehr ist. Die Bauarbeiter zimmern sich aus altem Bauholz und Blech Hütten direkt an der Baustelle (also bei mir) zusammen, wo sie während der Bauzeit leben. Alle Frauen arbeiten auch mit, und ein paar Omas passen auf die Kinder auf. Ich habe die Kinder noch nicht gezählt, aber 200 im Alter von 1 Jahr bis zu 8 Jahren sind es bestimmt. Frühmorgens brauche ich hier keinen Wecker.

So, meine liebe Mutti, nochmals die herzlichen Glückwünsche zu Deinem Geburtstag und alles Gute, auch an Hussi,

Dein Bodo.«

»Pattaya, 21. 10. 82

Liebe Mutti,

nach einem guten Flug, der erstaunlicherweise über Malta ging (dort stiegen ca. 300 Australier zu), bin ich gut in Bangkok angekommen.
Veena erwartete mich am Flughafen, mit dem Taxi ging es dann gleich nach Pattaya.
Wohnung alles o.k., Schiff auch o.k., abgesehen von ein

paar Kleinigkeiten, die immer auftreten, wenn ein Schiff ein halbes Jahr im Wasser ist.
Seit einer Woche ist hier die Regenzeit vorbei, der Monsum bläst jetzt von Land; Temperatur am Tag ca. 30°C, nachts 25°C. Es ist herrlich hier!
Ein neues Moped habe ich mir für DM 1.300,-- gekauft, das alte in Zahlung gegeben, ich hatte es drei Jahre gefahren. Das neue Moped macht 80 km/h Spitze.
Nachts ist es bei mir im Schlafzimmer dauernd 30°C, daran habe ich mich noch nicht gewöhnt, der Schlaf ist also nicht besonders. Ich muß mir wohl doch eine Air Condition für DM 1.500,-- kaufen.
Deinen Brief vom 6.10. habe ich vor 5 Tagen erhalten.
Das Schiff war jetzt 10 Tage in der Werft, gestern kam es wieder ins Wasser.
Wie sieht es mit Hussi aus, kann er Anfang Dezember nach Pattaya kommen!? Es wäre gut, wenn er mir bis zum 15.11. Bescheid sagen könnte, damit ich zeitlich disponieren kann.

Bleib gesund und munter, in Liebe Dein Sohn Bodo.«

»New Orleans, 18.12.87
MS ›Allan Boy‹

Liebe Mutter,
vielen Dank für Deinen Brief, den ich ganz zufällig noch bekam, da wir den Hafen Tampico zum zweitenmal anliefen. Das Geburtstagstelegramm habe ich auch am 5.12. schon erhalten. Herzlichen Dank!

Eigentlich wollte ich Dich von hier aus anrufen, aber jetzt liegen wir in der Mitte des Mississippi vor New Orleans auf Anker, und es gibt keine Möglichkeit, an Land zu kommen.
Innerhalb von 8 Stunden haben die uns mit Riesenkrä-

nen auf schwimmenden Bargen 7.000t in die Luken geschmissen, und in zwei Stunden geht es los nach Afrika, Kamerun, Douala; 23 Tage sind wir dann auf See.
Am 10. Januar sollen wir da einlaufen, und dort soll auch meine Ablösung kommen. Es wird höchste Zeit. Denn das hier ist kein Schiff, das ist nur noch ein schwimmender, dreckiger Behälter. Früher hätte ich mir ein Schiff wie dieses nicht mal bei den Griechen oder bei den schlimmsten Kanaken vorstellen können, und hier ist eine deutsche Firma der Besitzer! Es ist wirklich unvorstellbar.
Mit einem Meter Freibord (Wasser zum Deck) wie ein Kleinkahn fahren wir hier, bei Windstärke 5 ist das Deck schon von den Wellen überspült. Eigentlich wollte ich keine Fotos machen, aber jetzt knipse ich ein paar, um Dir zu zeigen, was die sog. Reeder den Leuten zumuten. Die Philippinos verdienen mit 200 Überstunden pro Monat US$ 350.- = ca. DM 600,-/Monat. Das Essen kriegt man nur runter, wenn man nicht in die Kombüse reinschaut – Dreck und Kakerlaken zu Tausenden; und zudem wird nur der billigste Mist eingekauft. Der Verpflegungssatz (Essen pro Tag und Person) darf lt. Reederei nicht über DM 4,- liegen = US$ 2.50.
Erzähl' mir bitte nicht noch mal von den notleidenden Reedern. In meinen Augen sind das Verbrecher, die die internationale Arbeitslosigkeit ausnützen. Sicherheitsvorkehrungen hier an Bord sind gleich null.

Ja, Mutter, nun soll es gleich losgehen. So wünsche ich Euch allen ein fröhliches Weihnachtsfest und ein glückliches, gesundes Neues Jahr. Bis bald und alles Gute.

Euer Bodo.«

Weitere Briefe von Freunden, Verwandten, Familie

Brief von Tante Marie

»22.7.60

Meine liebe, kleine Edith!

Zu Deinem Geburtstag gratuliere ich sehr, sehr herzlich zu dem Tag und für das kommende Lebensjahr, mögest Du so gesund und glücklich bleiben. Noch viel Gutes und Schönes für Dich, meine Kleine, wünscht Deine Tante Marie.«

Auf dem gleichen Blatt:

»Gutes, liebes Edithkind, wie sehr ich mich freute und Dir und Deiner Angelika so innig danke, sagte Euch die Karte schon, so lieb und gütig, ja eigentlich unsagbar gütig, ich habe regelrecht Kindertränen geweint, Edith, in solch hohem Alter empfindet man mit Herz und Seele zutiefst und so erschütternd, daß Du an Deine alte Großtante so lieb denkst, wo Deine große Familie, vor allem Dein Mann, doch auch viel, viel Liebe beanspruchen.
Wie habe ich mich über Angelika freuen dürfen, so ein entzückendes Menschenkind, daß Du mir die Freude machtest und Deiner Mutter auch – sie ist auch so lieb zu mir und ich empfinde es oft so schmerzlich, es geht mir nicht besonders gut. Nicht hören, laufen und nun schlagartig so schlecht sehen. Bis 80 bekam ich vom Optiker in Calbe von der Sozialversicherung die Brillen. Jetzt muß ich nach Bernburg zum Augenarzt mit dem Auto. Ich hoffe, Du kannst es lesen, ich schreibe in Etappen, so geht es schon.

Martchen Bernau war eben bei mir und sagte mir, wie Dein Großer verunglückt ist. Ach, mein Liebling Edith,

schreib Du mal oder Angelika, ich höre doch nicht und werde nicht so klug aus Martchen. Ich bin erschüttert und in Sorge, ein Kärtchen bloß!
Ist Frau Erika gekommen, grüße sie, ich hatte sie doch gerne, und auch ihre Mutter, Frau Schorfheide bitte grüßen.

Liebste Edith, hast Du viel Sorgen und Kummer mit dem Jungen, oder ist es nicht so schlimm? Tausendmal drükke ich Deine Hand dankend und lieb, meine Kleine! Alle, alle grüße von der alten Großtante.
Den süßen Kleinen drücke mal!

Angelika, Du goldiges Wesen, ich habe Dich nun oft vor Augen. Mutti war auch mal 4 Jahre und lebt so in mir!«

Ediths Neffe schreibt an ihre Mutter zum Tode deren Mannes Paul Assmann

»Joachim Millington-Herrmann

Hannover, am 9. Oktober 1957

Frau
Elsa Assmann
Calbe / Saale

Liebe Tante Elsa !

Soeben erhielten wir die erschütternde Nachricht, daß Dein lieber Mann für immer von Dir gegangen ist. Um ihm das letzte Geleit geben zu können, wollte ich gerade nach einer Aufenthaltsgenehmigung telegraphieren, als ich im letzten Augenblick feststellte, daß die Beisetzung schon erfolgt ist und ich somit nicht mehr Abschied von ihm nehmen und Dich auf diesem schweren Weg begleiten kann.

Deshalb vermag ich nur auf diese Weise, und zwar gleichzeitig auch für Onkel Richard, der grippekrank im Bett liegt, die allerherzlichste Anteilnahme und unser aufrichtiges Mitgefühl zu diesem harten Verlust auszusprechen.
Wie schwer dieser ist, kann auch ich sehr wohl ermessen, war es doch Dein Mann, der nach dem Tode meiner Mutter unsere Interessen wahrgenommen hat, als wären es die eigenen. Seine Hilfsbereitschaft, verbunden mit einem stets freundlichen Wesen, vereint in einer starken Persönlichkeit, die mitten im Leben stand, doch stets der Natur verbunden blieb, haben ihm nicht nur Anerkennung und Erfolge, sondern auch viele Freunde geschaffen, in deren Erinnerung er stets fortleben wird.

In stiller Verbundenheit drücke ich Deine Hände als

Dein Achim«

Freundin Inge schreibt:

»Hamburg, 18.10.57

Liebe Edith,

Du wirst sicher schon lange auf Zeilen von mir warten, aber nach unserer Rückkehr von Zens legte sich Achim, dann Heinz und ich gemeinsam mit Grippe ins Bett. –
Meine liebe Edith, wie schwer wird es Dich getroffen haben, als Du die Nachricht vom Tode Deines lieben Vaters bekommen hast, nimm Du und all Deine Lieben unser aufrichtigstes Mitgefühl entgegen. Du hast einen so selten guten Vater gehabt, und wir hier alle drei haben ihn auch schrecklich liebgehabt und wie einen Vizevater verehrt! Ich kann all die vielen schönen Stunden gar nicht mehr aufzählen, aber Calbe war für uns eben Onkel

Paul, und wie gern sind wir, besonders in den letzten Jahren, mit dem Motorrad schnell nach Calbe gehuscht! Als ich jetzt nach Zens fuhr, wußte ich doch nicht, daß es Deinem Vater so schlecht ging, sondern telefonierte noch ganz übermütig mit Deiner Mutter. Und da mußte ich hören, daß sie Onkel Paul gerade ins Krankenhaus gebracht hatte! Ich war sehr traurig, als ich an seinem Bett im Krankenhaus stand und er mich nicht mehr erkannte. Beim letzten Besuch meinte er dann wohl, ich wäre Du. Bitterlich mußte ich weinen, als ich ging, wieder mußte ich von einem lieben Stück Heimat Abschied nehmen.
Gern hätte ich Deiner lieben Mutter beigestanden, die so tapfer war, aber ich mußte ja wieder zurück. Und dann ging Onkel Paul doch so schnell zum Lieben Gott. – Tante Elsa sagte mir, daß es Dir gar nicht gut geht; schone Dich nur, Du bist doch nun ihr Ein und Alles, Du mußt für Deinen Kleinen gesund bleiben, der Dich braucht, Deinen lieben Mann und für die Großen, die hoffentlich nun mehr Rücksicht auf Dich nehmen. Wie habt Ihr Euch nun bei Bodo entschieden?

Hier bei uns geht alles seinen gewohnten Gang, noch ein bissel sitzt uns allerdings die Grippe in den Knochen! Wir sind jetzt ganz tüchtig auf Wohnungssuche, denn wir nehmen die Wohnung von Dir nicht, sie ist vor allem mir zu groß. Wir haben vor einer Woche fünf Makler beauftragt und es läuft nun so an, ich denke, spätestens am 15. Januar sind wir soweit.

Wenn Du Zeit hast, schreib mir bald mal kurz, halte den Kopf hoch, denk daran, daß Dein lieber Vater jetzt seine wohlverdiente Ruhe hat! Euch allen liebe Grüße und Dir einen innigen Kuß

Immer Deine Inge«

Brief von Herbert an Edith während eines Kuraufenthaltes

»Marktredwitz, den 9. V. 58
Freitagabend halb zehn Uhr

Mein liebes Herzli!

Vor einer Stunde hast Du angerufen. Es tut mir leid, daß es Dir heute wieder schlechter ging – entsprechend auch der innere Zustand, ich kenne Dich ja, war kein Wolfi da und so. Aber mein Schätzle, Du mußt Geduld haben und darfst nicht glauben, daß nun ein Leiden, das Du nun fast 1.1/2 Jahre herumträgst und vernachlässigt hast, in vier Tagen geheilt ist. Deine Sehnsucht kann ich verstehen, aber glaube mir, mein Geliebtes, wenn Du jetzt zu Hause wärest, dann würde es auch nicht besser sein und Du wärest nicht zufrieden. Wenn ich draußen den Krach höre – seit heute 5 Uhr früh betonieren sie nebenan, um 12.00 Uhr nachts wollen sie fertig sein – und alles andere, dann würdest Du Dir wünschen, mal in einer ruhigen Ecke zu sitzen, wo viele schöne Blumen blühen und ein See in der Nähe ist .... Und nun bist Du dort auch nicht zufrieden. Du mußt es aber sein, denn die Zeit geht doch so schnell dahin, und wenn dieser Brief Dich erreicht, sind schon 8 Tage herum. Wenn Du dann wieder zu Hause bist, mußt Du doch kräftig sein, denn alle wollen doch was von Dir!

Heute hielt ich einen Vortrag über Muttertag – ich glaube aber, daß Dir keiner geschrieben hat. Hussi hat gerade etwas geweint, ich habe nach ihm gesehen und ihn umgelegt, nun orgelt er noch etwas und ist zufrieden. Ich besorge schon immer Äpfel, Bananen, Apfelsinen, damit er Vitamine bekommt. Er war heute zeitweise schlecht gelaunt, aber das legt sich wieder.

Hans-Jürgens neue Tauben sind erst mal in die Gegend geflogen – er meint, die kommen schon wieder. – Am Dienstag wird der Platz vermessen, ich habe Jürgen gesagt, er soll sich nachmittags freigeben lassen und dabei sein, denn ich gehe nur um 14.00 Uhr mal hin. Da werden ja auch Grenzsteine gesetzt etc., habe mich erkundigt. Nun warte ich schon dauernd auf eine Antwort von der Commerzbank, denn die Umschreibung wird doch einige Tage später schon stattfinden müssen.
Heute kam zwar von der Commerzbank ein Brief, war aber nur eine Gutschrift über 500,- DM, nun sind wieder 700,- DM drauf. Da wird sich Mutter freuen, wenn sie kommt. Hoffentlich klappt es, daß sie Pfingsten da ist, sonst kann ich nicht weg. Solange ich die Aufsicht habe, klappt alles, aber weg könnte ich keinesfalls, ohne daß Omi oder jemand anders da ist. Die Dame aus Waltershof hat übrigens angerufen, sie hat keine Zeit und bedauert.

Es ist lieb von Dir, daß Du für Pfingsten schon alles so organisiert hast. Ich habe an die Versicherung geschrieben, daß Du wegen eines akuten Herzanfalles in die Klinik Dr. Büdinger eingeliefert wurdest und 3 – 4 Wochen dort bleiben mußt. Du kannst das ja Dr. Büdinger gelegentlich sagen, damit er Bescheid weiß, wenn eine Rückfrage von der Kasse kommt.

Ich habe Dir heute per Postanweisung 200,- DM geschickt, dann kannst Du die ersten 500,- DM am 10. Tag bezahlen, und das andere machen wir dann per Scheck. An Weyarn habe ich auch Geld geschickt von meinem Konto. Das gewünschte Paket an Angelika ging heute ab (Eilpaket), rotes Kleid, Watte, Tabletten, 4 Apfelsinen, 1 Tafel Schokolade, Bonbons, 5,- DM und kurzer Brief mit Marken; Dein gewünschtes Paket geht morgen früh ab mit Kleid, Schuhen, Gürtel etc. / ist alles da! Morgen hast Du sicher Post von mir, ich habe alle Tage geschrieben.

Nun bin ich aber müde, Herzili, will auch ins Bett gehen.

Einen ganz lieben Gruß und Kuß von Deinem Wolfili und Hussibub.
Ich drücke ihn schon immer lieb und gebe ihm auch Küßle von Mami mit.«

Brief von guten Freunden: Buschi und Bobby Schmid:

»Mannheim, den 21. Juli 1958

Dr. Ing. Max Schmid

Liebe Edith, lieber Herbert, liebe Kinderschar!

Für Euren lieben Brief recht herzlichen Dank. Wenn ich so lang nicht geschrieben habe, dann lag das daran, daß ich Euch doch wegen Dr. Bansen und mir endgültig Bescheid geben wollte. Immer wieder verzögerte sich aber die Sache, bis endlich Dr. B. in einer denkwürdigen Nachtsitzung in unserer Wohnung auf meine Vorschläge einging. Ich werde also ab 15. September als Direktor bei Grün & Bilfinger hier in Mannheim eintreten und verantwortlich die Bergbauabteilung leiten (Stollenbau, Schachtbau, Talsperrenbau, U-Bahn-Bau, Tunnelbau, Bohrbetrieb usw.) Ich freue mich auf diese interessante Tätigkeit und vor allem auch darüber, daß ich in meiner schönen Heimat bleiben kann. Da stört es mich auch nicht, wenn ich voraussichtlich recht viel in fernen Landen zu tun haben werde.

Daß Du, liebe Edith, an dieser Entwicklung ein gerüttelt Maß Schuld hast, verpflichtet mich zu ganz besonderem Dank. Den will ich Dir aber hoffentlich recht bald einmal persönlich abstatten. Noch viel schöner wäre es ja, wenn Du endlich einmal persönlich bei uns hier aufkreuzen würdest. Gertrud hat mir aufgetragen, daß ich Dir das ganz warm ans Herz legen soll. Herbert muß sich doch auch mal so gut erholen wie Du, und da ist der Weg zu uns nach dem Süden schon der richtige!

Uns hier geht es soweit gut. Mäcki fährt nächste Woche nach England (Oxford), und Gertrud holt am 30.8. Bärbel persönlich in London ab. Wir freuen uns alle darauf, daß wir dann wieder beisammen sind.

Nächste Woche fahre ich mit Gertrud nach Hahnenklee im Harz, weil ich etwa 8 Tage lang in der Nähe, in Clausthal, zu tun habe. Am 16.8. beginnen wir eine Reise per Schiff nach Italien/Griechenland und, wie schon gesagt, anschließend fährt Gertrud gleich weiter nach England. Du siehst, wir sind richtige Zigeuner geworden, seit ich wieder im Lande bin.

Eure Omi ist wieder abgereist? Hoffentlich kann sie noch recht oft und lange zu Euch kommen! Wenn man so eine gute Omi nicht mehr hat, dann weiß man erst, wie leer die Welt sein kann.
Was macht Euer Hausbau? Wann ist der Einzug?
Bodo geht also ab 9.9. auf die Yachtschule nach Gollenhausen. Wir alle rufen ihm ein kräftiges ›Ahoi‹ zu. Möge Dich immer guter Wind begleiten auf allen Meeren der Welt. Nur möchte ich noch gern wissen, wo dieses Gollenhausen liegt. Mit Prien hat es wohl nicht mehr geklappt? Wie lang geht der Kurs und wie geht es dann weiter?

Und Jürgen will nach Chile? Auch nicht schlecht, aber verdammt heiß. Natürlich kenne ich dieses Land, denn ich war ja in jungen Jahren in der Salpeterwüste bei Iquique tätig, und anschließend in Oruro in den Anden. Am schönsten ist es im Süden Chiles, in der Gegend von Valdivia. Dort ist alles wie ein Garten mitten im tropischen Urwald. Jürgen will also auf eine Farm. Bitte, wo ist die, wem gehört sie (am besten sind die Holländer dort) und was wird angepflanzt. Als was soll er dort anfangen, denn das ist für einen Nichteingeborenen verdammt wichtig. Ich hätte ja viel zu sagen zu diesem Plan, denn man kann nicht vorsichtig genug sein. Es gibt dort ein Untermenschentum, wie wir Europäer es uns einfach nicht vorstellen können, auch in sogenannten begüterten Schichten. Wenn Ihr den Namen der Farm und des Farmers kennt und wenn genau festliegt, was er monatlich bezahlt, in Engl. Pfund oder in US $, dann bei der Deutschen Botschaft in Santiago eine Auskunft einholen. – Mir wäre es sympathischer, wenn Jürgen nach Südafrika ginge, weil man dort ausgesprochen deutschfreundlich ist. Auch Kanada ist gut, ebenso Alaska mit dem neuen Weerner Green-Land. Da sehe ich wirkliches Neuland, was selbst mich reizen würde.

Es ist schade, daß wir so weit voneinander weg wohnen und nicht mal bei einer guten Pulle diese Probleme wälzen können! Ihr müßt eben mal kommen, da nutzt gar nichts.

Für heute nun Schluß. Schreibt recht bald wieder. Seid auch für die netten Bildchen aus Überlingen und Konstanz bedankt.

Recht herzliche Grüße von Haus zu Haus

Euer Bobby.

Meine Lieben, auch von mir innige liebe Grüße. Ich bin so froh, daß Mäx in seiner Heimat bleiben kann und wir nicht wieder umziehen müssen.....

Eure Gertrud.«

»Dr.-Ing. Max Schmid

Mannheim,
z.Z. Todtmoos, am 29.12.58

Meine Lieben,

Über die Weihnachts- und Neujahrsfeiertage sind wir hier oben im verschneiten, heimatlichen Schwarzwald. Zum Jahreswechsel wandern unsere Gedanken zu Euch und zu unserem Zusammensein im vergangenen Jahr. Nicht ohne Absicht habe ich heute einen Geschäftsbogen gewählt, denn Du, liebe Edith, bist nicht unbeteiligt an dieser erfreulichen Fügung.
Hoffentlich ergibt es sich, daß wir im Neuen Jahr wieder ein Treffen vereinbaren können. Wir haben ja soooo viel zu erzählen! –

Unsere vielen guten Wünsche für Euch alle fassen wir zusammen in einem recht herzlichen ›Glückauf 1959‹!

In alter treuer Verbundenheit

Eure 4 Schmids

Liebste Edith, Dein ausführlicher Brief hat uns sehr erfreut, ebenso die Karte aus Leipzig.
Wir verleben mit Bobbys Verwandten und dessen Freunden wirklich nette Tage. Über Weihnachten hatten wir sogar viel Schnee, was die Stimmung noch erhöhte. Beim Rodeln mit Bärbel habe ich mich so verletzt, daß ich heute noch tüchtig humpele und Schmerzen habe. Ich habe Sehnsucht nach Euch allen und möchte Euch mal wieder sehen. Könnten wir nicht auch mal zusammen verreisen? Von Bodo finde ich das fabelhaft, wie weit er schon zur See fährt. Ich möchte auch mal nach New York. Übrigens, eine Schiffsreise ist herrlich. 5 Tage waren wir auf einem 25.000t italienischen Luxusdampfer, von Neapel über Griechenland nach Venedig, wo wir vor 25 Jahren

auch waren. Es war alles schön und interessant. Aber Deutschland ist auch wieder schön.

Für heute ein gesundes 1959. In Liebe

Eure Gertrud«

Und wieder Briefwechsel zwischen Edith und Herbert

»26.7. 60

Mein geliebtes Herz!

An Deinem heutigen Geburtstag, den ich Gott sei Dank mit Dir und unseren Kindern in Gesundheit und Glück feiern darf, drängt es mich, Dir wieder einmal einen Brief zu schreiben. Lange habe ich das nicht getan! Und gerade unsere Briefe waren immer so voller großer Liebe und inneren Glückes! Darf ich Dir heute an Deinem 43. Geburtstag, nach über 10jährigem gemeinsamen Leben, mein lieber Schatz, wieder einmal sagen, wie lieb ich Dich habe und was Du mir bedeutest! Du hast meinem Leben eine neue Wendung gegeben, Du hast aus mir wieder einen glücklichen, wertvollen Menschen gemacht, und Du hast mir als Krönung unserer Liebe einen so lieben Hussi geschenkt!

Meine Wünsche für Deinen heutigen Geburtstag sind erfüllt von Dankbarkeit für unseren lieben Gott, der uns so reichen Segen geschenkt hat, und ihn müssen wir bitten, daß er uns weiterhin so reichlich mit seinem Segen belohnt. Möge er uns, und vor allem Dir, mein geliebtes Herzili, weiterhin Gesundheit und Zufriedenheit schenken, daß wir die uns im Leben gestellten Aufgaben meistern können.

Wenn des Tages Last uns manchmal zu erdrücken droht, so soll doch nach wie vor unsere Liebe zueinander siegen, und die Treue, die wir uns gehalten haben, auch weiterhin unser oberster Grundsatz bleiben!

Ich bin glücklich, an Deiner Seite durch das Leben gehen zu dürfen, und ich werde auch in Zukunft Dir immer eine Stütze in Freud und Leid bleiben.
Die heiße Liebe, die mich mit Dir verbindet, wird niemals erkalten, weil ich weiß, daß auch Du mich liebst! Und so wollen wir hoffen, daß wir Deinen Geburtstag noch recht oft in innerer Verbundenheit feiern dürfen!

Dies wünscht Dir in herzlicher Liebe

Dein, immer Dein Wolfi!«

Ediths Brief an die Familie von einem Kuraufenthalt am Bodensee

»16. 9. 60

Meine Liebsten daheim!

Ihr müßt Euch einen grau verhangenen Himmel denken, mit Wolken in den verschiedensten blau-grauen Tönen. Unter ihm in der gleichen Farbe den bleiernen Bodensee, fast kein Lufthauch. Am See neben dem Yachthafen in einem Kaffee, in dem nur drei Tische besetzt sind, sitze ich an einem dieser Tische. Todtraurig, nie wieder fahre ich hierher. Eben habe ich eine Scheibe Brot an die Möwen verfüttert. Jetzt sitzen sie vor mir auf dem Wasser und machen Krach, weil sie nichts mehr bekommen. Da kommen einem dann Gedanken wie z.B., wozu habe ich so viele Kinder, wenn nicht eins mich auf einer solchen Reise begleiten kann. Zum Beispiel Jürgen oder Hussi für Spaziergänge und Ausflüge. –

Gestern um halb zwölf wurde ich untersucht. Übrigens hatte ich vor 2.1/2 Jahren einen winzigen Leberschaden, darum heute morgen Blutentnahme. Wie es jetzt aussieht, weiß ich noch nicht. Dann EKG, in Ruhe in Ordnung, bei Belastung eine Durchblutungsstörung, darum die häufigen Herzschmerzen. Blutdruck sehr niedrig, daher kann ich jetzt Kaffee so gut vertragen. Herr Dr. Büdinger sagte, ein großer Fehler bei mir sei, daß ich zu wenig laufe. Spazierengehen in frischer Luft muß ich unbedingt mehr und regelmäßig. Schatz, gell, Du nimmst mich jetzt immer mit, und abends müssen wir auch immer noch eine halbe Stunde laufen, ich meine zu Hause.

Heute morgen nun nüchtern rauf zur Blutentnahme und zur ersten Spritze, diesmal mit ein wenig Strophantin (hab ich sicher falsch geschrieben). Die Aufregung und innere Angst vor den Spritzen, nicht daß es wehgetan hätte, aber was weiß ich! Nach der Spritze mußte ich drei Stunden liegen, ich nehme also mein Frühstück (Milch, Joghurt, Vollkornbrot, Honig – habe ich mir selbst verordnet wegen der Verdauung) im Bett, und auf einmal um halb zehn geht es an: Herzspringen und Jagen wie in den tollsten Glanzzeiten meiner Herzanfälle. Schwestern und Ärzte kamen, ich flog und schlotterte und heulte wie ein Schloßhund.

– Es ist Sonnabend!
Gestern abend konnte ich nicht widerstehen, anzurufen. Nach dem Mitteldeutschen Tagebuch ging ich ins Bett. Heute morgen strahlte ein klarer blauer Himmel nach starkem nächstlichen Regen. Eben – es ist halb sechs – bin ich von der Insel Mainau zurückgekehrt. Die Dahlien entzücken mich ja nicht so sehr, aber die Fülle verschiedenster Rosensorten und die herrlichen Koniferen. Nur

würde ich alles viel mehr genießen, hätte ich jemand von Euch Lieben dabei!

Wie habt Ihr heute nachmittag verbracht? Hat mein Ilkalein Kuchen gekauft oder gebacken? Sie wird sich bald umziehen mit Vati und ›schönmachen‹. Jürgen, mein Großer, wird wohl heute abend Hussilein betreuen. Ja, Hussispatz, wozu willst Du denn ein Schießgewehr? Hier gibt es keine für Kinder, nur solche für große Leute, wie Vati ist. Überleg mal, was Dir sonst gefällt. Am besten, Du überläßt es Mutti, was sie Dir mitbringt.

Wann muß der Große reisen? Nimmst Du dann den Winteranzug mit? Für welches Wochenende hoffst Du wieder auf Urlaub? Sind die Erdbeeren schon gekommen? Sollten sie ankommen in der Woche, in der Du schon fort und ich noch nicht wieder da bin, muß sie Ilka pflanzen. Aber genau die drei Sorten markieren, Ilka, laß es Dir vorsichtshalber von Jürgen erklären.

Habt Ihr schon von Bodo gehört? An Vati schreibe ich noch einen extra Brief mit gleicher Post. Ilka, schreib mir mal, gell. Wann hat Tante Käthe Geburtstag? Noch im September? Stelle es bitte mal fest. Grüßt auch Frau Wagner, ich habe mich nicht von ihr verabschiedet. In Gedanken bin ich viel bei Euch und um Euch. Laßt Euch alle ans Herz drücken (das dumme, wenn es nur nicht so oft weh täte) mit vielen Küssen, und behaltet lieb

Eure Mutti.«

»Freitagabend, 16.9.60

Mein liebes Edithlein!

Eben habe ich mit Dir telefoniert. Ich hoffe, daß Du mich recht verstanden hast, wenn ich Dir sagte, daß Du jetzt etwas mehr Geduld und Selbstbesinnung aufbringen mußt. Was Du mir sagtest, daß in Deinem EKG ein kleiner ›Zacken‹ ist bei Belastung, das heißt, daß Du Dich eben nicht übernehmen darfst, denn bei normaler Belastung ist alles in Ordnung.

An sich bin ich froh, daß der Arzt dort eine andere, etwas strengere Diagnose gestellt hat als die Ärzte hier. Das ist ja auch der Zweck Deiner Reise, daß Dich der Arzt, der Dich kennt, wiedergesehen hat und nun eine Kontrolluntersuchung macht. Er wird Dir sicher wieder gute Ratschläge und Medikamente geben – denn wir wissen doch, daß er Dir mit seinen Ratschlägen bisher gut geholfen hat. Anfangs wird es für Dich zwar etwas triste sein, aber das mußt Du hinnehmen, mein liebes Herzili, denn es ist ja kein Vergnügungsausflug, sondern wir wollen Dir doch helfen.
Vielleicht hat der Klimaumschwung bei Dir auch etwas ausgemacht, daß Du heute so einen Herzanfall hattest. In Zukunft werden wir dann schon ein Klima wählen, das Dir besser bekommt und wo Du nicht so weit fort bist. Länger als bis Anfang Oktober brauchst Du natürlich nicht zu bleiben. Vielleicht rufe ich in einer Woche, wenn man es besser übersehen kann, Dr. Büdinger selbst einmal an und rede mit ihm.

Nun will ich Dir auch etwas von uns berichten. Also, Hussi, Vati, Angelika und Jürgen leben im gewohnten Alltag. Hussi morgens in der Kinderschule, Angelika bringt ihn hin und holt ihn wieder, sie macht alles vorbildlich, kocht für uns, und es wird alles alle. Jürgen arbeitet viel im Garten und hat seitdem einen Pfundsappetit. Bei uns herrscht ›Burgfrieden‹. Ich lasse nichts aufkommen, was die gute Stimmung verderben könnte. Um 18.00 Uhr holte mich Jürgen heute von der Praxis ab (ich war mittags zu Fuß gegangen), so daß er auch etwas rauskam. Sogar Purzel hatte er mitgebracht.

Gestern abend war ich in Wunsiedel bei den Jägern (Vorstandssitzung). Das ganze Palaver dauerte bis halb ein Uhr nachts, aber es war auch sehr interessant. Forstmeister Preiss war auch da und hat mir einige Jagden genannt, die bald verpachtet werden, er will mir da behilflich sein. Unsere Hubertusfeier vom Bezirk Wunsiedel soll wieder in Marktredwitz stattfinden, und zwar in der Bürgergesellschaft, diesmal wieder mit Tänzchen. Heuer wirst Du hoffentlich dabeisein. Am 25. September geht die Hirschbrunft an, und da will uns Forstmeister Preiss mal mitnehmen zum Hirscheröhren am Schneeberg. Vielleicht bist Du dann schon wieder da – aber nein, ich habe mich ganz verrechnet, lebe noch Anfang September. Es ist ja schon der 16. heute! Du kannst frühestens am Sonntag in 14 Tagen da sein.

Heute war es in der Praxis nicht so doll, immerhin 43 Patienten. Morgen ist Großkampftag, habe viel vor. Und nun, mein Herzili, mein süßes Edithlein, ich bin bei allem, was ich tue, bei der Arbeit, den ganzen Tag in Gedanken bei Dir, und abends im Bett erst recht. Ein ganz liebes Küßchen, Drückerle und liebes Gedenken
von Deinem Dich liebenden

Wolfili.

Samstag vormittag:

Liebes Schätzli! einen schönen Guten-Morgen-Gruß und Küßchen! Sonntagabend rufe ich an, ich freue mich schon. Wir möchten Dich am liebsten mal alle besuchen.

Küßli - Wolfi«

»Mittwochabend, halb zehn, 21. 9. 60

Mein geliebter Schatz!

Es hat mir so leid getan, daß vorhin beim Telefonieren unser kleiner Hussi so ungnädig war. Weißt, er war todmüde und wollte gerade ins Bett, war schon im Bett, kam wieder usw., und da schimpfte ihn Angelika aus. Als er nun das Telefon hörte, wollte er seinen Willen mit Mutti durchsetzen, aber sonst war er lieb und nett die ganzen Tage.

Nun zu uns. Heute war nun Angelika nicht da. Zum Glück kam Tante Marie – eine Gebißklammer war abgebrochen –, und die schickten wir in die Wohnung, wo sie Frau Wagner beim Essenkochen ablöste. Als ich heimkam, war alles fertig. Nach dem Essen schliefen wir etwas, dann fuhr ich mit Hussi und Hans-Jürgen nach Wunsiedel. Von dort aus fuhr Hans-Jürgen mit unserem Wagen wieder heim und fuhr 150 Weinflaschen in zwei Kisten zum Bahnhofshotel.

Ich konnte Dir vorhin am Telefon nicht alles so erzählen, dann wäre das Gespräch zu teuer geworden. Da war nämlich Böhring in der Praxis gewesen, und ich schimpfte auf das neue Auto (›Klapperkasten etc.‹), und da lud er mich ein, ich sollte doch mit seinem Vertreter einmal eine Probefahrt machen, z.B. nach Bayreuth. Er hat nämlich einen neuen Kapitän-Vorführwagen mit allen Schikanen, und nur 9.000 km gelaufen. Ich habe unverbindlich zugesagt, und so fuhr ich also heute mit dem Herrn, Tante Marie und Hussi nach Bayreuth. Das war natürlich ein großer Unterschied zu unserem, und alle waren begeistert. Heimwärts ließ ich den Vertreter fahren, und der zeigte mir erst mal, was da für eine Musik drin ist.
Ich habe natürlich noch gar nichts unternommen und

sagte nur, ich müsse das mit meiner Frau besprechen. Es war so eine Idee von mir .... vielleicht schwebte mir auch vor, Mutti im Wagen abzuholen, aber ich kann ja nicht weg, und wir heben uns das auf, bis Du wiederkommst. Nun weißt Du, was ich Dir vorhin nicht erzählt habe.

Als ich heimkam, hatte Jürgen die Flaschen abgeliefert und machte gerade zwei neue kleine Wieselfallen zurecht, die er mit Ernst Wolf aufstellte. Um 19.00 Uhr kam Angelika und hatte auch ordentlich Hunger. Morgen früh kommt Frau Wagner nicht – Kartoffellesen, heuer sind sie so teuer, man spricht von 10 Mark pro Zentner – da müssen wir erst mal wieder einkaufen morgen.
Angelika ist tüchtig, am Dienstagnachmittag hatte ich eine große Operation, ich sagte es ihr, und da kam sie doch um 17.00 Uhr schnell in die Praxis und hat mitgeholfen. Das hat mich gefreut, sie brauchte es nicht! Als wir heimkamen, saß Hussi (ohne Jacke natürlich) mit Hans-Jürgen irgendwo in einem Loch, sie säuberten den Öltank. Ich habe ihn sofort mit Angelika ins Badezimmer geschickt, damit er gewärmt und gesäubert war. Hat ihm aber nichts ausgemacht. Nachts um halb zwei kam er zu mir ins Bett und wollte da weiterschlafen. Er kroch dann in Muttis Bett und weckte mich um halb acht.

Nun zu Dir. Ja, mein Schatz, wenn Du einen Tag früher kommen willst, so soll es mir auch recht sein. Aber bedenke nur, daß Du gesund werden sollst und auch durchhalten mußt. Sonst hat ja alles keinen Zweck, und du sollst von der Kur etwas haben. Deine Mutter meinte das auch gestern am Telefon – direkt ein Wunder, ihre Anteilnahme, aber ich habe es auch etwas schlimmer gemacht. Sie meinte, ob wir denn noch leben; Angelika hat sie mit viel Humor abgefertigt, und ich habe nur ganz kurz mit ihr gesprochen, dann meldete sich das Amt zum ›Schlußmachen‹.

Deine lieben Briefe haben wir bei Tisch besprochen, und den einen habe ich vorgelesen. Hussi nahm dann den Brief und ›las‹ ihn nochmals vor – hielt ihn verkehrt, aber erzählte von Mutti. Er ist schon viel verständiger und redet oft von Mutti, morgen vorgestern soll sie kommen und was mitbringen. Am liebsten hat er halt, wenn Papi alles macht, anziehen, füttern, etc.

Langweilt es Dich nicht, Schätzle, wenn ich Dir alles so schreibe? Heute abend haben sich alle verzogen nach den Nachrichten. Eben habe ich den Kleinen in Dein Bett gelegt – er wollte es so – ach, das kleine Köpfchen guckte nur raus und das nasse Schnutzele beim Küßchen! Dann verzog sich Angelika, sie war müde. Hans-Jürgen saß noch eine Weile da und hat ausgerechnet, daß wir schon für über 700 Mark an Pflanzen etc. in den Garten gesteckt haben (Er hatte seinen Akt dabei).

Und nun zu mir, mein Schatz. Ich freue mich natürlich, wenn Du wieder da bist, denn ein Leben ohne Dich ist ja nur ein halbes Leben, und wenn man erst allein ist, weiß man, was einem der andere bedeutet. Drum laß Dir ein liebes Gute-Nacht-Küßchen geben und sei in Liebe umarmt von Deinem liebenden, Dich ganz liebhabenden

Wolfi.«

»Donnerstag, 2.12.65

Mein gutes Herzili!

Wenn Du schon nicht bei uns bist, will ich Dir wieder einmal ein Brieflein schreiben. Ich habe das lange nicht getan und kann es doch eigentlich so schön, bilde ich mir wenigstens ein.

Ja, so ein Tag ohne Mutti ist natürlich anders als sonst,

aber wir sind brav und halten fest zusammen. Hussi ist ganz lieb und zieht sich allein aus: ›Ich kann das alleene‹, sagt er, und ich muß nur zur Ordnung mahnen. Frau Wagner kam um 7.00 Uhr morgens, und ich brauchte mich um nichts zu kümmern. Natürlich war ich wach und habe geguckt – es ging alles wie am Schnürchen.

Heute, Donnerstag, ging ich mittags mit Hussi zum Essen in die Bürgergesellschaft. Wir aßen im Bauernzimmer, waren die einzigen Gäste. Bis alles fertig war – Wiener Schnitzel – haben wir dort Schularbeiten gemacht. Dann nach Hause. Hussi übte noch Klavier, und dann ging ich los, denn ich mußte doch meinen Wagen wieder holen, der unten in der Stella stand. Kam auch abends wieder hoch. Es taut etwas, aber wir haben noch viel Schnee. Inzwischen machten Hussi und Bodo eine Schneeballschlacht, und ich hatte Mühe, beide auseinanderzubringen.
Nachmittags wollte ich Hans-Jürgen anrufen, um ihm zu sagen, daß bei der Bürgergesellschaft noch zwei Trennwände stehen, die er zu seiner Garage – der Wagen steht bereits in seinem Garten – verwenden kann. Der Gegenanruf kam von Helga – Jürgen traute sich nicht ans Telefon – er war doch gestern hier und wußte, daß Du nicht da bist. Dann kam er um 17.00h in die Praxis, und so erklärte ich ihm alles. Bodo ist heute abend um halb acht zu ihm wegen der Schneeketten. Hans-Jürgen hatte anscheinend den Auftrag, Hussi für Sonntagnachmittag und Abend einzuladen. Ich habe ihm aber gesagt, das wissen wir noch nicht, denn wir wollen doch die Eisenbahn dieses Wochenende fertigmachen. Helga sprach am Telefon nur von ›Edith‹, die doch fort wäre. Das kam mir so komisch vor, ich habe innerlich lachen müssen.

Hussi hat es am Mittwoch in der Singstunde gut gefallen. Ein Lied ›Vom Himmel hoch‹, aber nicht das, was wir kennen, hat er gelernt, und nun sang er immer ›Heija‹. Er darf dann mit dem Kinderchor zu Weihnachten in der Kirche singen, was ihn sehr glücklich macht. Er ist aber überhaupt ganz lieb und darf auf Deinem Platz sitzen. Nun ist es 20.30 Uhr, er liegt schon im Bett. Ich mache nun den Brief an Angelika fertig, und dann gehe ich allein ins Bett, denke noch an mein liebes Schätzelein und schlafe ein. Hoffentlich hast Du auch gute Nachtruhe, ich glaube, daß Dir die Ruhe gut tut. Frl. Albrecht sprach ich ganz kurz, sie sagte, Du wärest zur Fußpflege.

In der Praxis hatte ich viel Arbeit, war auch um 18.00 Uhr ganz fertig. Weißt Du, kein Mittagsschlaf, die Umstellung und überhaupt. Aber sorge Dich nicht um uns, es geht alles reibungslos. Frau Wagner hat gesagt, sie kommt wieder um 7.00, sie war aber heute um 3/4 zwölf noch da. Ich rief mal an. Na, laß sie, wir sind froh, daß sie alles in Ordnung hält. Die Blumen vergessen wir auch nicht zu gießen.
Das Marktredwitzer Tagblatt schicke ich Dir mal im Streifband. Da kannst Du unsere Neuigkeiten lesen.

Und nun gute Nacht, mein süßer Schatz, ein liebes Küßchen und Drückerle

von Deinem Wolfi«

Übersiedelung nach Pullach; Herbert ist noch in Marktredwitz, Edith überwacht den Bau in Pullach

»Freitagabend, den 20. November 1970
Heute vor 41 Jahren habe ich mein Staatsexamen bestanden !

Mein geliebter Schatz und Hussibub!

Dein heutiger Anruf war wohl etwas Sehnsucht und Alleinsein, und ich konnte das sehr wohl verstehen, denn mir war auch danach, und ich überlegte, ob ich nicht zu Euch fahren sollte. Aber erst mal waren es nur 2 Tage, seit ich fort bin, und zweitens ist hier so viel Arbeit – gestern hatten wir über 70 Patienten – und ich muß doch noch recht viel Geld verdienen. Außerdem muß auf der Jagd was geschossen werden und die die Affäre Hausverkauf weitergetrieben werden. Morgen werde ich Harald Baumüller treffen, den ich nur telefonisch unterrichtet hatte. Er hatte schon einen Bauplatz angepeilt – Näheres werde ich morgen erfahren. Ich will ihn mit zur Jagd nehmen. Da fahren wir vielleicht mit seinem Porsche, das wird Hussi interessieren.

Was sich hier tut? Vorwahlmanöver im Haus bei Hans-Jürgen – bei seiner Schwiegermutter war ein alter Rentner von der SPD und hat die alte Frau zur Briefwahl überredet, ihr die Unterlagen gebracht und sie überredet, SPD zu wählen. Das ist ein Skandal, ich habe es auch der CSU gemeldet. Franz Benker rief mich heute an, ich dachte, er lädt mich zur Jagd ein – aber Pustekuchen, er meinte, die CSU hätte so wenig Geld, und ich möchte doch 100 Mark spenden. Ich ging darüber hinweg und erzählte ihm von dem SPD-Mann und seinen Manövern, die Rentner zu fangen. Denke gar nicht daran, Geld auszugeben, ich habe keins für solche Zwecke. – Vorhin rief

Kollege Wagner aus Weißenstadt an, ob ich am Mittwoch, d. 9. Dezember hier wäre, sie wollten eine Zahnärzteversammlung im Bahnhofshotel abhalten, und bei der Gelegenheit wollte Kollege Freitag mich ›verabschieden‹. Da habe ich jetzt gleich eine Rede aufgesetzt, daß ich mich auch anständig bedanke. Ich kann sie Euch ja mitbringen, wenn ich nächste Woche komme. Ob ich es schon zum Donnerstagabend schaffe, weiß ich noch nicht, vielleicht fahre ich auch Freitagvormittag mit dem Wagen, weil doch allerhand mitzubringen wäre. Das ist also auch noch nicht entschieden und wird vom Wetter abhängen. Heute war es hier schön und sonnig. –

Heute vormittag kam also Tante Marie an, mit lila Kleid und rosigen Wangen. Ich setzte sie erst ins Wartezimmer, dann kam die Behandlung und danach erklärte ich ihr noch mal den Weg nach Hause und sie kam dort auch gut an. Wir aßen zusammen mit Helga, und dann habe ich mir alles angehört, was sie vom Treffen zu erzählen wußte. Es waren ca. 44 in Coburg, aber keine von weit her, sondern nur die alten Tanten, München und Krumbach (der Forstmeister) waren wohl die weitesten. Bruno Wolf und Familie waren auch dort. Er ist doch an der Hochschule in Nürnberg tätig. – Hansl und Familie waren am letzten Samstag in Bayreuth, der Schwiegervater hatte sein 40jähriges Arbeitsjubiläum. Da haben sie dann Tante Marie zum Kaffee eingeladen.
Zum Glück hatte sich Marie mit Anni Ertl verabredet. Die kam dann auch um 14.00 Uhr, und ich legte mich aufs Ohr. Kaum war ich erschöpft eingeschlafen, holte mich Helga zu Deinem Anruf. Geh doch das nächste Mal in die Post, da kannst Du so lange telefonieren, wie Du willst. Hoffentlich hast Du dabei nicht den Termin versäumt von den Telefonleuten, die wollten doch am Freitagmittag zum Bohren kommen. Ich hoffe ja, daß das Telefon bald gelegt wird. Dann wird es schon besser, wenn man ungestört mal anrufen kann, vor allem abends.

Heute sind die Bestehorn-Kinder unleidlich laut, nun ist es schon gleich 8.00 Uhr, und immer noch schreit einer. Wenn ich frühstücke oder sonst unten bin, muß ich mir immer das Gerede von Helga anhören, die glaubt, in mir einen andächtigen Zuhörer zu finden. Wenn ich dann lange immer nur ›Hm‹ sage, merkt sie schon, daß ich an was anderes denke.
Inzwischen habe ich die Nachrichten gehört, und Ihr werdet nun den Krimi ansehen. Du fühltest Dich wohl recht einsam heute, aber Du hattest doch Gäste eingeladen. Hat wohl niemand reagiert? Vielleicht waren sie gerade nicht zuhause. Was haben denn Meiers gesagt, sie waren doch gestern abend kurz bei Euch? Wenn Ihr diesen Brief bekommt, wird es wohl Sonntag sein – Wahlsonntag, vergiß es nicht! Ich schicke ihn per Eilboten, damit er am Sonntag ausgetragen wird. Wenn schönes Wetter ist, könnt Ihr doch mal wegfahren, nach Straßlach zum Mittagessen oder sonst irgendwo hin. Ihr habt doch ein Auto.
Vor dem Sonntag graut es mir auch schon, aber vielleicht gehe ich wieder zur Jagd, und abends höre ich mir den Messias in der Kirche an, der war doch in Selb so schön, und das bringt etwas Adventsstimmung. Am nächsten Sonntag ist doch der erste Advent, den feiern wir zusammen recht stimmungsvoll. Ich freue mich schon darauf.

Du fragtest nach Angelika. Sie wollte nach Kitzbühel fahren heute und mit dem Rechtsanwalt alles in Ordnung bringen, ich nehme an, die Zulassung zum Gewerbe. Dann jammerte sie, daß sie kein Geld hätte und sie brauchte doch dringend mindestens 3000 Mark zum Einkaufen, ihr Mann könnte ihr erst im Februar was geben, und überhaupt nimmt er die Scheidung, die sie angebahnt haben, noch nicht ernst, usw. Völlig durcheinander war sie. Ich habe ihr nur gesagt, wenn Du kein Geld hast, kannst Du nichts kaufen. Ja, der Georg hätte ihr schon damals 10 Mille angeboten, aber das hätte sie nicht genommen – jetzt brauchte sie es usw. Was soll man ihr für einen Rat geben? Hoffentlich hast Du ihr nichts gegeben, falls sie doch noch gekommen ist. Bei ihr kann man ja nie wissen, was sie macht.

Sonst gibt es nichts Neues im Städtchen, ich war einmal unterwegs, habe bei Luger den Lottotip bis Ende des Jahres gezahlt und mein Los erneuert. Letztes Mal hatten wir gar kein Glück, vielleicht kommt es doch einmal. An Post sind nur Reklame und Wahlplakate gekommen, der ganze Briefkasten voll. Herr Krauß von der Hypo bestätigte mir den Eingang meines Schreibens und sagte, das passe gut, denn sie bekämen im Frühjahr schon die elektronische Datenverarbeitung, und dann müßten sie sowieso meine Räume haben. Nun erscheint ja die Mitteilung vom Praxisangebot erst im Laufe des Monats in den Zeitungen der Zahnärzte von Ober-, Mittel- und Unterfranken – ich habe, offen gestanden, keine große Hoffnung, denn es werden ja dauernd offene Stellen gemeldet. Wieder einmal abwarten und Bier trinken – heute ist ein neuer Kasten gekommen...

So, meine beiden Lieben, diesen Sonntag muß es mal ohne Vati gehen. Ich wünsche Euch einen schönen Tag und denkt auch mal an Euren Vati, der noch viel mehr allein ist als Ihr beiden.

Einen lieben Gruß und viele Busserl!

von Eurem Wolfi und Vati.«

»Samstagabend
21.11.1970

Mein liebes Schätzel!

Also, das mach ich nicht noch einmal in meinem Leben, daß ich ein Wochenende ohne Euch verbringe! Heute vormittag war ich kurz in der Praxis, habe schriftliches Zeug mit Friederike erledigt – dann aß ich einen Eintopf bei Helga, schlief etwas und fuhr dann auf die Jagd; es regnete etwas, der Waldspaziergang tat mir aber gut. Doch so ganz allein – Harald B. der eigentlich mitwollte, fuhr nach Nürnberg mit seiner Frau, und bei dem Sauwetter sieht man ja auch nichts im Revier. Die anderen Jäger, die ich anrief, waren alle auf Treibjagden – Lochner in Lorenzreuth, Dessl in Falkenberg (der geht doch angeblich auf keine fremde Jagd!). Da habe ich wieder einmal gemerkt, daß sich im Grunde genommen keiner um einen kümmert.
Als ich zurückkam, fuhr ich in die Praxis, weil das Telefon mal wieder nicht ging – da rief dann Irmi an und wollte ihre Schwägerin Helga sprechen (mich natürlich nicht!) – ich habe sie verbunden und ihr Gerede mit angehört. So ein Quatsch, was die sich erzählten, und Irmi immer etwas überlegen, was sie alles zu tun hätte etc. Helga fing immer wieder von Neuem an mit den Kindern etc. Weißt, die geht mir langsam auf die Nerven. Ich finde es auch nicht schön, daß sie mit den Kindern immer so einen schrecklichen Dialekt spricht und immer rumschreit. Sonst ist sie ja ordentlich und sauber, aber was die für eine Ehe führen – Hans-Jürgen schimpft meist – das ist erschütternd. –

Nun habe ich heute abend viel erledigt, was liegengeblieben war, auch einen kurzen Brief an Pf. Heinrichsen geschrieben, an Willy Dietz die Abschrift von dem 65jährigen Jubiläum geschickt und ihm mitgeteilt, daß ich Ende Januar Schluß mache. Außerdem schrieb ich an Holzberger, daß ich bald hier aufhöre, und habe ihm die Gründe nochmals erläutert – er kommt doch mit vielen zusammen – und ihn um einen Termin gebeten, weil er doch noch eine Zystenoperation gemacht haben will. Ich habe ihm vorgeschlagen, daß wir die Operation im Krankenhaus machen, da wir dann den Kreislauf überwachen können. (Ich habe ihn auch gebeten, beim Hausverkauf zu helfen.)

Sonst gibt es nichts Neues. Meinen Sonntagsbrief wirst Du ja erhalten haben. Kann Dich doch nicht so allein sitzen lassen. Am liebsten wäre ich heute nacht noch zu Euch gefahren, aber es hat ja keinen Zweck, weil ich am Montag viele Patienten bestellt habe. Nun muß ich mich halt mit dem schriftlichen Kram rumärgern und die Sache durchstehen, daß ich wieder Zeit für Euch habe. –
Ich habe aber alles nochmals durchgerechnet, es hat keinen Zweck mehr hier mit den Steuern und Unkosten, bleibt doch nicht viel, und der ewige Ärger mit den vielen Leuten. Cyrys hat viel zu tun, ist aber kopflos, und ich muß dauernd drängen, daß er das Nötigste tut. Was Ihr wohl jetzt macht? Hoffentlich geht es Euch gut und das Telefon kommt bald, daß man miteinander sprechen kann.

Nun gute Nacht, es ist kurz vor elf, meine Schlafenszeit. Ein liebes Küssle Euch Beiden. Schreibt mir doch auch mal. Bin doch so ganz allein! Wie weit ist denn das Haus, die Einfahrt usw. Bin schon gespannt, wie es aussieht, wenn ich komme.

Euer Wolfi und Vati«

Edith berichtet ihrer Familie von ihrer Reise in die USA zu ihrer Tochter Angelika und deren Familie

»12. Sept. 74

Meine zwei Lieben!
Anbei meine Berichtsblätter für Euch! Grüßt mir auch Danni und Frau Leuschner, ich freue mich schon auf Vatis Brief. Fahrt Ihr auf die Jagd? Übrigens, Ihr würdet Euch beide hier wohlfühlen. Denn alles ist großzügig und gemütlich. Doch schade, daß ich meine Malfarben nicht mithabe. Wenn man am Seeufer steht, denkt man, es sei ein Meer! Mit dem Auto braucht man zwei Tage, um ihn zu umrunden. Und nach New York, wenn wir am Sonntag in 8 Tagen fahren, brauchen wir auch zwei Tage, denn es sind 1700 km.

Übrigens, Hussi, habe ich Kanada und Alaska von oben gesehen, es ist aber sehr tundraähnlich!

Es hat Euch lieb und umarmt Euch von Herzen in Liebe
Eure Mutti und Edith.

Montag, d. 9. Sept. 1974

Es ist unwahrscheinlich, aber wahr! Ich sitze im Jumbo, um ganz genau zu sein, einer B747 der Lufthansa. Punkt 1 Uhr mittags sollte die Maschine starten, doch es rührte sich noch nichts, und der Chefsteward verkündete: ›Meine Damen und Herren, wir haben erst in einer Stunde Starterlaubnis wegen Luftmanöver der NATO.‹
Also jetzt werden Wolfi und Hussi denken, ich fliege, aber ich sitze noch und staune über die gewaltige Größe dieses Luftschiffes.
Ich habe einen Platz in der zweiten Mittelreihe, gleich

hinter der ersten Klasse! Inzwischen haben wir gespeist und fliegen schon drei Stunden. Ganz ruhig liegt das Schiff. Die Sonne scheint, unter und über uns Wolken, manchmal bayrisch blaues Wasser und riesige Eisgebilde. Also, eine Grönlandfahrt kann ich mir schenken. Denn nur Bläue und Weiße ohne warme Grün- und Brauntöne ist kalt und über die Maßen frostig.

Donnerstag, 12. Sept.

Der Flug war doch recht lang. Eine halbe Stunde mußten wir über Chicago in den Warteraum gehen, das heißt kreisen, bis wir landen konnten. Erstaunlich, wie ruhig dieser Koloß aufsetzte. Ein endlos langer Fußweg auf dem Flughafen, und heiß! Zoll und Abfertigung dauerten recht lang, und hinter Glasscheiben sah ich Angelika und Dagi heftig winken. Sie beobachteten uns und winkten, während wir auf unser Gepäck warteten. Endlich war es soweit, daß ich durch die Glastür konnte mit allem Gepäck und zur Begrüßung. Dagi strahlte, und seine oberen zwei Zähne leuchteten groß hervor. Demnach wird er mal recht groß werden.

Winettka und die Orte hier sind wunderhübsch. Das Haus ist riesig, innen von feiner englischer Art. Die zwei Salons unten, jeder 3 x 12, Speisezimmer und Bibliothek etwas kleiner. Sie haben alles sehr geschmackvoll und schick eingerichtet. Und tolle weiche Teppichböden. Zwei Gästezimmer sind schon komplett eingerichtet. Eins rot-weiß-grün, auch riesig; und ich schlafe im weiß-lila Zimmer. Natürlich komplett mit Bad und Toilette, davon 5 Stück oben. Am Dienstagabend legte ich mich schon um halb acht hin, ohne zu essen. Mir war ganz übel, aber tagsüber hatte ich davon noch nichts bemerkt. Ich schlief von elf bis halb drei, dann war ich wieder wach. Das ist die Umstellung des Rhythmus. Seit gestern abend habe ich keine Kopfschmerzen mehr, und ich schlief heute morgen bis um sieben Uhr. Kurz nach acht Uhr frühstückten wir zu fünft. Als erster startet Ed per Rad zum Bahnhof, dann Dagi zum Bus. Wenn sie es gar nicht schaffen, fährt Anita Dagi zur Schule. Gestern ist Angelika mit mir am Michigansee entlang nach Chicago gefahren. Herrliche Villen und viele Colleges. Vom Büro telefonierte ich mit Euch. Danach gingen wir zu Fuß zu dritt in einen vornehmen Club essen, wo bis vor kurzem nur Herren zugelassen waren. Danach gingen Ilka und ich in ein Kaufhaus was besorgen, und dann machten wir eine Bootsrundfahrt auf dem Chicago River und dem See. Dann ging es wieder heim, und wir spielten mit Dagi ›Mensch ärgere Dich nicht‹.

Heute nun hat Ilka gleich früh im Garten gearbeitet. Jetzt werden die Vorbereitungen für die Party am Freitag getroffen, Joschka ist ein lieber Hund. Saufen tut er komischerweise aus den Toiletten.

Am Sonntag wollen wir alle in eine Kirche, und dann wollen sie mit mir zu einem Festspielort fahren. Eine Mischung aus Salzburg und Luisenburg, sagt Ilka. Wißt Ihr, wenn das hier jemand sieht, von außen und von innen wie bei ›Millionärs‹. In Deutschland würde dieses Haus mit Grundstück auch über 2 Millionen kosten, so groß ist es. Alle sind sehr lieb und die zwei sind, glaube ich, recht zusammengerauft und gut miteinander.

(Das sind Blätter aus meinem Reisetagebuch, bitte aufheben!)

Heute, Montag, d. 16. September, bin ich eine Woche hier. Natürlich, ich wußte es ja, daß ich Heimweh bekomme. Es war Sonnabend und Sonntag vormittag. Haben

Euch nicht die Ohren geklungen? Aber wenn hier morgens ist, habt Ihr bei Euch nachmittags. Die Party war ganz schön, aber mit Dir, Schatz, oder mit Hussi hätte ich viel mehr Spaß gehabt. Angelika hatte alles gut gekocht und angerichtet. Sie verstehen es wirklich gut. Joschka ist ein rührend guter Hund.

Sonnabend fuhr Ed mit uns an den Lake Genève! Die Wellen waren so stark und schlugen übers Boot, so daß wir richtig naß waren und ich ängstlich wurde. Gestern besuchten wir einen Gottesdienst und radelten. Am Abend waren wir eingeladen in einem Country Club, sehr schick. Heute sind wir zum Lunch eingeladen bei Schulz, Eds Chef. Wir müssen bald fahren, denn es ist fast 60 km entfernt.

17. September

Es war eine schöne Gegend von einer Art wie am Genfer See, nur noch viel viel großzügiger. Der Landsitz war zauberhaft und ein so schöner Herbsttag. Wir waren nur drei Ladies, und eine dicke Schwarze bediente uns. Es gab einen Lunch, eben ein leichtes Essen. Ein Käseauflauf, Salat, heiße Buns mit Butter, dazu steht hier immer Wasser mit Eis auf dem Tisch. Kafee wird gereicht und als Abschluß ›Eia Popeia‹ oder so ähnlich. Vorher konnte man einen Drink nach Wunsch nehmen. Ich habe Aufnahmen gemacht.
How are you? It's a very nice day – delightful and beautiful. Abends bis halb elf spielen wir drei immer Halma.«

»17. Sept. 74

Mein liebster Wolfi!

Gestern nachmittag, als wir zurückkamen, fand ich Deinen lieben Brief vor. Er tat mir so gut. Es sind alle sehr lieb, doch habe ich trotzdem ein wenig Sehnsucht. Hussilein, kümmerst Du Dich auch um Vati? Halma müssen wir daheim auch spielen. Dagi hat es mit der Schule und den zwei Sprachen und überhaupt gar nicht so leicht.
Ed mußte heute liegenbleiben und kann erst morgen nach New York fliegen. Wieder die Bauchspeicheldrüse.

Wir sind heute abend wieder zum Lunch eingeladen. Morgen will Ilka mit mir Museen in Chicago besuchen. Am Montag starten wir beide durch Pennsylvania nach New York. Eine Nacht übernachten wir bei dem ? – Millionär (65 Jahre alt, frei, will nicht aus Monte Carlo zurückkommen). Er besucht mit uns ein Pferderennen. Dann New York selbst und zurück über Washington durch Virginia. Bei dem herrlichen Wetter habe ich Lust auf Meran und die Wege durch die Weinberge.

Hat Hussi schon Fortschritte im Fahren gemacht? Wie waren die Tennismeisterschaften? Vor allem, wie die Schule? Gute Lehrer? Versäum' nichts, mein Junge! Hast du die Räder fertig?
Wißt Ihr, hier gibt es eine Riesenauswahl an Fertiggerichten, ganze Menüs, aber so etwas darf man nicht mitnehmen. Ich meinte, im Augenblick für Euch wäre das was! Macht Euch nur alles recht schön. Grüßt bitte Frau Leuschner; alles Liebe und 1000 Küßchen

Eure Mutti und Edith.«

»Samstag, 21. Sept. 1974

Mein liebes Edithschätzili,

Zum Samstag-Vormittag-Frühstück, das wir doch immer so feiern, wenn Du da bist, kamen zu unserer großen Freude Dein Brief und die Karte zusammen an. Herzlichen Dank. So so, Sehnsucht hast Du gehabt – ja, muß man mal wieder haben im Leben, sonst weiß man nicht mehr, was das ist. Heute morgen habe ich meinen Einkauf gemacht: Semmeln, Salzstangen, Butter, süße Sahne, süßen Senf, Weißbrot für Sonntag und eine Weintraube. Hussi hatte inzwischen die Eier gekocht und den Hund versorgt. Um halb zwölf hat er Fahrstunde, er macht Fortschritte, ›Anfahren am Berg‹ ist momentan dran. Heute fährt er das erstemal Motorrad. Nachmittags ist ein Fußballspiel in Otterfing bei Holzkirchen. Da bringe ich ihn hin. Ich hatte gedacht, Bodo kommt mal oder ruft an, aber der rührt sich nicht.

Heute mittag 12.00 Uhr wird auf den Oktoberwiesn ›ozapft‹, morgen ist der Festzug. Das herrliche Herbstwetter war 1.1/2 Tage unterbrochen, aber heute scheint wieder die Sonne, und der Himmel ist bayrischblau. Nachts wird es kühler, bei uns um 7 – 10°, in Nordbayern Frostgefahr. Die ersten Blätter vom Vogelbeerbaum fallen, aber die Birke fängt auch schon an, braun zu werden. Deine Rosen blühen – hoffentlich kommt kein Frost, damit Du auch noch etwas davon hast, wenn Du wiederkommst.

Nun muß ich Dir erzählen. Am Mittwochabend war ich also bei Frau Dr. Mayer. Drei Arztehepaare, ein alter Musikfreund (Komponist) und ich. Es war eine lustige Gesellschaft, und besonders eine junge hübsche Arztfrau bestimmte mit ihrem Temperament die Unterhaltung. Ein sehr netter und anregender Abend, der Dir auch be-

stimmt gefallen hätte. Es gab Wein, Sekt oder Saft, Fürst Pückler Eis und Plätzchen. Ich habe nur 2 Glas Wein getrunken und bin dann um viertel vor elf heim, vorher gingen auch schon welche. Frau Mayer mußte doch auch am anderen Tag arbeiten. Gestern, Freitag, war ich zur Massage dort und da erklärte sie mir erst mal, wer alles dagewesen war. Meyer Neumann soll auch zweimal dagewesen sein. Er macht seine Kur am 5. Oktober in Steben. Am 5. Oktober fährt auch Frau Mayer in Urlaub, sie bleibt 3 Wochen in Ellmau, weil sie dort die Tagung hat und 14 Tage für das Gebirge zu kurz wären.
Am Donnerstagabend waren wir bei v. S. eingeladen. Es gab ein italienisches Nudelgericht nach Rom-Rezept, wo sie doch Ostern waren. (Nudeln mit Käse drin und grüner Salat). Unser Hussi meinte auf dem Heimweg: ›Das hätten wir noch viel besser gekonnt‹. Ausgerechnet an dem Abend war im Fernsehen ›Jetzt red i‹ über Pegnitz. Hat mich geärgert, daß ich das nicht hören konnte.

Eben war Frau R. da und hat sich die Rechnungen zum Schreiben geholt, es ist wieder ein ganz schöner Berg. Mit der Praxis komme ich gut zurecht, es ist nicht viel los (10 – 15 Patienten am Tag), habe aber große Arbeiten dabei mit Technik, das bringt ja mehr ein als die Lauferei. Frau Leuschner versorgt uns gut, sie war letzte Woche zwei Vormittage und einen Nachmittag da, und am Montagfrüh kommt sie wieder. Sie macht dann alles wieder ›blank‹. Dany geht es auch gut, er hatte gestern einen traurigen Tag, hatte Sehnsucht nach seinem Fraule. Das Wetter war auch trüb und regnerisch.
Hussi arbeitet anscheinend mit viel Eifer in der Schule. Gestern nachmittag war auch seine Mathelehrerin wieder da. Ich sitze im Garten in der Sonne, die letzten Wespen schwirren ab und zu um mich herum.

Du schreibst von Meran. Ab und zu denke ich auch daran. Vorläufig muß ich aber mit der Praxis, die jetzt wieder

anläuft, am Drücker bleiben. Das werden wir dann sehen, wenn Du wiederkommst, ob wir uns noch 8 Tage freimachen können. Wenn Du kommst, mußt Du Dich erstmal wieder ausruhen, lieber Schatz!
Den Brief wirst Du erst lesen, wenn Du von Deiner Reise zurückkommst, es ist ja nicht mehr so lange bis zum Wiedersehen. Hoffentlich geht es Euch gut mit dem Autofahren. Mach nur einige Fotos, damit man sich eine Vorstellung machen kann.

Und nun, mein Herzchen, grüßen wir Dich aus weiter Ferne und wünschen Dir vir recht viel Freude und ein frohes Wiedersehen.
Rufst Du vorher noch an oder läßt mir Bescheid geben, wann Du kommst?

Herzlichen Gruß und Kuß Dein Wolfi.

Hussi läßt Dich grüßen. Herzliche Grüße auch an Angelika und Dagi. Eduard wollte doch am 26.9. in Frankfurt sein. Er wird hoffentlich mal anrufen. Über Deinen Anruf habe ich mich sehr gefreut.

Gruß und Kuß an Dich und die übrigen and I hope your English will be improved.

Yours Hussi.

P.S. I ride now a heavy Honda (in der Fahrschule).«

DIE MAUER

von einem Unbekannten

Ich bin – man ließ mir keine Wahl –
Nun einmal aus Berlin.
Doch schon seit Anno dazumal
Fahr ich nicht mehr dorthin.
Denn erstens hat's nicht sollen sein
Und dann ist's zu weit weg –
Und überhaupt, für unserein'n
Gibt's eben kein Comeback.

Mein Passport, der ist mein Kumpan,
Der Stempel sehen will –
Und immer über'n Ozean
Atlantisch oder Still.
Der Zöllner stottert vor Respekt,
Wenn er die Länder liest –
Doch wenn er »Aus Berlin« entdeckt,
Dann fragt er. »West or East?«

Da sag ich: »Herr, es tut mir leid –
I'm sorry, Sir, ich bin
Aus beiden, denn zu meiner Zeit
Gab es nur »ein« Berlin.
Ich komm' genau von Treptow her
wie von Charlottenburch –
die Mauer, Mister, die geht quer,
Geht mitten durch mich durch.
Ich bin am Weddingplatz gebor'n,
Sie wissen, wo das ist?
Im Pankow bin ich groß gewor'n –
Am Knie hab' ich geküßt.
Ich hatt' 'nen Schatz am Friedrichshain
Und ein' in Siemensstadt –
In Köpenick war mein Turnverein –

In Steglitz spielt ich Skat.

Am Alex saß ein Freund von mir,
Der liegt in Weißensee.
Bei'n Zelten trank ich Lagerbier –
Bei Ebbe trank ich Spree.
Ich hab die Künstler abgefaßt
Vorm Großen Schauspielhaus –
Und brüllte mir im Sportpalast
Die Sonntagskehle aus –

Das alles ist nur noch »flash back«. –
It's over, Gott sei Dank –
Und ich bin viele Meilen weg
Und nicht mehr mittenmang.

Auch hab' ich heute mehr Verstand
In meinem alten Kopp,
Ich hab ein neues Vaterland
und einen neuen Job.

Ich hab' für mich die ganze Welt
Und Weib und Kind dazu. –
Und habe etwas Taschengeld,
Und habe meine Ruh!

Nur manchmal, wenn ich stillvergnügt
in meinem Bette penn' –
Dann fühl ich plötzlich ein Gewicht
Auf meiner Brust, als wenn . . .
Als wenn ein Auto auf mir parkt
Mit Weib und Kind darin –
No, Sir, das ist kein Herzinfarkt –
No, Sir, das ist Berlin.

Ich bin nun mal von Treptow her
Wie von Charlottenburch –

Deshalb ist mir das Herz so schwer,
Denn eine Mauer die geht quer –
Geht mitten durch mich durch.

(Dieses Gedicht ist der in Los Angeles erscheinenden deutschsprachigen »California Staats-Zeitung« entnommen.)

Was dieser Mann in dem Gedicht zum Ausdruck bringt, liegt auch auf meinem Herzen wie ein gewaltiges Gewicht.

»Pullach, Freitag, 13.9.74

Meine liebe Edith,

Es war lieb, daß Du angerufen hast und wir der Sorge enthoben waren, ob Du gut angekommen bist. Inzwischen wirst Du Dich dort schon eingelebt oder vielleicht auch schon was unternommen haben. Nutze die Tage nur gut aus, daß Du recht viel erzählen kannst. Von uns ist nichts Neues zu berichten.

Am Donnerstagvormittag war Frau Leuschner da und hat uns versorgt, nachmittags Frau Ranke – wir hatten an dem Tag sehr viel zu tun, dann den Hund versorgen, mit ihm Gassi gehen, das tun wir regelmäßig. Das Wetter ist ja so herrlich warm und schön, nur abends wird es kühl.

Inzwischen kam auch abends um 10 Uhr ein Anruf von Frau Neumann, sie war aus dem Urlaub zurück, drei Wochen an der italienischen Mittelmeerküste. Sie fand die Nachricht vor und hat gleich angerufen. Ich habe ihr gesagt, daß wir vorläufig versorgt sind, nur für den Fall, daß etwas nicht klappen sollte, würde ich sie anrufen. Sie hat mir die Nummer ihrer Tochter in Waldershof gegeben. Ich fand es sehr nett – Du, sie wäre sofort gekommen –, aber wir kommen so ganz gut zurecht, und Hussi möchte auch nicht immer jemand anderen da haben. Wir teilen uns die Arbeit, und er ist sehr brav und hilft mit beim Spülen, Kochen und Saubermachen in der Küche. Heute haben wir vom Schwammerlkönig (unser Patient Schäfer, der Gärtnermeister) eine Schale mit kleinen Steinpilzen bekommen. Ich habe ihm neulich gesagt, daß ich gern mal welche abnähme, und schon brachte er heute was an. Hussi und ich haben sie mit Zwiebeln, Salz, Pfeffer und Petersilie fachgerecht zubereitet, dazu warmen Leberkäs, Nachspeise Weintrauben. Morgen essen wir die andere Hälfte mit Ei drüber. Kaffee und Schinken habe ich auch wieder gekauft, ja, man hat dauernd zu tun. Hussi war heute wieder zum Tennisspielen, vormittags ist er in zwei Fahrstunden in München mit der Fahrschule herumgekreuzt – es war anstrengend in dem kleinen 1300 VW!

Draußen in Deinem Garten blühen die Rosen so schön, und die vielen Wicken an der Wand! Morgen muß ich einige abschneiden. Wir wollen auch Gras mähen. Dann wollte ich auch mal Herrn Moser anrufen, ob wir morgen (Samstag) nicht zu ihm rauskommen können auf die Jagd. Das Tennisturnier ist erst Montag. – So, nun Schluß mit dem Tagesbericht!

Es ist 6 Uhr abends, eben habe ich mit Hermann und Herta telefoniert, sie nutzen das schöne Wetter am Chiemsee noch bis Sonntag aus. Ich habe Hermann gesagt, daß Frau Dr. Heyer am Mittwoch Geburtstag hat. Er schickt mir eine Glückwunschkarte, und ich besorge die Blumen und bringe sie hin. Wenn das Wetter so bleibt, kann ich auch Rosen und Wicken aus unserem Garten nehmen.

Samstagabend.

Heute war wieder ein herrlicher Sonnentag, etwas schwül, aber schön. Wir haben in Ruhe gefrühstückt, Hussi holte die Semmeln, weil der Herr Vater sich badete. Dann entschlossen wir uns, zur Jagd zu fahren, obwohl bei Mosers niemand hörte (sie sind anscheinend verreist). Wir waren schnell dort und machten einen 2stündigen Spaziergang durch Wald und Felder, gingen auch zu dem kleinen Weiher, wo wir Wildenten hochmachten. Dann fuhren wir wieder heim und kochten Kaffee. Mittag hatten wir auf dem Hinweg im McDonald gegessen, Danny bekam Kalbsknochen roh, die wir ihm vorgestern gekauft hatten. Frau Leuschner hatte weiteres Fleisch gekocht und eingefroren.

Vor Tisch haben wir noch den Rasen gemäht, und so ist alles wieder o.k. Danny schläft und ist erschöpft, während wir Männer in Ruhe die Sportberichte und Sportschau ansehen können!

Morgen, Sonntag, will Hussi vielleicht zum Schiedsen der Senioren auf den Tennisplatz gehen, da gibt es 5 Mark pro Spiel. Eventuell gehe ich mal mit. Aber ich muß noch Rechnungen vorbereiten, die mir Frau Ranke schreiben muß, es ist ein ganzer Pack, damit wir wieder Geld haben, wenn Du kommst. Ich gebe den Brief heute noch auf, dann erreicht er Dich wohl Ende nächster Woche.

Was Ihr wohl heute und morgen machen werdet? Ich hoffe doch, daß Du uns auch einmal schreibst.
Herzlichen Gruß und Kuß Euch allen Dein Wolfi.

Liebe Mutti,

ich habe heute den ganzen Tag Bauchschmerzen, Vati hat mir einen Kamillentee gemacht, und ich habe eine Wärmflasche auf dem Bauch. Am Dienstag geht der Knast wieder los, und fast alle Freuden sind vorbei. Danny sitzt in Deinem Sessel im Halbschlaf. Wenn ich im Sommer nach Amerika komme, bringe ich Douglas das Fußballspielen bei. Ich hoffe, er übt schon immer (ich meine natürlich Soccer) – ich weiß nicht, ob ich es richtig geschrieben habe, ich meinem Sch... Lexikon steht nur Football –, und ich werde dann meine Englischkenntnisse perfektionieren. Heute ist mein Musterungsbescheid eingetroffen, aber ich beende jetzt meinen Brief und sag: so long – Hussi.

P.S. Recht viele Grüße an alle.«

»Montag, 12.4.76

Mein lieber Schatz!

Nun bist Du erst oder schon 2 Tage fort. In Gedanken bin ich bei Dir und sehe Dich schon die Wunder der Antike bestaunen.

Am Sonntag wollte Hussi doch ›arbeiten‹, er kam aber schon nach einer Stunde zurück – wurde nicht gebraucht. Er war beglückt über seine Taxifahrt, die ihm ganz schön was eingebracht hatte. Nachdem er etwas müde war, schlief er bis Mittag und dann aßen wir unser Hähnchen auf. Nachmittags habe ich endlich Ruhe gehabt für meine Steuererklärung, die morgen fertig wird. Hussi fuhr für 2 Stunden mit Freunden mit dem Motorrad weg – sie waren bis Andechs. Das Wetter war ja herrlich, und ich schlief gestern und heute mittags in der Sonne.

Heute, Montag, kam Frau Raster, hat den Boden geputzt, alles pico bello. Zur Überraschung rief Bodo an, er war wieder zurück von Monte Carlo, es wäre sehr schön dort in der Wohnung, er war auch im Casino, hat aber nur zugeschaut. Er hatte etwas Verständigungsschwierigkeiten. Auf der Hinfahrt über die Schweiz hatte es nur geregnet. Heute kam er zu uns, er wollte Auto putzen etc. und ist seit Mittag draußen und fummelt alles blank.
Zu Mittag trafen wir uns beim Rabenwirt, haben nur billig gegessen (Leberkäs und ich Gulasch). Bodo ißt mit zu Abend (Brathering); Brötchen und Brot habe ich heute früh geholt.
Tagsüber hatte ich heute 20 Patienten, ganz schön zu tun. Morgen auch noch mal, dann ist Praxisruhe bis Donnerstag nach Ostern. Wohin wir über die Feiertage fahren, hängt vom Wetter ab. Wenn es kälter wird, vielleicht Richtung Meran – Kalterer See. Ist es warm, dann vielleicht ins Frankenland.
Morgen kochen wir wieder selbst, da muß Hussi ran. Er ist sehr brav und friedlich – überhaupt, diese Ruhe bei uns – unser Sausewind ist nicht da! Sonst nichts Neues für heute! Bodo wird wahrscheinlich über Ostern nach Marktredwitz fahren, alle seine Freunde sind dort. Mit der Italienerin ist er seit 4 Wochen nicht mehr in Kontakt.

Dienstag, 13.4.: Hussi hat eine neue Freundin – Ruth – er hat sie neulich abends kennengelernt; Vater ist hoher Richter – tolle Villa bei Berg am Starnberger See. Er war gestern zum Abendessen dort.

Heute war viel zu tun in der Praxis. Nachmittags Stromausfall 2.1/2 Stunden – Verkehrschaos in München und ganz Bayern, sogar in Teilen von Österreich. (Ursache: Waldbrand bei Frankfurt/Main, ein großes Umspannwerk

ist in Gefahr). Um halb sechs war wieder alles in Ordnung (U-Bahn, Straßenbahn, alles durcheinander).
Das Wetter soll frostfrei werden, es ist heute abend schöne Luft draußen. Morgen muß ich gießen.
Mittwoch früh muß der Brief weg, hoffentlich bekommst Du ihn in Istanbul. Wir beide müssen auch noch zum Friseur, Bank, evtl. Tierarzt, wenn wir ein Attest für den Hund brauchen, falls wir nach Italien fahren, und noch ein ganzer Katalog ist zu erledigen. Mit der Praxis habe ich Schluß gemacht bis Donnerstag nach Ostern. Mittwoch kommt ja Frau Raster.
Hussi hat heute nachmittag einen Teil Zaunlatten gesägt, damit wir Kaminholz haben. Ist ja zu schade, wenn wir es nicht verwenden, denn wir haben kein Holz mehr. Morgen, Mittwoch, ist das große Fußballspiel Bayern – Real Madrid, es wird abends übertragen.

So, nun Schluß, mein lieber Schatz, ich denke immerzu an Dich und verfolge Dich auf dem Plan. Heute hattet Ihr einen großen Busausflug, und heute abend – jetzt 20.00 Uhr – werdet Ihr auf dem Schiff schön speisen. Ich wünsche Dir, daß Du recht viel Spaß und Freude hast und gesund bleibst.

Recht viele Grüße und Küßchen von Deinem

Wolfi.

Hoffentlich kannst Du meine Schrift lesen, habe Dir lange keinen Brief mehr geschrieben. Danny geht es gut. Er schaut immer mal in Dein Bett.

Viel Spaß und eine interessante Zeit wünsche ich Dir

Dein Hussi.

Frohe Ostern!«

Ediths jüngster Sohn Hubertus ist bei seiner Schwester in den USA zu Gast. Brief an seine Eltern

»Winettka/Illinois
27. 8. 75

Liebe Eltern,

Was mich zunächst am meisten interessiert: Wie geht es Euch, vor allem Dir, Vati? Ich hoffe, Du kommst bald aus dem Krankenhaus raus, aber übernimm Dich nicht und sei vorsichtig! –
Ich spiele immer weniger Schach, da mich der Perry immer mehr nervt. Ich lese gerade ›Das Boot‹, die wahre Geschichte eines deutschen U-Bootes im 2. Weltkrieg. Es ist wirklich interessant und manchmal sehr spannend, wenn die Zerstörer Wasserbomben werfen.

Gestern haben mich die Smarts (Mary + Bert + Freundin) zum Tennis eingeladen. Danach aßen wir im Kokie Country Club zu Abend. Heute habe ich wieder mit Mary Tennis gespielt. Abends nach dem Essen spielten wir zu viert Poker bei Smarts. Es dauerte nicht lange, da holte Bert Chips, und ›jeder Chip ein Dollar‹, sagte Mary. Am Schluß hatte ich 26 Chips gewonnen, habe bis jetzt aber noch kein Geld.

Ich beginne heute mit den Vorbereitungen für ein Baumhaus für Douglas. – Heute morgen flog Ed nach Europa. Ich erhielt heute Deinen Brief, in dem Du von Vatis schlechter Nacht berichtest und von Danny. Ich wünsche Vati gute Besserung, Gott wird ihm schon beistehen. Ich will noch mal nach Chicago, um was von den Wolkenkratzern zu sehen. Manchmal fahren wir an den Strand, es ist komisch, von einem Tag auf den anderen kann sich die Wassertemperatur ändern. Natürlich genieße ich hier auch die guten Milchshakes. Das Wetter ist eigentlich immer gut. Ich freue mich schon darauf, Euch meine Bilder zeigen zu können. Stellt schon mal Bodos Diaprojektor bereit, dann kann es zu Hause gleich losgehen. –

Du schreibst von ›wahrscheinlich Derksen‹. Laß es mich doch noch 1/2 Jahr in Pullach bis zum Zeugnis versuchen. Ich weiß daß das jetzt meine letzte Chance ist. In den Privatschulen ist das Niveau immer niedriger. Und was sehr wichtig ist, hat das Derksen Kollegstufe?

Ich bin ja bald wieder in Europa! Alles Gute an Euch Drei.

Euer Hussi.

P.S. Kauft mir noch nichts zum Geburtstag, ich will sparen!«

Rückschau

Die Zeiten ändern sich ... Auch bei uns hatte das Telefon ganz allmählich den Brief abgelöst. Das wurde mir besonders bewußt, als ich begann, die aufbewahrten Briefe zu sortieren. Immer größer wurden die Lücken, und auch eifrige Briefschreiber, wie Herbert und ich es waren, griffen immer öfter einmal zum Telefon als zum Schreibblock.

So umfangreich die Briefsammlung aus meiner Jugend, meiner ersten und vor allem meiner zweiten Ehe war, so mager wurde die Ausbeute in Bezug auf den Briefwechsel mit meinen Kindern, vor allem mit Angelika.

Dennoch, ein Briefwechsel mit ihr ist in meiner Erinnerung so klar, als hätte er erst vor kurzem stattgefunden. Ich schrieb ihr im Dezember 1979 einen langen Brief zu ihrem Geburtstag. Herbert war im Jahr zuvor an Krebs gestorben, und es war sehr schwer für mich, damit fertigzuwerden.

Ich erzählte ihr vom letzten Weihnachtsfest, das ich mit Herbert verlebt hatte. Als Kind, als junge Frau und auch, solange ich meine Familie noch um mich hatte, waren Advent und die Weihnachtszeit meine geliebte Zeit, dann aber wurde es die schlimmste für mich. An diesem Weihnachtsfest war es besonders trostlos, und dennoch mußte ich Herbert immer noch Hoffnung geben und den Glauben, daß es wieder besser würde. Dabei wußte ich, es wird die letzte gemeinsame Weihnacht sein.

Zum Baumputzen gab es den letzten Glühwein – wie immer –, ich saß auf der Hockerleiter, als der Baum fertig war, und Herbert im Klappsessel. Ich fragte ihn: »Ist er nicht schön, Schatz?« Und er kam zu mir, nahm meine Hand und erwiderte: »Ja, Liebes, Du hast ihn so schön geputzt wie jedes Jahr, aber ich glaube, ich weiß – es wird mein letztes Weihnachten sein.« Ich umarmte ihn, denn ich wollte nicht, daß er mir weiter in die Augen sah. Lange standen wir so und wußten, das ist das Ende.

Ich habe viele Monate gebraucht, bis ich über den Verlust dieses geliebten Mannes hinwegkam. So depressiv wurde ich, daß ich tagelang nur weinen konnte und nicht mehr leben wollte. Mit der Zeit aber fing ich mich wieder und versuchte, meinem Leben einen neuen Inhalt zu geben. So begann ich auch, in einem Altenheim zu arbeiten, um eine sinnvolle Aufgabe zu haben. Doch ich war den Anforderungen wohl kräftemäßig nicht mehr gewachsen und mußte es bald wieder aufgeben.

Dafür freute ich mich schon jetzt langsam auf den für das nächste Weihnachtsfest geplanten Besuch bei Angelika und ihrer Familie in den USA. Ich brauchte einfach etwas, das mich den Blick wieder nach vorn richten ließ, auch wenn es noch so weit entfernt war.

Das alles schrieb ich an Angelika. Es war ein langer und sehr offener Brief. Doch sie ging in ihrem Antwortbrief zu Weihnachten auf meine Zeilen nur sehr kurz ein. Mein Wunsch nach Anteilnahme und ein wenig Trost war für sie nur schwer verständlich. Sie meinte, fast jeder Mensch werde im Alter einsam, damit müsse man sich eben abfinden. Es gebe doch so viele Dinge, mit denen man sich beschäftigen könne, ich sei ja noch gesund. Und Selbstmitleid mache alles nur schlimmer.

In ihrem Alter – sie war Mitte dreißig – konnte sie sich gewiß gar nicht vorstellen, was Einsamkeit für mich bedeutete, und sie war wohl auch räumlich und gedanklich zu weit entfernt, um sich in diese Situation hineinversetzen zu können. Sie schrieb, ich werde ja Weihnachten mit Hans-Jürgen und Hubertus und meiner Enkelin Beatrice verbringen, und sie wolle versuchen, mich dann anzurufen.

Mehr als zehn Jahre sind seit diesem Brief Angelikas an mich vergangen. Mein Leben hat sich nach Herberts Tod sehr verändert – nachdem auch unser jüngster Sohn eigene Wege ging, war ich nur noch für mich selbst verantwortlich. Keine große Familie mehr, für die es zu planen und zu sorgen galt, das war schwer für mich, die ich meine Erfüllung in einem lebendigen Familienleben gesucht und gefunden hatte, und es dauerte lange, bis ich diese neue Lebensform wirklich akzeptierte.

Wie zuvor in der Zeit, als ich um Achim im Krieg bangte und nachher, als er verhaftet worden war, halfen mir meine Freunde und der rege Briefwechsel, den ich mit ihnen pflegte. Von meinen Kindern lebte nur Hubertus in der Nähe, Bodo hatte sich mittlerweile eine neue Heimat in Thailand geschaffen, Angelika war mit ihrer Familie in Berlin gelandet, und Hans-Jürgen, der seßhafteste von uns allen, blieb in Marktredwitz.

Die Entwicklungen und Ereignisse des Jahres 1989 hatten mich mit Hoffnung, aber auch mit Bangen erfüllt. Im Gegensatz zu vielen anderen, die den Osten Deutschlands verlassen hatten, rissen meine Verbindungen zu »drüben« nie ab, häufige Besuche in meiner Heimatstadt Calbe, bei Freunden und Verwandten in der näheren Umgebung, in Leipzig und Berlin ließen in mir nie das Gefühl aufkommen, hier jetzt fremd zu sein.

Und als sich dann die Mauer öffnete, als man endlich wieder ohne langwierige Prozeduren, ohne Zwangsumtausch und teilweise schikanöse Kontrollen in ganz Deutschland reisen konnte, war auch ich bald wieder zurück in Calbe. Und in Gesprächen mit den Lieben dort wurde die Vergangenheit wieder lebendig, ich begann, in den vielen Briefen, die ein authentisches Zeugnis dieser ganzen Zeit sind, zu stöbern, und mir wurde klar: Vieles, das mir selbst widerfahren war und das ich aufgrund der brieflichen Schilderungen meiner Freunde mit durchlitten und erlebt hatte, war einerseits typisch für die Zeit und die Umstände, andererseits aber auch ein ganz persönliches und unwiederholbares Schicksal, mit viel Freude, viel Liebe und Freundschaft, aber auch mit schweren Schlägen, von denen wohl kaum ein Mensch im Laufe seines Lebens verschont bleibt.

Und wenn ich jetzt nach Calbe fahre, dann habe ich niemals das Gefühl, nach »drüben« zu fahren, sondern ich besuche meine Heimat, die Stätten meiner Kindheit, meiner Jugend, meiner ersten Ehe.

Promenade in Bad Wildungen
Edith und ihre Mutter im Mai 1935

Sommer 1936:
Edith mit Patentante in Binz auf Rügen

Mai 1939:
Edith und Achim zusammen mit den Schwiegereltern und der Schwägerin in Badgastein beim Gasteiner Wasserfall

Studentencorps »Bonner Hanseaten«
Geheimrat Otto Bestehorn, Kommerzienrat Richard Bestehorn
und Hans-Joachim Bestehorn mit Kommilitonen im Frühjahr 1936

Hochzeit 11. Mai 1937 im Magdeburger Hof
Edith – Achim mit beiden Eltern

Die Hochzeitstafel im Festsaal des »Magdeburger Hof«
11. Mai 1937

1943:
Achim hat gut lachen. Die requirierten Hühner versprechen ein leckeres Mahl!

Ediths Eltern – 1944

Mai 1944:
70. Geburtstag von Frau Geheimrat Bestehorn.
Mit Sohn Achim auf der Freitreppe zur Terrasse ihres Hauses in Aschersleben.

Silvester 1949
Edith und Herbert im Hotel »Fürst Stolberg«

1972:
Edith mit Herbert und Sohn Hubertus im Garten in Pullach.